大学的革新

瞿振元　著

商务印书馆
The Commercial Press
创于1897

2018 年 · 北京

图书在版编目(CIP)数据

大学的革新/瞿振元著. —北京:商务印书馆,2018
(2018.4 重印)
ISBN 978 - 7 - 100 - 15677 - 6

Ⅰ.①大… Ⅱ.①瞿… Ⅲ.①高等教育—中国—
文集 Ⅳ.①G649.2 - 53

中国版本图书馆 CIP 数据核字(2017)第 315985 号

大学的革新

瞿振元 著

商 务 印 书 馆 出 版
(北京王府井大街36号 邮政编码100710)
商 务 印 书 馆 发 行
北京市十月印刷有限公司印刷
ISBN 978 - 7 - 100 - 15677 - 6

2018 年 2 月第 1 版 开本 787×960 1/16
2018 年 4 月北京第 2 次印刷 印张 26¼
定价:68.00 元

目　录

理　念

质　量

高　考

信息化

国际化

治　理

强国梦

教育研究

理　念

实现高等教育现代化需要理论先行[*]

在周远清会长的领导、倡导下，中国高等教育学会已连续 12 年与相关省市联合举办高等教育国际论坛。每届论坛的主题都围绕高等教育改革发展的重大理论与实践问题，围绕国家社会发展、经济建设对高等教育提出的改革发展的新使命、新要求而展开理论探讨、学术争鸣；连续 12 年的论坛，汇聚了国内外高等教育研究领域的一大批专家学者，吸引了一大批高校领导和研究人员。论坛实际上也是我们学会的学术年会。12 届论坛所取得的丰硕成果，提升了我国高等教育的思想理论水平，对高等教育的改革发展发挥了理论先导作用，为开创我国高等教育改革发展的新局面作出了应有的贡献。本届论坛将秉承历届论坛的良好传统，力争办成高起点、高水平、高质量的峰会。

半年前，在学会新一届学术委员会成立大会上，我们曾对今年国际论坛的主题进行过专门的商议，各位委员献计献策。在集中委员们建议的基础上，经会长办公会讨论，决定本届论坛的主题为"改革·质量·责任:高等教育现代化"。选择这样一个议题作为本届论坛的主题，主要是基于三个方面的思考。

首先，教育现代化是国家现代化的基础和先导，实现高等教育现代化是新时期高等教育改革发展的重大使命。

党的十八大明确提出，到 2020 年基本实现教育现代化。现在距离实现这个目标只有七年的时间了，我们迫切需要深入思考、研究:今

---

* 本文系作者在中国高等教育学会 2013 年学术年会暨高等教育国际论坛上的讲话，原载《中国高教研究》2013 年第 12 期。

天的教育现代化意味着什么？教育现代化特别是高等教育现代化在整个国家现代化进程中究竟处于何种地位，发挥什么作用？我们是在什么样的教育基础上推进教育现代化建设？怎样实现教育现代化特别是高等教育现代化？

纵观世界现代化进程，曾先后出现三次后发国家（地区）追赶先行国家的成功范例，每一次成功追赶的范例都创造了以优先发展教育为先导的有益经验：第一次是 1870 年代美国对英国的追赶，第二次是 20 世纪中叶日本对美国的追赶，第三次是 1960 年代"亚洲四小龙"对欧洲的追赶。分析这些后发国家（地区）成功追赶的案例，可以发现一些基本的规律：第一，人力资本快速积累是经济迅速增长的重要推动因素；第二，在人力资本积累与经济追赶的互动过程中，人力资本追赶是经济追赶的先导；第三，人力资本形成的决定因素是教育。由此也可以说，现代化的发展进程，就是人力资本的积聚和发展的历程。教育，特别是高等教育，作为形成、积累人力资本的重要途径和实现社会扩大再生产的前提条件，在国家现代化进程中，具有不可替代的特殊地位：它既是国家现代化的重要组成部分和重要基础，同时也是强大的驱动力量。

党的十八大作出的战略部署，把《国家中长期教育改革和发展规划纲要（2010—2020 年）》（以下简称《教育规划纲要》）提出的"基本实现教育现代化"的战略目标变成了具体工作任务，而且要比我国整体基本现代化提前 30 年，这不仅赋予了教育改革发展的新使命、新目标，同时也是教育改革发展的重大机遇。

高等教育现代化的内涵十分丰富。它要求我们要以先进的教育思想观念为指导，使高等教育与经济、社会的现代化发展相适应，达到现代高等教育世界先进水平，培育出满足现代经济和社会建设要求的新型劳动者和高素质人才。高等教育现代化既是宏观与微观的统一，也是目标与过程的统一，要求在思想观念、规模、结构、质量、效益、公平、体制、机制等各个方面全面实现现代化。实现高等教育现代化，任务繁重,工程浩大,使命光荣!

　　第二,实现高等教育现代化需要理论先行。高等教育现代化,首先是教育思想观念的现代化,实现高等教育现代化必须以先进的教育理念、教育理论作支撑。

　　世界上的经济强国总是与教育特别是高等教育强国相伴而生,这些国家在实现教育现代化的进程中无不具备独特的、先进的、符合本国实际的教育理念、教育理论,这些先进的教育理念、教育理论不仅指导着本国的教育实践,而且也对世界高等教育进程产生着深刻的影响。

　　在推进现代化的进程中,人的现代化处于核心地位。人的现代化主要体现在人的思维观念、行为方式和行为能力的现代化。教育现代化归根结底表现在培养人的现代性的发展程度上。教育现代化,物质条件是基础,教学内容和方法是核心,体制机制是保证,教育思想是灵魂并起着先导作用。我们只有转变思想观念,才能推动体制机制的实质性转变,开展教育实践的变革。当然,思想观念的变革不是凭空产生的,它来源于实践,同时又在指导实践的进程中不断修正、丰富、完善、提升。我国高等教育自改革开放以来,经历了大改革、大发展、大提高,在这一进程中,我们的教育理论也在不断地丰富和完善,其指导教育实践的作用也在不断彰显。在推进高等教育现代化的进程中,我们需要发挥理论的先导作用,因此,我们的高等教育研究大有所为。

　　要坚持普及与提高相结合的原则,大力推动高等教育研究。群众性的教育研究是基础。当前,我们需要更多的一线教师把更多的精力投入到教学研究之中,要注重对教学内容、方法、手段的研究,要用先进的教学方法把现代科学发展的最新成果反映在我们的课堂教学中。在研究"如何教"的同时,我们也要研究学生"如何学",因为教学的最终目的是促进学生的学习。促进学生的发展是教育的灵魂。从事教育理论研究的专家学者要担当起提高理论研究水平的责任,注重教育基本理论、基本规律和重大实践问题的研究,对一些涉及教育基本问题的争论,如高等教育功能与属性问题、教育公平与社会公平的关系问题、素质教育的内涵和途径问题、教育的目的性和价值性问题、教育的发展战略和重大政策问题等,都要努力作出科学的判断和理性的分析,要从理论与实践的结合上予以正确回答,为教育决策的科学化献计献策;还要承担起高等教育研究的社会责任,回应社会关切。对社会反映最集中、最突出、最迫切的重大问题,高等教育研究界要有声音、有观点,要力争形成舆论引导,凝聚社会共识,推进高等教育事业又好又快发展。

在强调高等教育思想观念的中国特色、中国道路的同时,我们还必须具备国际视野,因为我们是在全球化趋势不断凸显、国际化竞争不断加剧的背景下推进教育现代化的。如果不融入国际竞争的大格局,不提高国际化水平,我们将很难在当今世界教育发展大格局中博得应有的地位。因此,推进教育现代化,要求我们在创新教育理念上要有国际视野,要有开放包容的心态,更要博采各国所长;同时,也要根据中国具体的政治、经济、文化和高等教育环境,构建中国特色高等教育思想体系。实现这一目标,需要我们以实事求是的态度,从中国的国情出发,把普遍原理与特殊实际结合起来,研究现代化建设中的中国问题、中国特点,形成既有中国特色又反映世界高等教育发展的一般规律及教育理念、教育理论。这是当前我们高等教育研究的重要任务。

第三,深化教育改革,推进素质教育,创新教育方法,提高人才培养质量,是实现高等教育现代化的战略选择。

2013 年 9 月 30 日,中共中央政治局以实施创新驱动发展战略为题举行第九次集体学习,习近平总书记在提到"着力完善人才发展机制"时指出,"要深化教育改革,推进素质教育,创新教育方法,提高人才培养质量"。习总书记的这四句话是我们当前推进教育现代化的战略选择。

习总书记在讲话中突出强调了"推进素质教育"。从 1985 年邓小平同志在全国教育工作会议上的讲话中提出"我们国家,国力的强弱,经济发展后劲的大小,越来越取决于劳动者的素质",把劳动者素质与国力强弱直接联系起来,到 2010 年颁发《教育规划纲要》把"坚持以人为本、全面实施素质教育"上升为教育改革发展的"战略主题"。这期间，党和政府发布的一系列文件、决定都记载着我们对于素质教育的认识不断丰富和实践不断深化的历史进程。教育领域特别是高等教育领域，在新的形势下如何沿着推进素质教育的方向深化教育改革是一个重大的课题。

回眸我国百余年来的教育现代化进程，我们是不是要追问教育究竟何为？追赶发达国家教育现代化的根本目的，不只是为了经济增长和物质富裕，更是为了回归教育的核心理念：学生的健康成长和民族素质的提升。这才是真正的素质教育！

素质教育是具有中国特色、体现我国教育方针的教育思想，在《教育规划纲要》中提到了"战略主题"的高度。什么是"战略主题"？"战略"指"在一定时期内指导全局的方略"，具有统领性、全面性和长期性；"主题"是指中心思想。《教育规划纲要》在确定到 2020 年基本实现教育现代化，基本形成学习型社会，进入人力资源强国即"两基本一进入"的战略目标后，随即明确"坚持以人为本，全面实施素质教育"是"战略主题"，即把素质教育作为当前和今后一个时期指导教育改革发展全局的中心思想和基本方略。对于这一点，我们的认识是否到位，是否充分？我们的行动是否落实，是否自觉？答案恐怕不那么肯定。这就需要我们进一步加深认识，增强自觉，切实把实施素质教育放到"战略主题"的位置上，以全面实施素质教育的思想理念作指导，推进教育理念、教育体制、教学内容、教学方法的全方位调整。当前，高等教育领域要更多地强调科学教育与人文教育的融合，避免培养工业化时代的"单向度的人"，要培养出全球化背景下既富现代科学精神又具民族人文内涵的时代新人，提高受教育者的全面素质，引导科技理性发展。

习总书记在讲话中还强调了"创新教育方法"，这在以前的国家领导人的讲话中是不多见的。长期以来，教育教学方法的落后和陈旧是我国高校教学改革中的一个顽疾。一方面，我们天天在呼吁深化教育改革、创新人才培养模式；另一方面，教师依旧是老样子，也许"一块黑板一支笔,一人从头讲到底"的传统"填鸭式"教学方式不多见了,但是把"黑板"换成"白板",把多媒体作为"机灌工具"的新的"填鸭式"的教学方式却很值得我们警觉。不改革教学内容,不创新教学方法,所谓的人才培养模式改革是没有太大意义的,而要做到这一点,必须有广大高校教师的主动、自觉的参与。缺少广大一线教师主动自觉参与的教学改革,注定不会取得实质性的进展。

当前,MOOCs[①]席卷全球。虽然 MOOCs 的来临并不会彻底颠覆传统教育,也不会完全替代现行教育制度,但是,它必然改变现在的教和学的方式。在 MOOCs 的课堂里,学习者有充分的自主选择权。在学习内容选择上,MOOCs 汇聚了世界范围内许多名校名师的优质课程供学习者选择;在学习内容的呈现方式上,它灵活多样,富有吸引力;在学习方式上,它适应数字化时代碎片化学习的特点,把传统的课堂切分成"微课堂",方便学习者既可以按自己关心的主题选择性学习,又可以充分利用自己的闲暇时间进行碎片化学习。这一模式势必挑战传统的教学方式,对教师和学生在教学中的地位和作用也将产生重大影响。面对异军突起的 MOOCs,我们的课堂教学、我们的教学方法手段必须改革!

当前和今后一个时期,教育系统最重要的任务,就是要深入贯彻落实党的十八大精神和习总书记的讲话精神,为 2020 年基本实现教育现代化这个梦想而奋斗。5 月 20 日,贵仁部长在江苏省教育现代化建设推进会上强调,要形成各方面共同推进教育现代化的合力,中国高等教育学会要成为推进教育现代化的一支重要力量。

目前,教育部正在组织力量研究制定中国教育现代化指标体系和推进方案,明确全国基本实现教育现代化的目标任务,把握我国在世界

---

①　Massive open online courses(大规模在线开放课程),由于兴起时间不长,缩写尚未统一,有缩写为 MOOC 的,也有缩写为 MOOCs 的,收入本书的文章,写作时间不同,缩写方式也有不同,为尊重当时历史,结集出版时保持当时写法,不予强行统一。

教育格局变化中的战略抉择。江苏、浙江、广东等许多省市正积极部署实施教育现代化的行动方案,积极推进教育现代化建设实验区。各级各类学校也在积极行动起来,规划学校在现代化建设中的发展任务。

　　学会是高等教育工作者的家园,是全国性的研究高等教育的学术团体,其使命就是要充分发挥专家学者荟萃的平台优势,积极组织力量,开展调查研究,为高等教育现代化的实现提供智力支撑。目前,我国学者对教育现代化的研究虽然取得了一些成果,但在理论与实践上仍然有许多问题有待进一步探讨。希望本次论坛有所创新,能够在高等教育现代化的基本理念、高等教育现代化与经济社会现代化的关系、高等教育现代化的指标体系、区域经济社会发展与高等教育现代化的关系等问题的研究上取得丰硕的成果。

立德树人：大学理性的回归[*]

——评张学文《大学理性研究》

大学是实施高等教育的机构，其主要职能是培养人才、科学研究、社会服务，大学职能的变化会导致办学模式的变化，这些在高等教育领域是基本的共识。但现代大学在践行这三大职能中，孰为核心，孰更为本原，则是困扰不少大学发展的问题。最近读了青年学者张学文的《大学理性研究》一书，颇有些心得与感悟。

"理性"这一概念最早起源于希腊语"逻各斯"，后成为哲学上广泛使用的术语。其含义主要有两层：一是指判断、推理等活动，二是指从理智上控制行为的能力。在西方哲学史上，一般把理性作为思想核心的学说统称为"理性主义"，它体现的是一种西方文化的世界观。理性作为人的一种特有能力，在人的社会实践过程中内化于人自身。人们探寻理性的过程就是"认识"，探寻理性的结果就是"知识"，这恰与大学的职能、任务相契合。

作者从哲学基础、历史传统、行动类型等方面对大学理性问题进行了全面的梳理、深入的研究，有些观点既有理论意义又不乏实践价值。如作者对大学理性的独到见解：大学理性是大学在其产生与发展的历程中对外部世界达到最完全认识的能力及其表现出来的稳定特征。换言之，大学理性首先是一种历史与文化传统，它既是稳定的，也是进步的，表现为张扬理性精神，追求知识与真理，把理性看成是大学发展过

---

　　* 原载《光明日报》2014 年 8 月 19 日第 13 版。《大学理性研究》，北京师范大学出版社 2013 年出版。

程中的本质特征；其次，大学理性也是大学的哲学观和方法论，它关系到大学如何认识自身，如何对待外部世界的问题。作为一种高等教育哲学思想，大学理性所探讨、追求的无疑是理论和精神层面的，因而看似抽象、思辨，但大学理性所研究的问题、所凸现的价值最终要落实到如何处理大学系统内部、如何处理自身与外部世界的生活实践中。正是在这种对大学理性及行动分析的基础上，作者重新解读与审视了当前我国大学发展中的主要问题，如高等教育规模扩张的本原问题，文化素质教育与人文教育问题，高等教育扩张中的优秀与平等问题，高等教育体制改革中大学、政府与市场的关系问题等。其中有些观点不仅深化了人们对大学理性问题的探讨，更为人们寻求破解大学理性失范之道、推进大学理性建设提供了积极的借鉴。可以看出，作者涉及很多具有挑战性的问题，既有广阔的理论维度，也有针对性的现实反思，但全书主题集中，中心突出，是一部充满着智慧和力量的作品。本书不仅体现了一个青年学者在高等教育哲学上高深精巧的理论思辨，也显示出作者对高等教育领域现实问题的关注及着力解决现实问题所付出的努力。

　　大学理性在某种意义上就是大学的灵魂、大学的精神乃至大学的核心价值。随着知识经济时代的到来，大学从社会经济发展舞台的边缘逐渐走向中心时，诸多原因导致大学精神日渐失落，大学理性失范愈演愈烈。这一点在当代中国的大学表现得尤为明显，高校教学工作的核心地位被不断弱化，立德树人的根本使命被片面强调为直接的经济利益服务。于是，按照行政管理的思维进行学术管理，按照经济发展的方式追求办学效益。大学理性失范还表现在大学学术的庸俗化趋向、大学人的信仰危机和道德水平下降，等等。大学理性失范不仅使大学人陷入了精神上的迷惘，同时也使社会发展丧失了理性的引导。对于这些，张学文在书中提出了尖锐批评。面对当前办学中的种种思想迷惘和行为混乱，我们应该思考"大学是什么"这个本原问题。

　　大学作为高等教育机构，首要的任务是"立德树人"。教育虽然与政治、经济、文化、社会、生态文明建设和党的建设等各方面都有紧密的联系,但从根本上说,教育的社会功能是通过人才培养来实现的,教育的本质就是培养人的社会活动,"立德树人"是学校的使命所在。大学进行教学活动,目的就是育人;大学开展科学研究和社会服务,有别于专门科研机构,目的也在育人。说到底,大学一切工作的根本任务都是为了培养人才。

对于"您在学校学到了哪些最重要的东西?"这个问题,一位诺贝尔奖获得者的回答是:"在幼儿园,我学到了不是自己的东西不要拿,做错事要道歉,仔细观察大自然。从根本上说,这是一生学到的最重要的东西。"这种朴素而真实的回答最本原地道出了教育的根本——立德树人。

党的十八大报告指出,"把立德树人作为教育的根本任务,培养德智体美全面发展的社会主义建设者和接班人。"大学按照立德树人的根本任务,践行高等教育的使命,就不仅要传授知识,培养能力,还要把社会主义核心价值融入学校教育的全过程,引导学生树立正确的世界观、人生观、价值观。

十八大以来,习近平总书记就落实立德树人问题多次发表重要讲话,要求教育要"为实现'两个一百年'奋斗目标和中华民族伟大复兴的中国梦提供坚实人才保障"。在 2014 年五四青年节的讲话中,他指出:"一个民族、一个国家的核心价值观必须同这个民族、这个国家的历史文化相契合,同这个民族、这个国家的人民正在进行的奋斗相结合,同这个民族、这个国家需要解决的时代问题相适应"。"青年的价值取向决定了未来整个社会的价值取向,而青年又处在价值观形成和确立的时期,抓好这一时期的价值观养成十分重要"。人们常说,人生的道路虽然漫长,但紧要处却只有几步。对此,习总书记勉励青年学生要系好人生的第一个扣子;而这恰恰是大学的使命与担当,大学的首要任务就是努力把学生培养成有道德、有思想、有灵魂的人。

读大学的价值其实不仅仅在于掌握了多少知识,提升了哪些能力,而更在于对一个人的素质、思想、气质的塑造。落实"立德树人"是当代中国大学理性回归的根本。

全面实施素质教育是教育
改革发展的战略主题[*]

2013 年 9 月 30 日,习近平同志在第九次中央政治局集体学习会上讲到着力完善人才发展机制时强调,要深化教育改革,推进素质教育,创新教育方法,提高教育质量,指明了高等教育改革发展的方向。在新的形势下如何深化教育领域的综合改革,如何沿着推进素质教育的方向深化教育改革,是一个重大的课题。

一、素质教育理念的形成经历了一个不断发展的过程

实施素质教育,是贯彻党的教育方针的具体化。这一理念的形成经历了一个不断发展的过程。1985 年 5 月 19 日,邓小平在全国教育工作会议上指出:"我们国家,国力的强弱,经济发展后劲的大小,越来越取决于劳动者的素质"^①,明确把劳动者素质与国力强弱联系在一起,视其为国力强弱的日益重要的决定性因素。1985 年,我国改革开放以来第一个关于教育改革的文件《中共中央关于教育体制改革的决定》,明确指出"教育体制改革的根本目的是提高民族素质"。1993 年中共中央、国务院颁发的《中国教育改革和发展纲要》,对小、中、大学注重学生素质和能力的培养分别作了明确的要求。1999 年《中共中央国

---

* 本文根据作者在中国高等教育学会大学素质教育研究分会第三次年会上的发言稿整理而成,原文被收录于《素质教育与中国梦——2013 年大学素质教育高层论坛论文集》一书中。
① 邓小平:《把教育工作认真抓起来》,《邓小平文选》(第三卷),人民出版社 1993 年版。

务院关于深化教育改革　全面推进素质教育的决定》明确指出："实施素质教育,就是全面贯彻党的教育方针,以提高国民素质为根本宗旨,以培养学生的创新精神和实践能力为重点,造就'有理想、有道德、有文化、有纪律'的、德智体美等全面发展的社会主义事业建设者和接班人。"2010年颁布的《国家中长期教育改革和发展规划纲要(2010—2020年)》(以下简称《教育规划纲要》)则把"坚持以人为本、全面实施素质教育"上升为教育改革发展的"战略主题"。这些文件记录着我们对素质教育的认识不断丰富和实践不断深化的历史进程。

二、素质教育取得了丰硕的理论和实践成果

我国高等教育历经百余年的曲折发展,在经历拨乱反正、进入改革开放的时候,一批有远见卓识的高等教育工作者认识到,我国高等教育在历史和现实中存在着"过强的功利主义、过窄的专业设置、过弱的文化底蕴等倾向",他们大声疾呼"大力加强素质教育,尤其是要加强大学文化素质教育"。近30年的实践,素质教育取得了丰硕的理论和实践成果。

(一)素质教育理论的发展促进了中国特色高等教育思想
　　体系的形成

素质教育以提高国民素质教育为根本宗旨,这就涉及教育目的、教育价值的问题,引发了对人才培养模式、专业设置、教学内容、课程体系及教学方法等一系列问题的重新认识和实践改革,在各个方面引起新的思想认识,从而深化了对在中国办什么样的高等教育、如何办好高等教育的认识,推动了有中国特色高等教育思想体系的逐步形成。

(二)开发、建设了一批把科学教育和人文教育融合起来的
　　课程和教材

课程和教材是教学内容的基本载体。为了推进素质教育,特别是文化素质教育,组织编写了"大学生文化素质教育书系",已经出版的近

千种教材受到了大学生的欢迎,有的不仅成了课程教材,而且成了"学生欢迎的课外读本";45门课程成为文化素质教育类国家级精品课程。

（三）创设了一批有利于实施素质教育的活动载体

如"五月的鲜花"成为全国大学生展示文化素质教育成果和精神风貌的重要平台,由中国教育电视台转到中央电视台,受到中央领导同志的关心、重视和肯定;江苏省连续八年进行文化素质和科学素质的知识竞赛、清华大学与华北地区的一些高校联合举办文化素质竞赛,都得到了大学生的热烈响应。很多学校开设的人文素质教育讲座、名家论坛、高雅艺术进校园、经典诵读等活动普遍受到大学生的欢迎。

（四）建立了一批素质教育基地,由点及面,带动着全国高校
　　　相关工作的普遍开展

在1999年和2006年分两批在全国157所高校建立了93个国家大学生文化素质教育基地,这些基地的教改实践给其他高校以示范。如南开大学等坚持实施素质教育取得了很好的经验,素质教育研究分会的年会也成了大家交流经验、探讨切磋的平台,成功经验的分享引领着素质教育的不断深化。

（五）素质教育实践的广泛开展促进了大学生的全面发展

在近年来高校规模不断扩大的前提下,素质教育实践的广泛开展,教学模式、内容、方法的改革,对人才培养的质量起到了保证和提升的作用。素质教育的落脚点是促进大学生的全面发展,解决"培养什么样的人、怎样培养人"的根本问题。素质教育特别是文化素质教育的广泛开展,对学生的文化熏陶、文明养成、素质提高起到了不可低估的重要作用。

在素质教育思想的形成、发展和推动素质教育的实践过程中,高等教育的部门领导、高校领导、著名学者和众多在基层一线工作的老师为此殚精竭虑、辛勤工作,贡献了智慧和心血。

三、采取有力措施不断推进素质教育

我们同时也应看到,素质教育的理念还有待进一步深化和普及,素质教育工作的开展还不平衡、水平有待提高,不少制约推进素质教育的"瓶颈"问题有待突破。我们要抓住当前的有利时机,学好习近平总书记的讲话精神,以更加清晰的思路、更加有力的举措,推进素质教育。

（一）要着力提高对推进素质教育是教育改革发展的
　　　战略主题的认识

什么是战略主题?战略是指导全局的方略,具有统领性、全面性和长期性,主题则是战略的中心思想。《教育规划纲要》在确定到 2020 年基本实现教育现代化、基本形成学习型社会、进入人力资源强国的战略目标后,随即明确"坚持以人为本,全面实施素质教育"是"战略主题",也就是说,为了实现宏大战略目标,在当前和今后一个时期指导教育改革发展全局的中心思想、基本方略是全面实施素质教育。对于这一点,人们的认识是否到位,是否足够,是否充分?答案恐怕不能那么肯定。不少人在争经费、忙项目,改革的花样很多,但却犹如一句诗所言"我们已经走得太远,以至于我们忘了当初为什么而出发",对于素质教育这个"战略主题"理解肤浅,甚至置诸脑后,造成不少形式主义的东西。今天,我们要加深认识,增强自觉,切实把实施素质教育放到"战略主题"的位置上,以全面实施素质教育的思想理念作指导,推进教育理念、教育体制、教学内容、教学方法的全方位调整。文化素质教育是切入点和突破口,但素质教育应当体现在教育教学的全过程中,体现在所有的课程和全部教学活动中。

（二）要着力深化教学内容的改革

当前,我们非常重视人才培养模式的改革,强调教学环节安排的合理化和课堂教学活动程式的多样化和丰富性,这当然是很好的。但是,在这种"丰富"的形式背后,我们更应当强调所传授的内容,这才是教学的核心所在。在很多高校,教材内容陈旧、课程内容"老旧死",远远跟不上学科发展的节奏,跟不上科学研究的最新进展、脱离实际需求的现象相当严重,迫切需要加以改革。教学内容要努力体现科学精神与人文精神的统一与融合,在专业教学中也要体现素质教育的要求;否则,如莫言所言:"一百多年前,中国的先进知识分子曾提出科技救国的口号,三十多年前,中国的政治家提出科技兴国的口号,但时至今日,人类面临着日益先进的科技与日益膨胀的人类贪欲的结合。"①如是这样,那将是十分可悲的。在这样的时代,我们的教育应当承担起历史的重任,全面提高受教育者的素质,引导科技理性发展。我们还要努力营造"教研结合、以研促教"的良好氛围,鼓励教师将研究的最新成果充实到一线课堂教学中。教学内容更新是一个永无止境的过程,要努力形成不断更新教学内容的机制。

（三）要着力创新教学方法

伴随现代信息技术的普及,"一块黑板一支笔,一人从头讲到底"的传统"填鸭式"教学方式也许并不多见了,但是把"黑板"换成"白板",把多媒体作为"机灌工具"的新的"填鸭式"教学方式更值得我们关注。学生戏称有的"PPT"为"泡泡糖""骗骗他"。这种灌输式的课堂教学乏味,激发不了学生的学习兴趣,形成了事实上存在的"昏昏欲睡"的课堂文化。学生在"昏昏欲睡"中浪费青春,泯灭创新能力。因此,开展推进教学方式方法的改革创新已经迫在眉睫。要倡导启发式、探究式、讨论式、参与式教学,增加与学生的互动交流,增强课堂教学的吸引力和感染力,引导学生掌握正确的学习方法,让学生主动参与、乐于钻研、勤于

---

　　①　莫言:《悠着点,慢着点》(2010 年 12 月 4 日在东亚文学论坛上的演讲),http://blog.sina. com. cn/s/blog_63acd9f50100nfxo. html。

动手,提高学习的能力和效果。让教师成为学生学习的引导者、教学情境的设计者、解难排忧的帮助者、共同学习的伙伴。"昏昏欲睡"的课堂文化应当废止,加快建设师生平等、师生互动、共同探讨、和谐活泼的新型课堂文化。

要重视教育技术的进步对教学方法的影响。当前,MOOC正在强烈影响着教学方式的变革。虽然,MOOC的来临并不会彻底颠覆传统教育,也不会完全替代现行教育制度,但是,它必然改变现在的教与学的方式,也可能改变现在的教育版图。当然,MOOC带来的不仅仅是教育技术和教学方法的变革,而且有价值观的传递和影响,这也是必然的。

(四)要着力提高教师素养

师资队伍是教育的第一资源,是决定教育质量的关键,也是全面推进素质教育的关键。教育部原副部长周远清多次强调,要提高学生文化素质、学校文化品位、教师文化素养。"素养"的内涵非常丰富,包含了教师内在的品质修养和外部的行为修养。要不断促进教师思想观念的更新、职业道德的养成和知识结构的优化、业务能力的提升。要以校内人事制度的改革推动教师素养的提高。只有进一步提高教师的素养,提高每一堂课的质量,才能使得每一个学生受益,提高教育质量才能落到实处。

素质教育·职业精神·人文素养[*]

    2014 年高职素质教育学术论坛与会人员人数众多,十分踊跃,说明大家对这次会议很有期待。和大家一样,我也带着自己的期待和思考来参加这个会议。下面我想和大家交流自己的一点认识与体会。

一、积极推进高职素质教育是顺应潮流、合乎需要的大事

    根据 2013 年教育统计公报,2013 年全国有 2491 所高等院校,其中本科院校 1170 所,高职院校 1321 所,高职院校数多于本科院校。2013 年高等教育毛入学率达到了 34.5%。就毕业生而言,本科毕业生 304 万人,高职毕业生 321 万人。高职毕业生数也多于本科,这说明高等职业教育在我国整个高等教育中,确实已经是名副其实的半壁江山。

    发展职业教育是促进转方式、调结构和改善民生的战略举措。目前,我国高等职业教育已由重外延扩张跨入重内涵发展的新阶段,关注人才培养质量、强化素质教育越来越受到高职院校的普遍重视,素质教育与职业素养相结合已成为高职院校推进素质教育的主要途径。高职院校重视高职素质教育正是基于对自身发展提高需要这一基本认识的。素质教育在高等教育内部,最初是从本科院校开展较多,逐渐发展到高职院校普遍重视素质教育,这是素质教育不断深化的标志,也是高等教育质量不断提升的标志。

---

    * 本文根据作者 2014 年 4 月 18 日在 2014 高职素质教育学术论坛暨高职素质教育工作委员会成立大会上的讲话整理而成。原载《重庆高教研究》2014 年第 4 期,原题为《认真学习和深刻理解素质教育思想的丰富内涵,着力培养学生的职业精神和人文素养》。

二、认真学习和深刻理解素质教育思想的丰富内涵

素质教育思想是改革开放以来逐步形成和发展起来的、最具中国特色且内涵极其丰富的教育思想。它在改革开放以来,经历了一个不断发展和丰富的过程。

如果从几代领导人论述的角度来说,小平同志谈得最早。他在1985年5月19日的讲话中说:"我们国家,国力的强弱,经济发展后劲的大小,越来越取决于劳动者的素质,取决于知识分子的数量和质量。"①第一次把劳动者的素质和我们国家的发展,国力的强弱直接联系在一起。1985年5月27日中共中央颁布的《关于教育体制改革的决定》,开宗明义就说:"教育体制改革的根本目的是提高民族素质,多出人才,出好人才。"一个强调民族素质,一个强调劳动者素质;一个讲的是整体,一个讲的是整体下面的个体素质。这是素质教育思想最初的源头。

江泽民同志也高度重视素质教育。他在1999年6月15日的全国教育工作会上有一段非常重要的讲话,他说:"如果轻视思想政治教育、历史知识教育和人格培养,那就会产生很大的片面性,而这种片面性往往会影响人一生的轨迹。这一点请教育战线的领导者、管理者和广大教师千万加以注意。"这个话讲得真的很重要。如果在人格养成、品德教育上造成片面性,就会影响人一生的轨迹!我们所有的教育工作者、领导者、管理者千万要加以注意,不是一般的注意。2000年,江泽民接见美国的《科学》杂志主编的时候,介绍中国的教育体系的改革,就谈了三件事:第一件事是素质教育,第二件事是教育与科研的结合,第三件事是培养拔尖人才。他把素质教育作为改革我国教育体系的第一件事情,说明素质教育的重要性和全局性,或者说,素质教育是一个关乎教育体系的全局性大事。

---

① 邓小平:《把教育工作认真抓起来》,《邓小平文选》(第三卷),人民出版社1993年版。

胡锦涛同志担任总书记期间,制定了《国家中长期教育改革和发展规划纲要(2010—2020年)》,其中把素质教育作为我们教育改革发展的"战略主题"。"战略"这个词是和"战术"相对应的,只有在"空间上管全局,时间上管长远"的才可以叫做"战略","主题"讲的是中心思想,所以,《教育规划纲要》规定了我们当前与今后一个时期教育改革和发展的中心思想是"素质教育"。

当前大家都在学习习近平同志的系列重要讲话精神,他多次讲到教育,其中最根本、最重要的要求,我认为还是他在中央政治局第九次集体学习会议上的讲话。其中的四句话尤为重要,就是"深化教育改革,推进素质教育,创新教育方法,提高人才培养质量"。这四句话也可以说是习近平同志重要讲话中关于教育的核心要求,这要求当中也突出强调了推进素质教育。

可见改革开放以来,党中央一直都高度重视素质教育,我们今天的教育改革和发展中的主旋律和战略主题,当然还是素质教育。但是坦率地说,在整个实施过程当中,战略主题的声音还不够响亮,战略主题的实践还不够突出,需要进一步加强,进一步升温,进一步推进。

三、结合高职实际,突出高职特色,
着力培养学生的职业精神和人文素养

各个层次、各个类型的素质教育都应该有自己的特点,工作方式方法也应该跟各个层次、类型的教育特点相适应。高职院校的素质教育是大学素质教育的组成部分,都是属于高中后教育,这个阶段人的生理心理特点、认知特点,是我们开展素质教育的基础。高职院校的素质教育,既要遵循高等教育一般规律和共同要求,又要充分体现职业教育的特色;既要全面提升学生的综合素质,同时又要着眼于为学生的就业和未来的职业发展服务。高职院校的素质教育要突出职业性,着力培养学生的职业素养、职业精神、人文精神。

　　我们要加深对于职业精神的重要性的认识。有一些专门的研究人员说,职业精神是一个社会中重要的精神调控力量。有人分析,西方社会的精神调控主要有三个抓手:一个是政治信仰,有些人是非常讲政治信仰的;第二个是宗教信仰,西方社会中宗教信仰的精神调控力非常大;第三个就是职业精神,是一个人非常重要的精神操守,也是社会精神调控的重要手段。我们中国社会,宗教信仰不具有传统优势,但是政治信仰在中国社会里有很大的优势。不仅是共产党人要讲政治信仰,讲理想,讲信念,就连搞体育比赛也容易和政治连在一起,说明在我们中国社会,政治信仰、社会理想是很重要的。但是职业精神的培育和发展是很不够的。

　　所谓职业精神,一般是指与人们的职业活动紧密联系、具有自身职业特征的精神。职业精神在内涵上,鲜明地表达了职业根本利益、职业责任以及职业行为上的精神要求。因此,职业精神是在特定的职业实践基础上形成的,同时也往往是随着职业的延续而世代相传的。我国在1956年年底基本完成了对农业、手工业和资本主义工商业的社会主义改造,实现了由新民主主义向社会主义的转变,初步确立了社会主义基本制度。可以说我国的社会主义初级阶段,就是从这时开始的。因此,相比西方国家,我们缺少工业文明的进程,我们的职业习惯中缺乏那种从工业社会中酝酿产生出来的职业精神。尽管经过改革开放,我国工业化进程有了很大的发展,2010年,我国的制造业产出占全球的19.8%,第一次超过了美国,成为制造大国。但是,实事求是地讲,在如此短的时间里,使数以亿计的劳动者形成与工业文明相伴生的卓越的职业精神则不是一蹴而就的。所以,需要我们的职业教育大力弘扬职业精神,需要我们的职业院校结合职业教育的特点,拓展、创新素质教育的途径和方法;依据专业特点,加大对学生职业精神、职业道德的养成教育,使学生成为爱岗、敬业、诚实、守信,懂做人、会做事、精专业的新一代职业人;使我们的毕业生在各自的工作岗位上为国家创造物质财富的同时,也为我们的精神文明、文化繁荣作出自己的努力。

四、不断总结经验，创新教育方法，持之以恒以求实效

　　高职的素质教育，不是从今天才开始的，事实上在我们不同的学校，不同程度地开展着，也有不少成功经验。大家来参加这次会议，就是期待交流，相互学习的。我非常高兴地看到，浙江金融职业学院以"千日成长工程"为抓手，推进立体化育人体系建设，意思是：学生在校三年，差不多一千天，"千日成长"从入学一直到毕业，结合学生年龄特征和专业成长的阶段性，培养学生良好的思想品德、职业素养、身心素质等等，形成了不少好的做法，值得总结和宣传。

　　我也在报刊上经常看到一些学校开展这方面工作的报道，应该说是非常丰富、生动、具体的。借着这次会议以及高职素质教育工作委员会的成立，希望大家今后加强交流，相互学习，共同提高。素质教育不是一朝一夕的事情，要长期抓，真正把它放在重要的位置，持之以恒，以求抓出实效。

素质教育：当代中国教育改革发展的战略主题[*]

素质教育是我国 1980 年代末提出，90 年代初不断兴起的引人注目的教育改革运动。伴随着理论和实践的不断深化，素质教育的战略意义不断凸显：《国家中长期教育改革和发展规划纲要（2010—2020 年）》把"坚持以人为本，全面推进素质教育"确立为我国教育改革发展的"战略主题"；十八大以来，习近平总书记多次指示，要推进素质教育，提高教育质量。当前，全面深化教育领域改革，深入推进素质教育，着力提高教育质量，提升人力资本素质，已经成为教育领域重大而紧迫的任务。其中，全面、准确地把握素质教育这一核心理念，进一步端正教育工作的指导思想，并以切实的举措使素质教育思想贯穿于各级各类教育实践的全过程，是当前做好教育改革发展的重大课题。

一、素质与素质教育的科学内涵

"素质"这一概念受到教育理论界的关注，始于 1980 年代。目前，关于"素质"虽有多种阐释，但比较认可的解释是："素质"是指在人的先天生理基础上、经过后天教育和社会环境的影响，由知识内化而形成的相对稳定的心理品质。一般来讲，素质包括思想道德素质、文化科学素质、业务技能素质以及身体心理素质。科学地理解"素质"的基本内涵，

---

　　* 原载《中国高教研究》2015 年第 5 期。

是研究素质教育问题的逻辑起点。

素质教育旨在促进人的全面发展,提高每个受教育者素质的基础上提高民族素质。个人素质的提升和民族素质的提高是相辅相成的,个人素质是基础,民族素质是总和。离开个人素质的提升,民族素质的提高就成了无源之水,但民族素质不是社会成员个体素质的简单集合,它需要共同价值观念的引领、道德意识的培育和科学的制度安排,等等。

素质教育是"依据《教育法》规定的国家教育方针,着眼于受教育者及社会长远发展的要求,以面向全体学生、全面提高学生的基本素质为根本宗旨,以注重培养受教育者的态度、能力,促进他们在德智体等方面生动、活泼、主动地发展为基本特征的教育"①。全面实施素质教育的核心是解决好培养什么人、怎样培养人的问题,重点是面向全体学生,促进学生全面发展,着力提高学生服务国家服务人民的社会责任感、勇于探索的创新精神和善于解决问题的实践能力。

二、素质教育的实践缘起

任何思想的最根本的来源都是实践。素质教育思想在我国出现并受到全社会的重视,同样有其深厚的实践基础和社会背景。素质教育思想是我国改革开放实践尤其是教育改革发展实践的产物。

众所周知,十年浩劫使中国的教育事业遭到严重破坏。"文革"结束后,人民渴望教育振兴,国家建设呼唤人才,但教育与经济、政治、文化等各个方面不相适应的问题十分突出,而且教育自身各个部分的相互矛盾和掣肘也相当严重。1978 年,我国小学升入初中的比例只有60.5%,中等职业教育学生数占高中阶段的比例不足 6%,高校在校生

---

① 《国家教委关于印发〈关于当前积极推进中小学实施素质教育的若干意见〉的通知》(教办[1997]29 号)。

只有 85.6 万人,研究生只有 1 万人。当国家根据经济和社会发展的需要,明确提出在全国有计划、有步骤地普及九年义务教育时,长期偏小的高等教育规模以及很不发达的职业教育,导致升学的激烈竞争;而计划经济体制下的人事制度则严重限制了人的社会流动。教育的内外部因素造成"千军万马过独木桥""片面追求升学率""应试教育"相当严重的局面。此时,基础教育领域的有识之士针对这些问题提出了尖锐的批评,采取了应对措施,力图使基础教育回归教育的本意。其中,最早的声音就是以素质教育纠正应试教育。据查,国家教委原副主任柳斌发表在 1987 年第 10 期《课程·教材·教法》的《努力提高基础教育的质量》一文中首先明确使用了"素质教育"这一概念,并很快得到各方面的认可。90 年代初,素质教育作为一个新词语频频出现在各种报纸杂志。1993 年,《中国教育改革和发展纲要》明确提出,"中小学要由'应试教育'转向全面提高国民素质的轨道",从而将素质教育的探讨推向高潮,使得素质教育逐步兴起为我国一场引人注目的教育改革运动,促进了教育理念的革新、课程的现代化和科学化、师生关系的变化以及评价方式的变革,相关的理论研究也不断深入。

在高等教育领域,尽管我国高等教育在曲折的发展进程中取得了举世瞩目的成绩,特别是在满足国家建设急需人才的培养上功不可没,但是,长期存在的"过窄的专业设置""过强的功利主义"和"过弱的文化底蕴"等倾向严重妨碍了人才培养质量的提高,妨碍了教育与经济、社会、文化发展的相互适应。针对这些弊端,高等教育界的有识之士和部分高等学校,如清华大学、北京大学、华中科技大学等进行了有益的探索。时任国家教委高教司司长周远清同志在全国高校大力倡导以提高大学生文化素质教育为切入点和突破口,改革人才培养模式,更新教学内容和教学方法,提高人才培养质量,拉开了高等学校全面加强素质教育的序幕。

周远清同志在高校推进文化素质教育不同发展阶段提出的"三注"

"三提高""三结合"①的教育理念及一批知名专家学者的理论探讨和教委主管部门所采取的一系列强有力的举措(有计划、有组织地开展大学生文化素质教育试点工作,成立"文化素质教育指导委员会",建立国家大学生文化素质教育基地等),以清华大学、北京大学、华中科技大学为代表的一些高校的积极探索,对丰富、完善素质教育思想,推动高校文化素质教育工作不断向纵深发展,发挥了重要的作用。同时,也从一个侧面反映出,中国特色的素质教育思想是应改革而产生、随开放而发展、依实践而完善的中国教育思想的本土创新。

三、素质教育的理论渊源

素质教育思想的形成发展是有其理论渊源的。

首先,素质教育思想是继承和弘扬中国优秀传统教育思想的理论成果。中华优秀传统文化是中华民族的精神命脉,中国教育工作者血脉流淌的是优秀传统文化的精髓,素质教育思想自其发端就带有鲜明的中国传统文化基因。在中国的传统教育思想中,儒家长期居主导地位,孔子曾说:"智仁勇三者,天下之达德也。"(《中庸》)孔子把"智仁勇"三种品质称为"君子道者三",视为君子必备的三种美德——仁者不忧、智者不惑、勇者不惧;同时,主张"礼乐射御书数"六艺兼修。儒家三达德、六艺兼修的教育思想,与今天倡导的素质教育思想血脉相通,有着深厚的思想关联。蔡元培、陶行知等人都提出过与素质教育思想相关的主张。蔡元培在任北京大学校长期间,沟通文理两科,提倡兼容并包,主张思想自由,确立"五育"(指军国民教育、实利主义教育、公民道德

---

① 三注:注重素质教育,注视创新能力培养,注意个性发展;三提高:提高大学生的文化素质,提高大学教师的文化素养,提高大学的文化品位与格调;三结合:文化素质教育要与教师文化素养的提高相结合,文化素质教育要与思想政治教育相结合,人文教育要与科学教育相结合。详周远清、刘凤泰、阎志坚:《从"三注""三提高"到"三结合"》,《中国高等教育》2005年第 22 期。

教育、世界观教育和美感教育)并举,强调美育对人发展的重要作用。陶行知先生强调生活教育的作用,打破"死读书、读死书、读书死"的旧教育制度,批评"在死教育、死学校、死书本里鬼混的人是死人",主张"教学做合一"。从根本上说,先贤的做法都是为了提高受教育者的全面素质。

其次,素质教育思想也是以开放包容的胸怀、互学互鉴的态度,广泛汲取西方先进教育理念和教育经验,创新发展而形成的。改革开放,国门打开,西方各种教育思想、流派涌入中国,广泛的教育交流使国人眼界大开。在经历各种观念相互冲突、相互比较之后,国民心态更加开放和自信。"大胆吸收和借鉴人类社会的一切文明成果,勇于创新,敢于试验,不断发展和完善社会主义教育制度"[1],这已逐渐成为教育界的共识。比如西方教育重视学生创新能力、实践能力培养,重视个性发展,这些教育观念都在一定程度上被我国素质教育思想所借鉴、吸收。可见,素质教育思想正是在吸收西方教育思想特别是自由教育(博雅教育)、通识教育等教育观点的合理内核的基础上形成的。

更重要的是,素质教育思想来源于马克思主义教育理论。马克思主义中国化的过程包括马克思主义教育理论的中国化,尤其是辩证唯物主义和历史唯物主义的立场、观点和方法适于教育的性质和作用,适于人的全面发展,适于教育要坚持正确的政治方向、教育与生产劳动相结合、充分认识和发挥知识分子作用等诸多方面的重要理论观点,都对我们建设中国特色现代教育具有十分重要的指导作用,素质教育思想就是运用马克思主义基本理论解决当代中国教育实际问题的理论产物。从本质上说,素质教育的理论基础是马克思、恩格斯关于"人的自由全面发展"的理论。在《资本论》中,马克思指出,未来社会是"以每个人的全面而自由的发展为基本原则的社会形式"。党的十六大、十七大、十八大报告中均明确把"促进人的全面发展"作为党在现阶段的重要任务和目标。而素质教育则是促进人的全面发展的现实手段。教育

---

[1]　中共中央、国务院《中国教育改革和发展纲要》(1993 年 2 月)。

的根本任务就是在一定的生产力水平下促进人的全面发展，提高国民素质。因此，在一定意义上说，教育在本质上就是素质教育。素质教育思想就是运用马克思主义基本理论解决当代中国教育实际问题所形成的中国特色教育理论，同时也是中国特色教育理论体系和话语体系的集中代表和体现。

中国优秀传统教育思想、西方先进教育理念与教育经验、马克思主义教育理论，这三方面的思想渊源交流融合，塑造了中国素质教育思想的独特品格，建构了中国素质教育思想的话语体系，绘制了世界教育理论的"中国版本"。素质教育思想既是马克思主义中国化的成果，也是吸纳西方先进教育思想、体现教育一般规律的结晶，更是来源于中国教育改革发展实践的理论创新。

四、素质教育中党和政府的推动

当下，国际社会普遍认为，中国经济改革成功的法宝之一是共产党领导下的有为政府。教育改革发展亦是如此。素质教育思想之所以能够在中国教育实践中确立并不断完善、深化，一个基本的原因就在于党的领导和政府的推动。

1985 年 5 月 19 日，邓小平同志在全国教育工作会议上作了一个重要讲话。他明确指出："我们的国家，国力的强弱，经济发展后劲的大小，越来越取决于劳动者的素质，取决于知识分子的数量和质量。"[①]这里，邓小平站在我国社会主义现代化建设全局的高度，提出了劳动者素质是构成国力的基础。1986 年，他又提出，"法制观念与人们的文化素质有关。现在这么多青年人犯罪，无法无天，没有顾忌，一个原因是文化素质太低"[②]，强调了文化素质的重要。他要求全党把提高劳动者素

---

① 邓小平：《把教育工作认真抓起来》，《邓小平文选》（第三卷），人民出版社 1993 年版。
② 邓小平：《在全体人民中树立法制观念》，《邓小平文选》（第三卷），人民出版社 1993 年版。

质作为一项重要工作抓起来。可以说,邓小平的这些指示,引领了"素质教育"思想的形成,确立了素质教育在我国教育领域的主导思想与主流实践地位。之后的历任中央领导都高度重视素质教育。江泽民在1994年召开的全国教育工作会议上的讲话中,把实施素质教育,提高劳动者素质,提高全民族思想道德素质和科学文化水平作为实现我国现代化进程的根本任务。他认为,思想政治素质是最重要的素质,不断增强学生的爱国主义、集体主义、社会主义思想是素质教育的灵魂。他要求加强对学生的历史知识的教育和人格的培养,并强调文化素质很重要,应当好好抓。理科的学生要加强人文方面的知识,文科的学生要加强学习自然科学等方面的知识。他要求把全面实施素质教育作为教育工作的战略重点。胡锦涛同志在2010年的全国教育工作会议上提出了"坚持以人为本,全面实施素质教育"的明确要求,不仅详细阐述了实施这一"战略主题"的丰富内涵,而且对全社会协同推进素质教育提出了明确的工作要求:"实施素质教育不仅涉及教育各个阶段和领域,更涉及文化传统、经济发展、社会结构、用人制度等方方面面,必须统筹兼顾、协调推进,切实把实施素质教育这件大事抓紧抓好。"十八大以来,习近平总书记高度重视素质教育问题,"素质教育"已经成为习近平关于教育工作系列重要讲话的一个重要关键词。他明确要求"要深化教育改革,推进素质教育,创新教育方法,提高人才培养质量"。他把实施素质教育、培养创新人才、提高各级各类劳动者素质,作为实施创新驱动战略的"根本大计"。

党和国家领导人的指示精神在政策文件中得到确认,上升为党和国家的重大教育决策,成为推动教育工作的战略部署。1985年国务院《关于教育体制改革的决定》开宗明义,"教育体制改革的根本目的是提高民族素质,多出人才、出好人才。"1993年2月,中共中央国务院颁布的《中国教育改革和发展纲要》明确要求,"中小学要由'应试教育'转向全面提高国民素质的轨道,面向全体学生,全面提高学生的思想道德、文化科学、劳动技能和身体心理素质,促进学生生动活泼地发展",第一次明确提出了全面提高学生四方面素质的要求，从政策层面肯定和反映了素质教育理念，是素质教育思想形成的重要标志。1994 年 8 月，《中共中央关于进一步加强和改进学校德育工作的若干意见》提出："增强适应时代发展、社会进步，以及建立社会主义市场经济体制的新要求和迫切需要的素质教育。"这是首次在中央文件中使用"素质教育"一词。1999 年 6 月中共中央、国务院《关于深化教育改革，全面推进素质教育的决定》明确指出："素质教育应当贯穿于各级各类教育中。"可见，"素质教育"的分量之重，实施的决心之强！2010 年 7 月国务院颁布的《国家中长期教育改革和发展规划纲要（2010—2020 年）》则专列一条，明确"坚持以人为本、推进素质教育是教育改革发展的战略主题"，素质教育成为统领未来一个时期教育改革发展全局的工作主题。

因此，在中国实施素质教育不仅仅是学校行为，而且是国家行为、政府行为。正是党和政府的鲜明观点、有效举措和强力推动，使素质教育成为引领中国教育改革发展的核心理念和实实在在的实践探索；素质教育思想源于实践，并在实践中不断丰富、完善和发展，与此同时，又推动着中国教育改革发展的实践不断深化、砥砺前行。

五、素质教育与自由教育、通识教育、专业教育的关系

厘清素质教育与自由教育（博雅教育）、通识教育的关系，对于丰富、发展和完善素质教育理论和实践，提升中国教育的国际化水平和中国特色教育理论的国际影响力颇为重要。

2014 年 12 月，我曾随"美国通识教育和核心能力培养调研团"赴美就通识教育相关情况进行专题调研。其间，我们广泛接触了各类高校教育人士，感到在美国自由教育（Liberal Arts Education）和通识教育（General Education）两个概念具有紧密联系和相似性，但又有一些差异。实际上，这是两个来源不同而又有着共通性的概念。

自由教育（Liberal Arts Education），也译为博雅教育，起源于古希

腊。对此,《哈佛通识教育红皮书》曾做过经典性的说明:"在奴隶社会里,人被分成两种:自由人和奴隶,或者说统治者和被统治者。奴隶承担仆佣性质的专门化职业,自由人主要关注公民的权利和责任。对于前者的训练完全是职业性的,但是自由人不仅是统治阶级,而且是有闲阶层,他们的教育仅限于自由的技艺(Liberal Arts),没有任何实用的色彩。自由人被培养成为思索与追求美好人生的人,他们的教育既是非专门化的(unspecialized),也是非职业化的(unvocational),其目的是培养出一个对于自身、对于自身在社会和宇宙中的位置都有着全面的理解的完整的人。"也正因为这一概念的"历史因素","现代民主社会"中的一些美国人对自由教育颇有异见,更多的人则主张将本质的因素与非本质的因素相区分,将合理的精神应用于对所有人的教育。

通识教育(General Education)20 世纪上半叶在美国的兴起,则缘于"专业主义"的过分盛行。为了谋生,其中也不乏对经济利益的追逐,几乎所有的学生都热衷于选择一个专门化程度较高的职业。"专业教育"(Specialized Education)作为培养学生将来从事某种职业所需能力的教育,既是社会发展所必需的,也吸引了学生的兴趣。但是,专业教育的过分专门化和实用化,极易忽视学生人文素质的养成,也失去了对科学的总体关系的理解。因此,"通识教育"作为完整意义上的高等教育的结构性"另一部分"而受到重视。它"旨在培养学生成为一个负责任的人和公民",与专业教育共同构成了一个人应当接受的教育的两个方面,这两个方面共同达成高等教育的目的。通识教育在拓展学生知识覆盖面、培养学生的阅读与写作能力、提高价值判断能力等方面发挥着不可替代的作用。如果说专业教育是教学生能够做什么和怎么做的话,那么通识教育则是在教育学生应该做什么和为什么要做的问题上发挥着更为重要的作用。

显然,自由教育早于通识教育;本义的自由教育是对"自由人"(一部分人)的全部教育,通识教育是现代高等教育中对学生(所有的人)教育的"一部分教育",但二者有着共通的旨趣,就是培养学生成为"完整的人"(whole man)。

比较而言,中国本土的素质教育思想,与"自由教育"(博雅教育)、"通识教育"既有相通之处,更有超越之优。

从高等教育发展的历史逻辑和现实建构来讲,文化素质教育是素质教育的一个重要组成部分,它着眼于学生的全面发展,强调人文养成,重视知识的综合性,其内涵与自由教育(博雅教育)、通识教育基本一致,可谓"英雄所见略同"。我在美国访问期间,美国有的同行也认同"文化素质教育"的概念,并且直接用汉语拼音"wenghuasuzhi jiaoyu"与自由教育、通识教育等同使用;也有认为,中国的素质教育思想较之自由教育(博雅教育)、通识教育具有更全面、更丰富、更深刻的内涵,因此,可以直接用汉语拼音"Suzhi Eduation"在英语中表达这个中国概念。

作为包含思想道德素质、文化科学素质、专业技能素质、身体心理素质的素质教育与通识教育相比较,素质教育是一种面向全体学生且贯穿于教育全过程的教育,它弥漫性地渗入整个教育体系之内。如果我们认同通识教育和专业教育是学生在高等教育阶段所接受的两个方面的教育的观点,那么,素质教育则是贯穿于两个方面教育的主线和灵魂。当下,一些人否认高等教育的专业性,概之为"通识教育",这不符合高等教育的实际,也模糊了高等教育的性质,同时,也否定了高等教育的工具价值;还有一些人以"通识教育"取代甚至否定素质教育,反映出对素质教育思想的认知缺乏和对本土化教育思想的自信缺失。

这里需要进一步厘清素质教育与专业教育的关系。专业教育培养学生将来从事某种职业所需要的能力,它带有较强的工具价值。在"劳动还是谋生手段"的现实社会里,专业教育仍然是基本的和必要的,超越现实生产力水平而空谈人的发展和自由教育,既不能真正实现人的发展,也不能推动社会进步;但如果过早地、过多地专业化,专业教育就会远离教育的本质,学生就可能成为"单向度的人"。今天,我们不会赞成古希腊时代的一部分人接受自由教育,另一部分人接受职业训练的做法。从经济社会发展需求、学生成长需求、工具理性与价值理性相统一等视域分析,进行专业教育的同时,必须进行人文知识教育和人文精神培育,必须关照学生自身内在秉性的发展和人格的完善,这才是真正意义上的高等教育。德智体美全面发展且贯穿于教育全过程的素质教育,自然要高于并统领专业教育,同时又渗透并通过专业教育来促进学生专业技能的获取,因此,培养学生的专业技能,是素质教育的一个组成部分;同时,在专业教育中培养、提高学生服务国家、服务人民的社会责任感,勇于探索的创新精神和善于解决问题的实践能力,也是专业教育的责任。当前,我们要更加注意开发专业课程中的素质教育功能。

六、切实落实素质教育的战略主题地位

素质教育思想是"扎根中国大地办教育"所形成的中国特色的教育思想,其贯彻落实极大地改变了我国高等教育的面貌,促进了教育事业的科学发展、人才培养规模的改革、专业设置的拓展、教学内容的革新等等。其中,作为全面实施素质教育切入点和突破口的文化素质教育的推进与普及,在提高大学生文化素质、提高大学教师的文化素养、提高大学的文化品位与格调等方面更是发挥了重要的作用。

但是,我们也要客观地看到,素质教育作为教育改革发展的"战略主题"大有其"名",但其"实"还不尽如人意。一是认识还没有完全到位,对"战略主题"的理解领悟不到位、不深透,还有少数同志仍在照抄照搬西方的教育话语,甚至用西方话语体系剪裁我们的教育实践。二是实践还不全面、不系统、不深入。在一些地方,素质教育口号振聋发聩,但没有进入操作层面;一些高校还只是停留在校园文化、社会实践的范围,尚未进入教育教学的全过程;一些高校在教学过程中还只是停留在开设讲座、选修课的初级阶段,而没有进入教学的核心过程;一些高校把文化科学知识教育当成百科知识式的"万金油"。种种现象表明,要使素质教育这一战略主题地位落到实处,使素质教育思想变成生

动活泼的具体的教育实践，还要花很大的气力，做更多的工作。

落实素质教育战略主题地位，要有充分的教育理论自信。要按照中国的文化和实践轨迹建构我们自己的话语体系，科学阐释中国教育实践。这不是固步自封，恰恰相反，我们一贯注重从世界不同文明中汲取、借鉴有益的教育思想与经验，中国的现代高等教育就是在学习西方中发展起来的；但是，我们又有自己独特的文化传统，欢迎异质文化进入，但又不被同化，我们就是在延续民族文化血脉中开拓前进的。改革开放以来，我们学习、借鉴世界各国的先进教育理念，学习其治学办教育的先进经验，同时，我们坚持洋为中用、开拓创新、融会贯通，逐步形成了符合我们自身教育实践的思想观念，形成了中国特色的教育发展道路，这些宝贵财富弥足珍贵，应当倍加爱护。素质教育思想就是其中的重要组成部分，应当加以坚持、完善和发展。同时，我们也需要努力提高教育的国际话语权，通过多种途径介绍、传播素质教育思想，解读好中国教育实践。

落实素质教育战略主题地位，必须把全面实施素质教育作为教育改革发展的核心理念，系统设计、整体规划各级各类教育中素质教育的重点任务。教育部提出要加快研制、发布中国学生发展核心素养体系，把素质教育的内容细化、实化，使大中小学的素质教育有机衔接、分层递进，更加符合教育教学规律、符合青少年成长成才规律。素质的培养与提高是伴随着人的整个生命过程的一种活动，它并不仅仅局限于学校教育内部，除此之外，家庭教育、社区教育以及社会教育都会对一个人素质的培养与提高产生很重要的影响，因此，要形成素质教育的合力。素质教育要落地，土壤很重要，因此，还要有科学完善的体制机制来支持、保障、激励素质教育的实质性推进。

落实素质教育战略主题地位，必须改革人才培养模式，推进教育教学改革。要按照实施素质教育总体要求，以课程改革为突破口，对课程体系进行全方位的系统设计、整体优化，同时辅以缜密的策划和精细的落实举措。一直以来，我国高校课程体系存在缺陷且高度专业化，受苏联高等教育传统的影响,高度重视知识性的学科构成,很容易导致伦理教育、历史文化教育等被忽视,导致课程体系的缺陷和高度专业化,人才培养没有一个系统的、整体的、有机的课程体系设计,在具体的教学过程中顾此失彼,实施素质教育除做些简单的补充加法外,没有一个系统的课程体系来保障一以贯之的实施。前些年,一些高校的一些专业也发生了把教材和教学过程全欧美化的现象。当下,迫切需要组织起来,对高等教育课程按照素质教育的要求,进行整体设计和实施。要系统研究、有步骤地开发开设培养学生民族认同、文化自信、责任意识的专门课程,开发开设提升阅读、写作、交流等基本能力的专门课程,开发开设培养科学精神、科学思维、科学方法的专门课程;按照素质教育的理念,依据中国经济社会发展和学生全面发展的现实需要,规划设计好既能体现学生不同成长阶段特征、又一以贯之的素质教育课程体系;建成一批不同教育阶段的文化素质教育精品课程、核心教材,使得素质教育思想真正融入人才培养全过程,关照到每一个学生的成长成才,在中国的教育实践中落地生根。

全面实施素质教育，推进高等教育现代化[*]

  中国高等教育学会大学素质教育研究分会是在周远清同志的亲自过问下成立起来的。分会的成立使得我们长期以来推进的文化素质教育及贯穿在学校工作中的素质教育思想，得到深入研究和全面贯彻，在这方面大学素质教育研究分会发挥了非常重要的作用。分会一年一个学术论坛，年年如期举行，讨论内容越来越深刻，学术成果越来越丰富，有力地推动了高校素质教育实践，推动了我国高等教育的健康发展。我对大学素质教育研究分会所取得的成绩，表示衷心的祝贺！

  利用今天这个会议，我主要讲两方面的内容。

一、把握"十三五"规划发展目标及政策导向，
加快高等教育现代化进程

  《中华人民共和国国民经济和社会发展第十三个五年规划纲要》（以下简称"十三五"规划）对于全面建成小康社会、开启社会主义现代化建设的新征程，具有决定性的意义。在这个规划中，第五十九章以"推动教育现代化"为题，分五节阐明了我国教育改革发展的目标和主要的政策指向。我在学习这个文件时，感觉"教育现代化"是"十三五"规划教育部分最重要的关键词，很值得我们关注。那么，教育现代化是什么？为什么特别强调教育现代化？怎样实现教育现代化？这些问题很值得我们认真思考。

---

  * 本文系作者在中国高等教育学会大学素质教育分会 2016 年学术年会上的讲话，原载《重庆高教研究》2016 年第 5 期。

教育现代化当然应该是有关教育的各个方面、各个环节的全面现代化,它包括教育思想观念的现代化、条件装备的现代化、教育教学内容的现代化、教育方法的现代化、教育治理体系和治理能力的现代化,等等。总之,教育的现代化应该是一个全面的现代化。在我们整个国家推进现代化的进程中,教育现代化特别重要。"十三五"规划把推进教育现代化作为这一章的总要求,是有特定的政策指向的。美国一位学者研究过世界各国的现代化进程,得到的一个看法是:一个国家的现代化可以引进资金、技术、人才,甚至可以引进社会制度,唯独不能引进的就是国民素质。[①] 国民素质的养成只有靠教育,且这种教育必须是与现代社会相适应的教育。所以,在国家现代化过程中强调教育的现代化,强调通过教育的现代化培养具有现代意识的国民,显得特别重要。当然,要实现这样的任务需要很长的时间。所以在"教育现代化"成为关键词的时候,不仅要考虑"十三五",还应有更长远的考虑,特别要立足于"两个一百年"的目标、中国梦的实现,来考虑 2020 年怎么做、2050 年怎么做,中间还有个时间点,是 2030 怎么做?

我们已经注意到,在国家发展战略中,科技创新的目标是:2020 年进入创新型国家行列,2030 年进入创新型国家前列,新中国成立 100 年时成为世界科技强国。现在,国家又在考虑健康中国 2030。在一流大学和一流学科的"双一流"建设中也提出了 2020、2030、2050 的"三步走战略",目标是建成高等教育强国。所以,事实上围绕推进教育现代化,国家已经在做长期发展的战略谋划,考虑制定"中国教育现代化 2030"发展规划。所以,我认为,在把握"十三五"规划教育发展目标的时候,我们要把眼光放得更远一些。现在,教育部正在组织力量制定"中国教育现代化 2030",以这样的视野来考虑教育发展,齐心协力加快教育现代化的进程。

---

① 阿历克斯·英格尔斯等著、殷陆君编译:《人的现代化》,四川人民出版社 1985 年版。

二、坚持以人为本、实施素质教育的战略主题,
深化人才培养机制改革

在"十三五"规划中,第五十九章第三节以"提升大学创新人才培养能力"为标题,提出深化人才培养机制改革,实行学术型人才和应用型人才分类、通识教育与专业教育相结合的培养制度,强化实践教学,着力培养学生的创意创新创业能力。这里涉及一些重要概念,我们要认真学习领会。

关于学术型人才和应用型人才的分类,怎样分?在高等教育的哪个阶段分?这些都值得思考。在高等教育中,高职高专是培养应用型人才,普通本科绝大部分都是应用型本科,都培养应用型人才,真正的学术型人才是很少的。到研究生阶段可能学术型、应用型分得稍微清楚一些,其实有时也是模糊的,没有绝对意义上的学术型人才而无应用价值,大量的应用型人才也必须有一定的学术功底。所以在培养过程当中如何做,作为一项制度,是值得我们去研究探索的。尤其是在走向普及化高等教育的过程中,应用型人才在数量上肯定是大多数。

关于通识教育和专业教育相结合,"十三五"规划第一次把通识教育写在国家的文件中,过去在党和政府的文件中没有出现过通识教育。现在使用了通识教育和专业教育相结合的培养制度这个说法,我们也要深入研究。什么是通识教育?什么是专业教育?怎样结合?素质教育与通识教育、专业教育是什么关系?这些都需要我们加以研究。如果思想不明确、认识不一致,教育实践就会出现混乱,教育发展就会受到影响。在这里,我谈一些粗浅的认识,和大家交流。

高等教育的任务,在《中华人民共和国高等教育法》里有明确表述:"高等教育的任务是培养具有社会责任感、创新精神和实践能力的高级专门人才。"因此,从本质意义上说,高等教育是专业教育。但是在整个教育过程当中,过窄的专业教育是有明显缺陷的,人文精神的缺乏、学

术视野的狭窄等,都会影响人的素质的提高和潜能的发挥,从更深层的意义上说,也会影响社会的进步和国家创新能力的提升。西方也有过类似经历,著名的哈佛红皮书就具体描述过这种过程。哈佛大学就是在专业教育过于盛行的情况下强调通识教育,认为通识教育和专业教育都是一个学生在大学期间应该接受的教育。

我国关于通识教育的提法近年比较活跃,这有向西方学习的因素,因为这个词本身就是"舶来品";更多的原因还是在大众化高等教育的背景下,强调改变现有的人才培养的知识结构,构建新的教育教学体系,强调培养拔尖创新人才,等等,通识教育这个概念因而凸显出来了。所以,如何准确地把握通识教育和专业教育的内涵,在当今课程体系的基础上,稳步推进教学改革,值得研究、探索、实践。

高校现有的课程体系,大都分为基础课和专业课,有的高校在这两者之间加一个专业基础课,作为基础课和专业课之间的过渡。专业教育是什么? 应该说,我们还是比较清晰的。基础课教学,应当包括文化素质教育的很多课程。如果今天讲通识教育和专业教育相结合,能不能说,我们原有的基础课升级版就是今天要讲的通识教育的主体内容? 我们高校都开设基础课,包括很多文化素质教育的内容,说得更宽一点,"思想政治理论课"教学也是中国大学生的通识课程。所以,如果今天说通识教育的课程体系,可以说是我们原来的全部基础课课程的升级版。当然,专业课也要升级,"升级"要体现在教学内容具有更强的系统性、人文性、科学性、时代性,体现在教学方法具有创新性。所以,我觉得,如果按照通识教育和专业教育相结合的思路去做好人才培养工作,非常重要的就是构建一个新的课程体系。这个课程体系不仅要适应当前大众化高等教育后期的需求,而且要适应很快迈入高等教育普及化阶段的需求。因为我们在 2020 年前后高等教育毛入学率将达到50%,是高等教育普及化的量的标志。高等教育进入这样的发展水平,不能简单地理解为只是数量的扩张,量的增加会带来质的变化,还有教育与社会之间的矛盾会有新的变化,学习者对教育多样化的要求会更为强烈。教育只有提供多样化的服务，才能满足多样化的终身学习的需求。

　　教育如何更好地为地方经济社会发展服务的问题也会更加突出，如何根据各个学校的发展定位，确立自己的课程体系或者是重构课程体系，显得特别紧迫、特别重要。但是，课程体系的改革是一件十分复杂、十分艰难的事情。如哈佛大学每隔20多年一次的本科课程改革，无论从学生还是老师的角度，都会引发很多争议，用博克校长的话说，"比挖祖坟还热闹"。因为这涉及教育思想观念的变化，涉及教师的利益，涉及教师的职业能力，等等，这些都是很大的挑战。所以这个任务是相当艰巨和复杂的，这个升级版不是很好做的。但是在一个大学生既接受通识性教育，又接受专业性教育的时候，贯穿于其中的思想和灵魂是什么？我觉得它应该是素质教育。素质教育的思想内涵在1999年6月颁布的《中共中央国务院关于深化教育改革，全面推进素质教育的决定》中有过明确的表述："实施素质教育，就是全面贯彻党的教育方针，以提高国民素质为根本宗旨，以培养学生的创新精神和实践能力为重点，造就'有理想、有道德、有文化、有纪律'的、德智体美等全面发展的社会主义事业建设者和接班人。"这一思想应当贯穿到通识教育和专业教育的全过程。因此，我们完全可以说，素质教育思想是通识教育和专业教育的上位思想、上位理念，是贯穿于通识教育和专业教育全过程的思想，是覆盖学校各方面工作、贯穿学校教育"全时空"的思想。北京理工大学张炜书记在他的演讲中，认为我们要坚持在素质教育框架下的通识教育和专业教育相结合的人才培养模式。我赞成他的意见。

　　素质教育是"全时空"的，是上位概念，是贯穿于教育全过程、覆盖学校各方面工作且要达成提高学生全面素质的教育。就像远清同志过去反复强调过的，我们培养的学生应该是思想道德素质好、文化科学素质强、专业技能素质高、身体心理素质好。因此，我们要坚定不移地全面贯彻素质教育的思想。"十三五"规划中提出了通识教育与专业教育相结合，使得我们长期坚持的素质教育思想能更好地落地生根。有了政策的支持,我们要把推进素质教育这个战略主题说得更响亮,更有底气,从而使通识教育和专业教育方向更明确,少走弯路,做得更好!

要坚持素质教育的思想,就要坚持创新的精神。素质教育的提出本身就是一个创新,要以创新的精神去落实。过去高等教育的改革发展取得了很大的成就,大基数、高速度、低成本,快速从精英教育到大众化教育,现在又迈向普及化发展阶段。但是我们过去所做的工作,很多方面表现为后发外生型的特点,许多方面还是"学习模仿、集成创新",真正属于自己原创的并不多。但是到了今天,我们要弯道超车,充分发挥后发优势。与此同时,我们也要逐步形成先发优势,形成我们自己的思想、自己的理念、自己的故事。素质教育就是其中的一个。今天,我们真正在世界高等教育大格局中能够发挥引领作用的新理念、新模式还不多。所以我们更应该强调教育自身的创新,包括在高等教育中,如何形成中国特色的高等教育话语体系,值得研究探索。

最后,我想顺便回应一下关于素质教育的英语翻译问题。我有过一个经历,那就是在 2014 年 11 月 29 日至 12 月 12 日,我带领富布莱特·海斯项目"美国通识教育和核心能力培养调研团",赴美就通识教育相关情况进行了专题调研。陪同的美方代表,是美国长期驻华的一个老工作人员,是一位中国通。我在美国考察期间做的报告是"中国的素质教育",翻译成英语是"Quality-Oriented Education in China"。一路上,美方陪同官员一直和我们在讨论、交流关于通识教育的问题。最后,这位工作人员送我们上机场。我特意问他,你陪我们走了一路,你理解我们的"素质教育"这个汉语,该怎样翻译才好? 他说,十多天了,我明白你们的"素质教育"的意思,但是一定要找一个美国的词来对应,真的很难,你们可以用汉语拼音来表述,就叫"Suzhi Education"。这样,我带着"Quality-Oriented Education"走进美国,美国人教我以"Suzhi Education"回到中国。这件事说明,我们可以有自己的概念、话语体系,国外也是完全能够理解、接受的。在中外不同的语境中,未必每个词、每个字都能够完全对应。重要的思想观念,重要的实际作为,不一定完全一一对应，但可以相互理解。用中国的话语讲好中国的故事，在世界上树立中国的形象，这是完全可以做到的！所以，我也建议，在今后的教育国际交往中，我们就使用"Suzhi Education"来表达这个中国特色的教育思想。

素质教育要再出发[*]

2017 年是我国的政治大年,我们将迎来党的十九大。同时,2017 年也是我国的教育大年,李克强总理在第十二届全国人大第五次会议的政府工作报告中宣布了 2017 年将制定《中国教育现代化 2030》。这将是一个面向未来,向着第二个百年目标的中国教育改革发展的纲领性文件。核心是推进教育现代化,建设教育强国。这个文件将会是中国教育发展进程中一个里程碑式的重要文件。当然这个文件的发布实施也是和国际的,特别是联合国《2030 可持续发展议程》以及联合国教科文组织《教育 2030 行动框架》直接呼应的,预示着中国教育将进一步融入世界教育改革发展的洪流,并且起到中国作为一个大国、作为一个强国应起的作用,讲好又一个"中国故事"。

一、时代呼唤必须加强素质教育

改革开放以来,党中央、国务院召开了四次全国教育工作会议(简称全教会)。每一次全教会都对我国教育改革发展做出了重大决策和重要部署,在我国教育改革发展进程中发挥了不可估量的推动作用。

1985 年 5 月召开的第一次全国教育工作会议,讨论了关于教育体制改革问题,开启了我国教育体制改革的大门。这次全教会是党中央继经济体制改革、科技体制改革之后对教育体制改革所作的战略设计。

---

[*] 本文系作者在 2017 年 3 月中国高等教育学会大学素质教育研究分会 2017 年学术年会暨第六届大学素质教育高层论坛上的讲话,原载《中国高教研究》2017 年第 4 期。

邓小平同志在这次全教会上的讲话（《把教育工作认真抓起来》），虽只有 13 分钟，1200 余字，但字字珠玑，极其重要，影响深远。1994 年 6 月召开的第二次全教会是为了推动 1993 年发布的《中国教育改革和发展纲要》的实施。这次会议从我国社会主义现代化建设的全局和国家、民族前途命运的高度，强调要进一步落实教育优先发展的战略地位，提出要在 20 世纪末实现教育投入占 GDP4％的目标，并决定启动"211 工程"，即面向 21 世纪，重点建设 100 所左右的高等学校。这次会议极大地推动了我国教育的改革发展，绘制了 20 世纪 90 年代至 21 世纪初我国教育改革和发展的蓝图。1999 年 6 月召开的第三次全教会，讨论了关于深化教育改革、全面实施素质教育的问题，会后颁发了《中共中央国务院关于深化教育改革全面推进素质教育的决定》。在这次会议开幕式上，江泽民总书记深刻分析了面向 21 世纪的中国教育改革和发展的形势，阐述了全面推进素质教育的重要性，提出了今后的工作任务。这次会议还正式宣布了高等教育扩招。我当时在场，印象很深刻。国务院副总理李岚清在做总结讲话时，强调会议的重点是扩招。从此开启了中国高等教育事业快速发展的大门，高等教育迅速从精英高等教育走向了大众化高等教育，并即将迈向普及化高等教育。2010 年 7 月召开第四次全教会，推动贯彻实施《国家中长期教育改革和发展规划纲要（2010—2020 年）》，六年多来，我们就是在《教育规划纲要》的引领下，推动教育改革发展的。

回顾四次全教会，我们可以看到，每一次全教会的召开都极大地推动了教育事业的改革发展，因此，我们相信：今年发布《中国教育现代化 2030》和相关的工作部署，一定会使我们国家的教育包括高等教育朝着加快教育现代化、建设教育强国的方向走得更快、更好、更稳。

回顾四次全教会，我们还深切地感受到：素质教育就像一条红线贯穿于四次全教会之中，而且一次比一次讲得更重要，一次比一次讲得更全面，一次比一次讲得更深入。在第一次全教会上，邓小平同志说，"我们国家，国力的强弱，经济发展后劲的大小，越来越取决于劳动者的素质,取决于知识分子的数量和质量。"这段话被教育界公认为是素质教育思想的源头。第一次全教会后发布的《中央关于教育体制改革的决定》(以下简称《决定》),第一个标题就是"教育体制改革的根本目的是提高民族素质,多出人才、出好人才"。《决定》的开篇就点明教育体制改革的根本目的是为了提高民族素质,可见中央对教育改革的目的有多么明确,对提高民族素质有多么重视! 第二次全教会在文件中形成了对素质教育概念的完整表述,即素质教育"面向全体学生,全面提高学生的思想道德、文化科学、劳动技能和身体心理素质,促进学生生动活泼地发展"。第三次全教会则是把素质教育鲜明地作为了文件的主标题,即《关于深化教育改革,全面实施素质教育的决定》。素质教育的地位更加凸显、更加鲜明、更加重要。第四次全教会期间颁布的《国家中长期教育改革和发展规划纲要(2010—2020 年)》更是明确指出:"坚持以人为本、全面实施素质教育是教育改革发展的战略主题。"何谓"战略"? 就是时间上管长远、空间上管全局。"战略主题",就是覆盖各级各类教育长期的中心思想、核心话题。明确"坚持以人为本、全面实施素质教育是教育改革发展的战略主题",说明了素质教育在我国教育中的地位之重要。

回顾四次全教会,我们可以十分清晰地看到,素质教育就像一条红线贯穿于党和国家的教育大政方针中,贯穿于教育改革发展的实践中。素质教育思想也在实践中不断丰富和发展,具有系统的逻辑范畴,成为公认的最具中国特色的教育思想和教育话语。这一思想今后也必然会得到进一步的体现。习近平总书记在 2016 年教师节前夕到八一学校视察时强调,"素质教育是教育的核心"。因此,推进素质教育是发展中国特色社会主义教育的题中之义和必然要求。

实际上,无论从国际还是国内来看,素质教育都是极其重要的。尽管在表述的语言上和一些内涵上有差异,但国际教育界在一些重要问题上还是有基本共识的。如经济社会越发展,越要求提高人的素质;社会越走向现代化,人的现代化越重要;科技越发展,越要求掌握科技的人必须是高素质的人,否则,人会成为科技的奴隶;教育越发展越提供了更多的实施素质教育的可能,探索素质教育的空间就越大,实践素质教育的基础就越实。所以,时代呼唤必须加强素质教育。

二、现实需要推进素质教育

审视目前高等教育现状,一方面我们取得了前所未有的、令世界瞩目的巨大成就:我们以大基数、高速度、低成本为主要特征实现了高等教育从精英化到大众化的阶段性转变,极大地发展了高等教育的规模,使人民群众有了更多接受高等教育的机会;在教育体制机制改革方面,无论是办学体制、管理体制,还是学校的人事制度,等等,都已经发生了巨大的变革,成就显而易见。抹煞成就的观点、否认改革成效的看法都是不切合实际的。

但与此同时,我们也必须看到,高等教育教学改革仍然滞后,且在很多方面还没有实现根本性的变革。"素质教育"概念的提出确实是切中时弊的,用今天的话语来表述就是"问题导向"。我们的高等教育有什么"时弊"、什么问题呢? 当时我们的高等教育存在"一过四偏"的问题,即人文教育过弱、教学内容偏旧、教学方法偏死、专业口径偏窄、外语水平偏低。审视一下过去 30 多年我们所走过的历程,高等教育教学方面的这"一过四偏"究竟有多大程度的改变呢? 第一,应该说目前大学生的外语水平、计算机应用水平都有明显提高,但高校的外语教学中出现了一些新问题,如外语教学花的时间较多,一个大学生从小学开始,即使是从初中开始到本科毕业花多少时间在外语上?"时间多、效率低、对内过剩,对外不足"仍是普遍存在的问题。因此,如何改进外语教学,使其效率进一步提高,并且成为一个"适合的教育",对不同的学生、不同的专业,探索出不同的要求,是当前英语教学中必须面对的现实问题。所以,在外语水平偏低这一问题有改进的同时,我们又面临了外语教学效率和"适合的教育"的新问题。第二,专业口径偏窄已经有了明显改善。教育部《普通高等学校本科专业目录(2012 年)》中的专业类由原来的 73 个调整为 91 个,专业由原来的 621 种调整为 443 种。其中专业目录修订的原则就是科学规范、主动适应、继承发展,保证专业的划分符合人才培养规律和学科发展逻辑;主动适应经济、社会、文化和教育发展需求,合理确定人才培养口径,为新兴学科发展留有空间。总之,专业口径偏窄的情况有了改变,但是如何使专业的确定具有更好的灵活性,以适应快速变革的产业,包括现在提出的发展新兴工科,与新兴产业发展相适应等,还需进一步研究探索。第三,人文教育过弱、教学内容偏旧、教学方法偏死的问题还没有根本性的改变。这一点我相信在学校生活的人,从事教学工作的人都会深切地感受到。因此,审视高等教育改革发展的现实,我们确实做了很多,取得了很大的成就,但是在某些方面,我们的改革探索还没有触及根本,教育教学中许多沉疴痼疾依旧存在。"革命尚未成功,同志仍需努力!"我们要用进一步加强素质教育的办法解决那些沉疴痼疾。因此,面向教育现代化,素质教育要再出发。

三、素质教育要再出发

"素质"从一般意义上讲,包括四个方面的基本内容:思想道德素质、文化素质或者说文化科学素质、业务素质或者说专业技能素质,以及身体心理素质。开展素质教育,就是着眼于加强这四个素质,使学生个人素质达到全面提升,教育质量实现整体提高。因此,素质教育如何再出发,要从这四个方面的素质着眼,加强相应的工作。

第一,着眼于提高思想道德素质,认真落实全国高校思想政治工作会议精神。高等学校的立身之本在于立德树人。对个人来说,确立正确的价值观念,养成高尚的道德品质特别重要。正如习近平总书记所说的,青年处在价值观形成和确立的时期,抓好这一时期的价值观养成十分重要。这就像穿衣服扣扣子一样,如果第一粒扣子扣错了,剩余的扣子都会扣错。人生的扣子从一开始就要扣好。素质教育就是要帮助学生扣好人生的第一粒扣子。对社会来说，今天青年一代的价值取向，特别是大学生的价值取向，决定了明天社会的整体性的价值取向。因此，把思想道德素质教育放在突出位置，无论于个人还是于社会都是极其重要的。而加强思想道德素质的教育，重点就是要把社会主义核心价值观教育贯穿于办学育人的全过程。"核心价值观承载着一个民族、一个国家的精神追求，是最持久、最深层的力量。"①青年学生是国家的未来，他们"要在自己所处的时代条件下谋划人生、创造历史"②，必须把社会主义核心价值观作为自己的基本行为准则，身体力行，带动全社会形成良好的风尚，把发展好中国特色社会主义事业这个同心圆画得更好、更大。当前，认真落实习近平总书记在全国高校思想政治工作会议上的讲话精神，就是要引导学生在实践中坚定政治信仰、培育正确的价值观和人生观，努力提高思想道德素质，以此推进素质教育再上新台阶。

第二，着眼于提高文化素质和专业素质，以提高学生社会责任感、创新精神和实践能力为重点，建立通识教育和专业教育相结合的培养制度。学生的主体任务是学习知识，以知识为载体提高能力，升华素质。教师的主要精力集中在提高学生的文化素质和专业素质。因此，无论是学生还是教师，在全部教学活动中，课堂仍然是主阵地，提高教学质量首先要向课堂教学要质量。第二课堂、社会实践，等等，都是第一课堂的拓展。所以提高教学质量，首先要向课堂教学要质量。怎样组织教学活动？非常重要的一条就是要建立通识教育和专业教育相结合的培养制度。十二届全国人大四次会议审议通过的"十三五年规划纲要"第五十九章明确指出："改革人才培养机制，实行学术人才和应用人才分类、通识教育和专业教育相结合的培养制度。"在教学内容上，要

---

① ② 《习近平在北大考察：青年要自觉践行社会主义核心价值观》，http://new.xin-huanet.com/2014-05/04/c_126460590.htm。

着力加强文化教育，增强大学生的文化自信。这里的"文化"，包括中华优秀传统文化，也包括革命文化、社会主义先进文化，它们共同构成了中华民族独特的精神标识。与此同时，高校也要开展世界文明的教育，增强大学生的国际理解，把文化自信与国际理解结合起来。

第三，要着眼于提高身体心理素质，更加重视体育和美育。素质教育的根本目的是要促进学生德智体美全面发展。体育和美育是素质教育的基本内容和必然要求。在今天的大学里，体育和美育不能说已经达到了应有的重视。青年学生的身心健康仍然有不少问题，有些地方、有些方面甚至还有下降的趋势，应当引起高度重视。体育和美育不能说起来重要、做起来次要、忙起来不要，更不能因为追随某些评估、评价指标体系，而把学校长期积淀成的优良的体育传统、美育传统丢掉了，在不知不觉中淡忘了。

关于美育，全国人大常委会 2015 年修订的《高等教育法》中已正式将美育列入教育方针的表述中："高等教育必须贯彻国家的教育方针，为社会主义现代化建设服务、为人民服务，与生产劳动和社会实践相结合，使受教育者成为德、智、体、美等方面全面发展的社会主义建设者和接班人。"大家知道法律是极为严肃的，法律法条的表述也是极为严谨的，即"文以载道"，法律条文有着极强的思想性。在教育方针中把美育加进来，反映了国家的意志和要求，即培养什么样的人。为此，我们要站在依法治教的高度，依法重视美育，进一步做好美育工作。在具体教育教学实践中，不能把美育简单等同于一些术科，也不能只是面向少数的艺术特长生、文艺表演队等，而是要使所有学生通过美育提高自身健康的审美情趣和人文情怀。所以这些内容，也是推进素质教育中应该进一步彰显的。

第四，着眼于提高素质教育水平，要充分利用现代信息技术成果，共享优质教育资源。开展素质教育，实践中往往会遇到师资不足、教材难寻等困难。但是，现代信息技术为解决这些困难提供了便捷的手段，我们要充分利用现代信息技术，相互支持、协同攻关，实现优质资源共享。

不仅如此,信息化对教育,无论是在教的方面还是在学的方面,以及在学校制度体系方面,都将引发深刻的变革。信息化使得知识来源广泛化,知识形态颗粒化、碎片化,学习知识随机化、便利化,等等。但在带来许多积极变化的同时,也必然带来一些值得重视和研究的新问题。如网上学习,学习主动性强的学生,可能越学越主动,越学越好;但是总有一些学生不够自律,放松要求。在这种情况下,学生学习的两极分化可能更为严重。如何使好的更好,差的跟上,整体提高水平,是值得研究的新问题。又如碎片化的学习,知识的颗粒化获取,会使学生很快得到许多新知识,包括最新的动态信息,由此也会引起学生的学习方法、思维方法上的一些变化,但碎片化的知识必须通过系统化的思维加工整合,犹如使一颗一颗的珍珠穿成项链,从而成为真正有用的、系统化的知识。因此,学习掌握系统化的思维尤其重要。正是在这个意义上,我们说学会思考比学会知道更为重要。还有,如何增强学生在信息世界中的价值判断和价值选择?我们要把价值导向正确的信息主动及时、更有针对性地"推送"给学生,而不是简单的灌输。我们要认识到,信息化给教育带来的变化是多方面、全方位的,信息技术的快速发展、信息社会的到来,将在教育方面引起非常深刻的变革,高等教育可能面临着从工业社会以来最为深刻的一次变革。

素质教育如何应对这种最为深刻的变革,如何充分利用现代信息技术来推进素质教育,这都是需要研究的。作为素质教育工作的研究者、实践者,不能局限于自己手上的几门选修课或者几项课外活动,而是要有更高的站位、更宽的视野,更系统、更整体的思维来推进高校素质教育再出发。这其中许多工作需要学校的一把手来谋划,并给予更多的支持。所以我说,素质教育也是"一把手工程",书记、校长要重视素质教育,将其作为办学的指导思想,调动学校众多的资源一起来推进素质教育。我衷心希望大学素质教育能够再出发,步入新境界,取得新成果!

我们这次会议还倡议将大学素质教育研究分会的英文名称做一个改动,改为"Suzhi Education"。这看起来是件小事,但是我觉得意义非同一般。2014 年 12 月我曾带团去美国考察通识教育,当时,我向美国同行介绍中国的素质教育,用的名称是 Quality-oriented Education。全程陪同我们的美方工作人员是个中国通。当我们将要离开美国时,我问他究竟怎样翻译中国的素质教育这一概念。他说没办法给你找到一个含义完全一样的英文词来对应中国的素质教育,他建议将素质教育直接译成"Suzhi Education"。作为一个美国人,当他了解了我们的素质教育概念以后,也是高度认同的,而且提议译成 Suzhi Education。对此,对大学素质教育研究分会的英文名称的这一变动,我是完全赞成的,当然,同志们可以再讨论,继续完善。

译名的变化看起来是一件小事,但又是一件不小的事情。因为它涉及中国高等教育的学术话语体系问题。如何建构有中国特色的高等教育学术话语体系,不是简单用外国的概念来衡量我们的现实,用外国的标准来剪裁中国的实践,而是按照中国的实践提出自己的中国式的学术话语。素质教育是一个,类似的还有辅导员、独立学院、领导班子、一把手,等等。总之,我们要积极根据中国的教育实践,建构中国高等教育学术话语体系,而且这一话语体系是外国人能听懂、能理解的学术话语体系。这也是我们教育自信的一种表现,我们的研究会要在这些方面多努力,作出应有的贡献!

发展具有中国特色、世界水平的现代教育[*]

——深入学习贯彻习近平同志关于教育工作的重要论述

教育是民族振兴、社会进步的基石。党的十八大以来,习近平同志站在全局和战略高度,多次对教育工作作出重要指示,提出了许多富有创见的新思想、新观点、新要求。习近平同志关于教育工作的重要论述,指明了我国教育改革发展的目标和方向,揭示了中国特色社会主义教育的本质和发展规律。我们要深入学习领会、全面贯彻落实,认真做好现阶段教育改革发展的各项工作,加快推进教育现代化,努力为全体人民提供更好的教育,为实现"两个一百年"奋斗目标和中华民族伟大复兴的中国梦作出应有贡献。

实现中国梦的一个重要目标

教育是人类传承文明、培养年轻一代的根本途径。对一个国家来说,教育兴则国家兴,教育强则国家强。2013 年 4 月,习近平同志在给清华大学的贺信中指出:"教育决定着人类的今天,也决定着人类的未来。人类社会需要通过教育不断培养社会需要的人才,需要通过教育来传授已知、更新旧知、开掘新知、探索未知,从而使人们能够更好认识世界和改造世界、更好创造人类的美好未来。"习近平同志在第二十九个教师节慰问信中,希望广大教师"为发展具有中国特色、世界水平的现代教育作出贡献"。习近平同志的这些论述,不仅是对广大青年的教

---

 * 原载《人民日报》2014 年 9 月 10 日第 7 版。

海、对人民教师的嘱托,也向全国人民描绘了在实现中国梦奋斗目标中教育事业发展的宏大愿景。

习近平同志提出的"中国特色、世界水平的现代教育",是"两个一百年"奋斗目标和中华民族伟大复兴中国梦的重要组成部分,也是一个完整的科学概念,包含着我国教育发展应当具有的中国特色、国际视野、时代特征等深刻内容。2014 年 5 月 4 日,习近平同志在北京大学考察期间,对发展具有中国特色、世界水平的现代教育作了进一步阐释。他指出:"办好中国的世界一流大学,必须有中国特色。""世界上不会有第二个哈佛、牛津、斯坦福、麻省理工、剑桥,但会有第一个北大、清华、浙大、复旦、南大等中国著名学府。我们要认真吸收世界上先进的办学治学经验,更要遵循教育规律,扎根中国大地办大学。"首先,中国特色、世界水平的现代教育必然是传承中华文化血脉、扎根中国大地、践行中国特色社会主义道路、服务国家发展的教育。其次,中国特色、世界水平的现代教育必须具有国际视野,以宽广的胸怀、平等包容互鉴的态度对待其他国家的教育,通过交流沟通、学习借鉴不断提升水平,通过国际合作解决面临的共同问题,推动人类文明进步。再次,中国特色、世界水平的现代教育必然具有鲜明的时代特征,是不断改革创新、与时俱进的现代教育。总之,中国特色、世界水平的现代教育是促进人的全面发展、激发每个人的潜能、满足现代社会发展需要的教育,是包括发达的幼儿教育、高水平的义务教育、完善的职业教育、优质的高等教育和健全的终身教育的完备教育体系。有了这样的教育,我们的人才就会大量涌现,我们的国家就会拥有强大的竞争力。

把"立德树人"作为根本任务

党的十八大首次把"立德树人"写入党的全国代表大会报告,明确为现代教育的根本任务,这是我们党对教育本质认识的进一步深化。党的十八大以来,习近平同志高度重视培养什么人、怎样培养人这一根本问题,反复强调落实"立德树人"、培养中国特色社会主义事业的合格建设者和可靠接班人。

"立德树人"是教育的根本任务,培育和弘扬社会主义核心价值观是教育事业改革发展的基础工程。"立德树人"要以德为先。"德"既有个人的"德",也有国家和社会的"德","人无德不立,国无德不兴",它们相互统一、协调发展。"立德树人"要求教育事业不仅要传授知识、培养能力,更要把培育和弘扬社会主义核心价值观落实到推进教育治理体系和治理能力现代化中去,引导学生树立正确的世界观、人生观、价值观。2014年五四青年节,习近平同志在与北大师生座谈时特别强调,"青年的价值取向决定了未来整个社会的价值取向","人生的扣子从一开始就要扣好"。"青年要从现在做起、从自己做起,使社会主义核心价值观成为思想和行动的基本遵循,并身体力行大力将其推广到全社会去"。

"立德树人"是所有教育工作者的神圣使命,不仅是学校党委的本职工作,而且是广大教师和干部职工责无旁贷的任务;不仅是思想政治工作者的使命,而且是每个专业教师的责任。当前,一些高校热衷升格、追求排名,过度强调科研导向、论文导向,导致对"立德树人"根本任务的淡漠和学校使命的偏离,不利于发展中国特色、世界水平的现代教育,必须坚决纠正。要把"立德树人"内化为学校办学理念,落实于具体办学实践。

把提高人才培养质量作为工作重点

提高人才培养质量是现代教育的核心。提高人才培养质量,必须"深化教育改革,推进素质教育,创新教育方法"。这是习近平同志在中央政治局第九次集体学习时围绕提升我国科技创新能力、实施创新驱动发展战略对教育工作提出的明确要求,也是提高人才培养质量的路径选择。

提高人才培养质量,关键是深化教学改革。首先,要不断更新教学内容、创新教学方法。应当看到,教学内容落后、教学方法陈旧呆板,仍是我国教育的一大痼疾,必须下力气进行改革。随着信息技术的迅猛发展,信息技术与教育的深度融合已成为必然趋势。我们要充分利用现代信息技术,创新教学方法,提高教和学的效率。其次,要调动广大教师和学生共同参与教学改革的积极性。各种提高教育质量的顶层设计和改革举措,只有通过所有教师认真教、所有学生努力学,并以生动活泼、丰富多样、富有效率的教育教学方式落实到课堂上和学校教育的各个具体环节中,提高教育质量才能成为现实。

提高人才培养质量,高素质的教师队伍是保障。习近平同志高度重视高水平教师队伍建设问题,把培养造就高素质教师队伍看作立教之本、兴教之源。他勉励广大教师要努力做到"三个牢固树立",即牢固树立中国特色社会主义理想信念、牢固树立终身学习理念、牢固树立改革创新意识,踊跃投身教育改革创新实践,自觉肩负起推动现代教育发展的责任和使命。他要求全社会都要大力弘扬尊师重教的良好风尚,把加强教师队伍建设作为教育事业发展最重要的基础工作来抓;强调各级政府和教育部门都要切实关心教师的成长,改善他们的待遇,关爱他们的健康,维护他们的权益,以切实的措施保证高水平教师队伍建设。

把促进教育公平作为努力方向

当前,"有质量的教育公平"成为世界各国教育发展的共同趋势,也成为我国社会各界关注的一个焦点。习近平同志反复强调,要让13亿人民享有更好、更公平的教育,努力让每个人都有人生出彩的机会。

促进教育公平,必须解决好农村和贫困家庭孩子的教育问题。政府要保障贫困家庭的孩子都能够接受义务教育,并为他们提供进一步求学的机会;基础教育资源要向农村倾斜,向边远地区、贫困地区、民族地区倾斜;进一步健全资助体系,想方设法解决贫困地区、贫困家庭孩子上学面临的实际困难,等等。

促进教育公平,必须积极稳妥、有序推进高考改革。应通过深化考试招生制度改革,促进教育公平,提高人才选拔水平,适应培养德智体美全面发展的社会主义合格建设者和可靠接班人的要求,努力做到高考机会公平、过程公开、结果公正,切实维护社会公平。现在,高考招生中屡屡出现弄虚作假、徇私舞弊现象,引起社会各界强烈不满。我们必须通过更严格的法规、更先进的技术、更得力的举措,遏制腐败之风在高考领域滋生蔓延。要规范自主招生、高考加分等,使各种初衷良好的政策不走样、不变味;合理配置教育资源,科学投放生源指标,缩小区域、城乡差距,促进入学机会公平。总之,要以有力的措施确保高考成为"一片净土",以明显的成效取信于民。

把全面深化教育改革作为根本动力

全面深化教育改革,要朝着发展具有中国特色、世界水平的现代教育的目标迈进。我们要有充分的自信,沿着中国特色社会主义道路办好中国教育。对于国外先进的办学经验,要认真借鉴、吸收,但"经验"不等于规律。对国外的办学经验要善于创造性转化,使之变成我们的创新性发展。

教育领域的改革不是某个方面或某几个方面的改革,而是全面系统的改革。在宏观管理方面,办学体制、管理体制、经费投入体制、考试招生及就业制度等方面的改革都要深化;在微观管理方面,内部管理制度、人事薪酬制度、教学管理制度、学术管理制度等方面的改革也要深化;在教学改革方面,人才培养模式、教学内容和方法改革,更是直接涉及教师和学生,呼声很高,亟待深化。总之,在教育改革中,需要进一步解放思想、解放和调动师生积极性、解放和增强办学活力。

全面深化教育改革要聚焦于一个总目标,即推进教育治理体系和治理能力现代化。这既是国家全面深化改革的重要内容,也是发展现代教育的必然要求。具体到高等教育,要以深入推进"管、办、评"分离为切入点,即建立"政府宏观管理、学校自主办学、社会广泛参与"的中国特色高等教育治理体系,完善规章制度,做到依法治校、依规办学,推进教育治理体系和治理能力现代化,切忌各自为政、分散用力。要注重改革的关联性和耦合性,增强教育改革的系统性、预见性和创造性,使全面深化改革成为推动教育事业发展的强大动力。

以新理念引领高等教育新发展[*]

　　我国高等教育事业取得了举世公认的成就,但也面临不少深层次的矛盾和困难,主要体现在:高等教育规模居世界之首,但"大而不强"的问题比较突出;老百姓上大学难的矛盾基本解决,但上好大学、选好专业的矛盾依旧突出;以质量求生存、求发展的意识有所强化,但对提高质量投入的资源与精力依旧不足,教学的中心地位仍欠重视;教育体制机制改革虽在持续推进,但仍不能适应经济发展新常态、释放创新活力的需求;教育国际化水平不断提高,但我国高等教育的国际话语权和竞争力依旧不强,等等。

　　这些问题的破解,需要我们立足我国现代化建设的阶段性特征和国际社会发展潮流,以"创新、协调、绿色、开放、共享"新发展理念为统领,遵循教育基本规律,顺势而为,积极作为。

　　以新发展理念引领高等教育新发展,首先要以创新发展的理念为推动力。我国高等教育的发展属于后发外生型,我国高等教育现代化需要利用"后发优势",学习外国的好经验,但只有立足中国实际、服务中国实践才有旺盛的生命力。随着我国高等教育水平的不断提高,与发达国家高等教育的差距日益缩小,自身创新的任务愈发凸显和繁重。只有学会用"先发优势",解决前人没有解决的问题和人类面临的共同问题,才能走到世界高等教育的前列。当前,要着力解决三大问题:一是发挥现有创新能力,加强科学研究,出成果、多转化,为国家创新驱动发展战略的实施提供直接支持;二是深化教育理

---

　　* 原载《人民日报》2016 年 8 月 4 日第 18 版。

念、培养模式、教学内容方法手段的改革,着力培养具有社会责任感、创新精神和实践能力的人才,为国家创新驱动发展提供源源不竭的人才支撑;三是以创新的思维发展教育事业,使教育的理念、规模、结构、治理、公平、国际化等诸方面满足国家发展需要,不断提高高等教育现代化水平。

把协调发展作为高等教育新发展的基本要求。当下,要注重三个方面的协调:一是高等教育与经济社会等方面的外部协调,二是高等教育内部的规模、结构、质量、效益、公平的宏观协调,三是高等学校内部学科专业、教学科研、人事薪酬等诸多关系的微观协调。当然,在高等教育内部,我们还面临着补短板、解决发展不平衡、促进教育质量全面提升的现实问题,需要我们以协调发展的理念去应对和解决。

把绿色发展作为高等教育新发展的重要内容。高等教育现代化的一个重要目标就是促进形成人与自然和谐发展的格局。为此,一要加强学科专业建设,特别要注意加强地球、资源、环境、海洋等方面急需人才的培养和科研能力的提升;二要把绿色发展作为教育的重要内容,融入教育教学过程中,体现在教学内容的更新中,使学生有热爱自然的情感和保护自然的能力;三要大力建设绿色校园,培养绿色习惯,使学生成为绿色文明的积极践行者。

把开放发展作为高等教育新发展的重要原则。要坚持国际视野、中国道路,在统筹国内国际两个大局中办好中国的高等教育;要培养学生具有世界眼光、中国情怀,学会不同文化的包容共处、互学互鉴;要在合作中加快我国高等教育与国外高等教育的实质等效,在国际交流中让世界听到中国高等教育的好声音,合力构建人类命运共同体。

把共享发展作为高等教育新发展的价值追求。在招生入学、培养过程和就业等三个环节上体现公平和共享的要求。当然,公平和共享不是搞平均主义。因材施教是教育的重要原则,要树立多元化和多样性的质量观,平等地对待每一个学生,为每一个学生提供适切的教育,促进每一个学生的健康发展,促进教育教学水平的整体提升；对各种教改试验班，不能只满足于少数学生的提高，更要体现以全体学生的成长发展为指归；"试验班"不能只是学校的"盆景点缀"，试点的经验要尽快能在面上繁花似锦，使全体学生受益，使广大学生得到更多的获得感。

中国高等教育现代化的若干问题[*]

　　自 2012 年起,中国高等教育学会以"推进高等教育现代化"为主题,连续五年举办学术年会暨高等教育国际论坛,研讨论题从宏观的"政府·社会·治理·改革",到中观的"大学·教学·学科·质量",再到微观的"教师·学生·课程·方法",层层深入,聚焦我国高等教育现代化建设进程中迫切需要研究解决的重大理论与实践问题。五届论坛持续的研讨,一方面使我们对全面推进高等教育现代化的认识不断深入,另一方面助力我国高等教育现代化的实践不断推进;五届论坛吸引了美国、英国、澳大利亚、日本等十余个国家和国际学术组织的专家学者与会,这不仅开拓了我们的国际视野,同时,也使中国高等教育现代化建设的经验与模式在更大的舞台上得以展示、交流。2017 年的学术年会,聚焦高校、学科、育人三个关键词,以期从高等教育现代化的最基本、最本源的问题入手,推动高等教育内涵式发展,全面提高人才培养质量,加快推进高等教育现代化。围绕本次年会主题,我从四个方面阐述对中国高等教育现代化的理解与认识。

一、教育现代化的基本问题

　　要说清楚教育现代化的基本问题,首先要明白教育的基本问题。通常我们认为,教育与社会和人的关系问题是教育的基本问题,其理论

---

　　* 本文是作者 2017 年 7 月 4 日在中国高等教育学会主办的"高校·学科·育人:高等教育现代化学术年会暨高等教育国际论坛"上的书面发言,系作者在"走向高等教育现代化 2030"课题研究成果基础上的进一步思考。

表述可以说是教育学的基本问题,它是贯穿教育学全部理论的基本问题,也是最深层次的问题。同样,教育现代化的基本问题,就是教育现代化与社会现代化和人的现代化的关系问题。

我们推进国家现代化,是全面的现代化,指的是后发展国家追赶先进国家的过程和希望达到的状态。研究世界上落后国家追赶先进国家现代化过程的基本经验,可以看到,一个国家在实现现代化的进程中,可以引进先进的技术、设备和资金,甚至可以引进社会制度,但唯独不能引进的是国民素质。[①] 国民素质的提高只能靠自己的教育。这种教育又必须是与现代社会相适应的,通过教育培养现代化的人,进而走向真正意义上的现代化社会。所以,我们在探讨现代化的时候,不能只讲物质状态的现代化,还必须关注精神层面的和国民素质的现代化。因此,我们说在教育现代化和社会现代化、人的现代化之间的关系中,首先要确立"教育率先实现现代化"和"教育第一"的理念,确立以教育现代化引领社会和人的现代化这样一种地位,并进而阐明它们之间的关系。这些可以看作是教育现代化的基本问题,中国高等教育现代化亦是如此。

高等教育现代化是在具体环境下实现的具体的现代化。那么,中国要实现高等教育现代化是在什么样的具体背景下进行的呢?有四点很重要:

第一,我们处在一个大有作为的好时代,这个时代最鲜明的主题,就是实现"两个一百年"奋斗目标和中华民族伟大复兴的中国梦。只要我们的中国梦有希望,高等教育现代化就有希望,而且一定是在实现中国梦过程中实现高等教育的现代化。

第二,我们已经建成了世界上规模最大的高等教育。我们经历了百年精英教育,2002 年进入大众化教育阶段,预期在 2020 年前跨入高等教育普及化的大门,这样的发展速度是世界高等教育历史上所罕见

---

① 阿历克斯·英格尔斯等著、殷陆君编译:《人的现代化——心理·思想·态度·行为》,四川人民出版社 1985 年版。

的。我们实现大众化过程的基本特征是大规模、高速度、低成本，而且质量是有基本保证的，与经济社会发展是基本相适应的。

第三，中国高等教育自身存在明显不足。从宏观层面看，政府和社会对教育高度重视，不断加大对教育的投入，努力发展教育事业。但是对教育，特别是对高等教育的期待比较功利。我们总是从经济意义上来理解教育的价值，而对教育所蕴涵的对个体、家庭、区域、国家、社会发展的潜在收益、隐性价值和综合贡献认识不够，所以我们较多时候是从工具价值的角度来认识教育、认识高等教育的，而对人文价值、对社会、对个人的成长与全面发展的价值认识不够；对教育的复杂性、教育规律的认识，相比于对经济工作的认识要欠缺很多。我们很重视经济，重视经济体制改革，重视研究经济规律，但是对教育规律和人才成长规律，我们的认识是不够的。

一位财政部管教育的司长曾说："经常听人说我们的拨款不符合教育规律，但是你们谁能说一下教育规律是什么？我怎么做才符合教育规律？"其实我们对教育规律的认识和把握是不够的。我们在治理的理念和手段上仍然是落后的。我们的手段还是相对单一的，比较习惯于计划手段，习惯于指令式、调配式管理。但是在目前推进教育治理现代化、依法治教的进程中，必须尊重省级政府的高等教育统筹权，否则就有可能要出问题，如 2016 年发生在江苏、湖北两省由于招生计划问题而引发的事端就是一个例子。

从中观层面看，教育系统的问题包括：满足不同人群多样化需要的能力有限；办学形式比较单一、满足群众多样化需求的能力不足；服务创新型国家的水平不高，解决人类社会面临重大问题的能力更显不足；也包括形成中国特色的教育理念、教育制度、教育创造的能力不足。

我们这些年来对外开放，向国外学习，这是必要的，但很多情况是东拿一点西拿一点，或者拿外国的理论来求解中国的教育问题，真正形成中国自己独特的、引领全球教育变革、可供其他国家学习参考的理论和案例还不多。

从微观层面看，我们大多数高校还很稚嫩。2017 年，全国 2914 所普通高等学校中的 1526 所本科高校，70％左右都是新世纪以后成立的，很多高校都是专科升级过来的。真正有 50 年或更长办学历史的高校，相对来说是少数。1388 所高职院校，全部是新世纪以来成立的，办学历史不足 20 年，所以相对来说，我们的高等学校都还相当稚嫩，经历的时间很短，内部要素发育明显不足，能力建设不足。而且，这些新建的学校又基本上在复制原来学校的教学和人才培养方式，因此，教育教学理念上比较陈旧，课程以及教学内容和社会需求脱节，人才培养质量和水平适切性比较低，院校治理的理念和手段落后。我们必须正视这些问题，因为这是解决问题的前提。

第四，国际教育竞争十分激烈。这是显而易见的，在此不再赘述。

以上四点，是我国推进高等教育现代化的现实环境。其中，第一和第二两点，决定了我国高等教育现代化一定能够成功，悲观的情绪是没有依据的。第三和第四两点，决定了我们要做好长期努力工作的充分准备。急于求成，希望马上建成一批一流大学和很快就成为高等教育强国的想法，是不现实的。对此，我们既要有信心，还要有持久努力的思想准备。

从教育现代化的基本问题和所处的发展环境、发展现状看，我们最需要树立什么样的核心理念？很明显，必须将彰显以人为本、促进人的全面发展和社会可持续发展作为中国高等教育现代化的核心理念。这个理念把教育与社会发展、人的发展密切联系在一起，反映着时代前进的方向。

相应地，以提高民族素质和人的素质为根本宗旨的素质教育是教育现代化的战略方向。习近平总书记 2016 年教师节前夕回到他的母校八一学校时说，"素质教育是教育的核心"[①]，内涵非常深刻。因此，我们认为，素质教育要再出发，它是中国教育现代化的战略方向。

---

① 习近平：《全面贯彻落实党的教育方针，努力把我国基础教育越办越好》，《人民日报》2016 年 9 月 10 日。

二、中国高等教育现代化的两个核心问题

中国高等教育现代化的核心问题是提高质量和促进公平。在整个教育现代化的过程中，要始终扣住这两个核心问题。一个时期以来，我们一直强调这两个问题，但是真正把质量和公平两者都抓好，并且实现两者之间的平衡，是一件很不容易的事情。

质量是教育对于社会发展的需要和人的发展的需要的满足程度。提高质量也是永远在路上，或者说是永恒的主题。为了提高质量，需要进行体制改革，需要外部的各种环境条件，但是改革的最深处是教学的改革，可惜我们在这方面改得太不够了。教育体制机制方面的改革效果并不明显，关键在于没有真正调动广大教师教学改革的积极性和学生努力学习的积极性。

教育质量建设的主体是高校，高校全部工作的核心是人才培养，这是高校存在和发展的逻辑；提高教育质量必须坚持"学生主体、教师主导"，来自师生的基层力量的积聚是推动质量提高的最强大动力。这些也是我在本次论坛主题设计中想特别强调的思想。

公平的本质是合理性。合理，基于不同的视角，往往会形成公说公有理、婆说婆有理。确实，讲合理性、讲公平的时候，每个人的视角不同、立场不同，观点也就不一样，但终究存在"最大公约数"。

在教育的不同阶段，公平的具体内容、强调重点也不完全一样。对于义务教育阶段，首先是入学机会的公平，这是基本的公平。而对于选择性教育，特别是高等教育，首先要保证竞争性机会的公平。我们所要的教育公平并不是均等公平，而是教育机会的有教无类、教育过程的因材施教和教育结果的人尽其才。有教无类、因材施教、人尽其才都应该包括在教育公平的实质性含义中。

公平的内涵也是随着条件的变化而不断丰富和发展的。如我们关注教育公平，过去或者现在比较多的是关注数量的公平，但现在正在向

着质量的公平的方向发展。数量方面的公平是需要的,但是还要关注质量公平,而且质量公平越来越重要。我们关注区域和城乡公平,正向着关注社会阶层公平方向发展。我们现在很关注东西部、城市与农村的公平问题,这些都是要关注的,但是这还不能完全解决一个区域内社会阶层之间的公平问题。如上海出现的上小学入学时查父母、祖父母的学历等情况,尽管是个案,但反映的问题是深刻的。所以,我们关注公平的重点,是随着教育事业的发展、社会的进步而不断发展和调整的。

三、中国高等教育现代化发展的三个重点问题

面对高等教育发展的现实矛盾,我们要坚持"发展是硬道理"的思想,高举可持续发展的旗帜,用发展解决前进中的问题。如高校考试招生工作要促进公平与科学选材,当下可以在名额分配,考试内容、方法,录取规则、秩序等诸方面进行改革、调整,也能有一定成效;但长期看,如果不扩大优质教育资源,不从供给侧去解决人民群众对优质教育的渴求,势必对优质教育的竞争越来越激烈,公平越来越难以实现,人民群众就不可能满意。所以,我们要有一个最基本的共识,那就是要坚持发展,我们应该有一批好大学,不是两个,要逐步建成十个、二十个!特别是要到考虑 2030 年,更要面向 2050 年。我们应当建设更多的好大学来满足人民群众的需求。总之,要靠发展来解决高等教育现代化的问题。在发展过程当中要解决好发展愿景、发展道路、发展动力三个重点问题。

第一,明确发展愿景,就是确立可实现的发展目标。可以预期,2020 年我国高等教育毛入学率超过 50%,进入普及化阶段,2030 年超过 60% 甚至接近 70%,这是可以通过人口模型测算的。同时还要使教育质量进一步提高、科技创新能力显著增强、结构体系更加合理,一批学科跃居世界前列,若干所大学进入世界一流前列。

　　怎样描述这种状态？至少有两种方法：一种描述的方法就像小康社会的"基本进入、整体进入，然后是全面进入"；另外一种描述也可以是："进入发达国家高等教育的行列，达到发达国家高等教育的平均水平，然后再达到发达国家高等教育的前列"，即 2020 年入列，2030 年达到平均水平，2050 走到前列，这也是一种直观的表达。但究竟用什么样的方法表达这种愿景，我们还可以探讨。

　　第二，发展道路问题，内涵很多。在这里要强调的是中国高等教育必须走多样化、可持续的中国特色高等教育发展道路，强调的是这么一个大国，在高等教育普及化阶段，要避免一个模式、一种类型、一个层次以及治理上的单一化，更要强调高等教育体系的多样性、功能的丰富性和体系的健康性，强调可持续发展。这些都是必须在这个阶段反复强调的重点问题。

　　第三，发展动力，就是坚持改革创新、合作开放。教育的改革创新，要有新高度。要加大教育制度创新的力度，着眼于为教育的未来发展、为加快现代化进程，提供制度体制机制空间，建立中国特色现代教育治理体系。面对信息化等新技术的应用，要创新教育教学的形态，在应用新技术中实现"弯道超车"。

　　如果对新技术、新方法、新事物不敏感，不积极，也可能在一片追赶和超越声中就会更落后了。因为对于新技术新方法等的应用，我们和发达国家是同时起步的，是在同一起跑线上的竞争，是最容易实现弯道超车的。

　　要加强理论研究，从中国的实际出发，构建中国特色高等教育话语体系。教育的合作开放，要有新境界。很长一个时期，我们在与外国交往中是以"追赶者"的姿态出现的，现在我们在许多方面是"并行者"，今后随着国家的强大，会有越来越多的以"领跑者"姿态做的事情。要以"人类命运共同体"的建设者的姿态参加国际合作交流，这就要求我们一方面把自己的事情做得更好，另一方面要以更积极的姿态参与国际交流合作，步入合作开放的新境界。

四、加快中国高等教育现代化进程中的七个关键领域

加快中国高等教育现代化进程，应该着力做好七个关键领域的工作。

第一，树立以学习者为中心的现代人才培养理念，建立促进学生学习与发展的教育教学制度。要从理念上和制度上强调"以学生为本"，教育教学工作要符合人才成长规律，要特别注意 18 岁到 22 岁青年期的生理心理特点和认知规律。习近平总书记曾经把青年期形象地比作"小麦的灌浆期"，这个时期做不好，就会耽误一年的收成。[①] 要调动学生的学习能动性，注重现代社会的竞争中涌现人才和实践中磨练成才的基本道理。

第二，将创新创业教育融入教育全过程，提升高校创新创业教育改革的实施成效。我们把创新创业教育改革作为实施现代化过程的一个关键领域提出来，而且把创新创业教育和创新创业教育改革这两个概念区别开来。创新创业教育主要讲的是具体的创新创业教育活动，包括一些专门的课程，而创新创业教育改革是宽口径的，是关系整个教育改革的一个方向性的问题。国务院颁发的《推进创新创业教育改革的实施意见》讲的就是方向性的、全面的、涉及教育全过程的改革问题。

第三，以服务国家战略需求和提升全球竞争力为重点，全面提升高校科技创新能力，这一点我想大家非常清楚。

第四，创新高校人才管理与评价制度，建设高水平专业化教师队伍，这是高等教育现代化的根基。我国现在有 154 万高校教师，生师比偏高，教师数量还不够充足，应该有所增加。虽然我们的教师学历高，经过严格的学术训练，但是在能力上还有不足，且他们中的一部分人对

---

① 本报评论员：《沿用好办法　改进老办法　探索新办法——三论学习贯彻习近平总书记高校思想政治工作会议讲话》，《人民日报》2016 年 12 月 11 日。

国情的了解和实践经验都还不够,师德水平和执教能力都需要进一步提高,所以我们要把教师队伍建设作为重要任务抓好。

第五,促进信息技术与教育教学的深度融合,形成智能增强型高等教育发展模式。不仅仅是简单的课堂上用的信息化手段,也不仅仅是今天讲的教学过程中的融合,而是要特别强调在信息化条件下整个学校制度可能发生的变化。

第六,促进更广泛的国际开放与合作,力争成为全球高等教育体系中的核心成员,要有足够的发言权,推动我国在未来世界中的地位的提升。

第七,促进中国高等教育体系的功能再造、系统转型,形成多样化、开放性、协调性的高等教育新体系。我们现在的高等教育体系尚不能完全适应未来社会要求,功能也不够完备,也许现有的一些功能今后要舍弃。我国高等教育要适应未来的发展,一定要在功能上进一步发展,包括我们现有的学校体系如何更好发展,构成完备、协调、多样、开放的高等教育体系,这些都是很大的课题,要作为重要的领域提出来。

最后,需要特别强调的是:高等教育现代化不可能发生在高等教育的贫瘠之地,更不可能出现在政治落后、经济贫困、学术凋零的国家。说到底,高等教育现代化是国家强盛、社会繁荣、学术发达的重要表征。正如习近平同志所说,高等教育发展水平是一个国家发展水平和发展潜力的重要标志,[①]我们对高等教育发展的需求比以往任何时候更加迫切,对科学知识和卓越人才的渴求比以往任何时候更加强烈。我们赶上了一个可以大有作为的好时代,在这样的背景下,我们要加快高等教育现代化的进程,为建设中国高等教育强国而努力奋斗!

---

① 《习近平:把思想政治工作贯穿教育教学全过程》,http://cpc. people. com. cn/n1/2016/1208/c64094-28935836. html。

质　量

高等教育发展的真问题[*]

质量是高等教育的永恒话题。特别是刚刚过去的 2014 年,关注教学改革,提高人才培养质量成为高等教育领域的热点。

备受教育界瞩目的国家级教学成果奖去年 9 月 10 日向全社会公布,1320 项教学成果奖项中涵盖基础教育、职业技术教育和高等教育三大领域。它引发了我国各级各类学校对教学改革的再度关注。众多一线教师在探讨教学内容、教学方法、教学手段的改革,众多教育行政管理部门在研究制定激励教师全身心投入教学、提升教学质量的奖励制度和教学名师培养计划;众多教育研究专家更是把研究视角聚焦在影响教育质量提升的真问题上。

《国家中长期教育改革和发展规划纲要(2010—2020 年)》(以下简称《教育规划纲要》)明确把提高质量作为教育改革发展的核心任务,并明确促进人的全面发展、适应社会需要是衡量教育质量的根本标准。随后在 2012 年,教育部发布了《关于全面提高高等教育质量的若干意见》等一系列指导性文件,促使高等教育切实把重点放在提高质量上。自 2011 年 9 月起,"985 工程""211 工程"高校,乃至更多的公办高校陆续向社会公布了年度本科教学质量报告,接受社会的问责。提高质量冲破了校园的围墙,开始接受全社会的检视,老百姓也有了发言权。

随着教学改革的不断升温、对教育质量问题探讨的不断深入,人们对质量评价的视角也悄然发生了改变,由关注"学校投入"转为更多地关注"学生投入""教师投入",学生的成长成才逐渐成为高等教育质量

---

* 原载《人民日报》2015 年 1 月 8 日第 18 版,原题为《提高质量,高教发展的真问题》。

的核心要素。众所周知,大学作为高等教育机构,其使命、其首要任务就是"立德树人"。教育虽然与政治、经济、文化、社会、生态文明建设和党的建设等各方面都有紧密的联系,但从根本上说,教育的社会功能是通过人才培养来实现的,教育的本质就是培养人的社会活动,大学的根本任务就是培养人才。

提高质量也是新世纪全球高等教育共同关心的话题。2009 年世界高等教育大会发布的公报《高等教育与研究的新动力:社会变革与发展》指出:"日益扩大的入学机会对高等教育质量提出了挑战。在当代高等教育中,质量保障无疑起着至关重要的作用,而且必须包括所有利益相关者。质量的实现既要求建立各种质量保障体系,形成多种评价模式,同时更需要在机构内部形成一种质量文化。"对此,世界各主要国家也都在为提高高等教育质量做着种种努力。2013 年 8 月,美国哈佛大学、斯坦福大学、马里兰大学等许多高校都在改革课程方案,以期提高本科教育质量,适应科技发展综合化、经济发展全球化的大趋势。德国、法国、日本、韩国等也在采取措施,加强高等教育质量建设。

今天高等教育质量的竞争,就是明天综合国力特别是科技创新力的竞争,这已成为世界高等教育的共识。

提高人才培养质量,关键是深化教学改革。我国落实《教育规划纲要》近五年来,高等教育战线以提高人才培养质量为核心,促进高等教育内涵发展,在"协同育人、资源共享、强化实践"等方面取得了一定成效。但是,我们也看到,随着大学从社会的边缘逐渐走向中心,大学教学工作的核心地位却在不断被弱化。利益的诱惑和舆论的误导,大学以科研导向、科研以论文导向,"学术为本"取代"育人为本",干扰了大学教学工作的核心地位。对此,我们要正确处理好教学与科研的关系,树立科教融合、协同育人的办学理念,以科研促教学,让最前沿的科研成果转化为课堂教学的新知识、新素材,使高校的科研工作更多地融合到育人工作之中。与此同时,我们也要认识到教学也是学术的范畴,对教学的研究要更加理性、系统、深刻。让"教"与"学"共同走进大学的研究视野,营造师生和谐互动的教学氛围。

当我们发出使教学改革再升温的呼吁时,我们更期待它变为实实在在的行动。因为只有所有教师认真教,所有学生努力学,并以生动活泼、丰富多样、富有效率的教育教学方式,落实到课堂上和学校教育的各个具体环节中,提高教育质量才能成为现实。

质量是高等教育的永恒话题,提高质量是世界高等教育的共同任务和共同追求。我们期待2015年,在素质教育这一"战略主题"的引领下,教学改革再升温、教学质量再提高,使提高质量成为中国高等教育发展新常态。

以质量为核心，推进高等教育现代化[*]

习近平同志提出的"发展具有中国特色、世界水平的现代教育"，是对我国教育现代化目标的最好诠释。党的十八大把教育现代化这一重大任务写入十八大报告，成为全面建成小康社会的一项战略任务。党的十八届五中全会后，国务院印发《统筹推进世界一流大学和一流学科建设总体方案》（以下简称《方案》），提出到本世纪中叶基本建成高等教育强国。我国高等教育现代化的近期目标和长远目标鼓舞人心，催人奋进，需要我们遵循新的发展理念，在高等教育发展中崇尚创新、注重协调、倡导绿色、保持开放、推进共享，以提高教育质量为核心，扎实走好高等教育现代化的每一步。

提高教育质量是高等教育现代化的重中之重。现代化是人类文明的一种深刻变化，它既是一个过程，又是一种状态。现代化的具体目标会随着社会的发展而不断变化，而且因文化的多元性而各具特色，但其核心指向应是"世界先进水平"。教育现代化的内涵非常丰富，它包括教育的普及化、教育的高质量、教育治理现代化、教育国际化、教育信息化等，不同时期教育现代化强调的工作重点各有侧重，但其关键要素是教育质量。教育质量是衡量一个国家教育现代化水平的核心指标。因此，提高教育质量是推进教育现代化的重中之重。世纪之交，我国高等教育迈出了大建设、大改革、大发展的步伐，实现了高等教育大众化，成为名副其实的高等教育大国，但高等教育质量相对较低也是一个客观事实。当前，我国高等教育站在了由大向强的新起点上，加快推进高等

---

* 原载《人民日报》2016 年 1 月 31 日第 5 版。

教育现代化进程的战略选择就是全面提高教育质量。党的十八届五中全会以"提高教育质量"破题，规划了未来五年我国基本实现教育现代化的宏伟蓝图。我们要真正把工作重点转移到提高教育质量上来，让每个学生都能获得高质量的现代教育。

　　高等教育现代化旨在立德树人，促进人的现代化，这是教育工作的根本任务。我们提高教育质量，推进高等教育现代化，归根结底就是围绕培养什么样的人和怎么培养人的重大问题展开的，也就是要坚持育人为本不动摇，促进人的现代化。党的十八届五中全会通过的《中共中央关于制定国民经济和社会发展第十三个五年规划的建议》强调："全面贯彻党的教育方针，落实立德树人根本任务，加强社会主义核心价值观教育，培养德智体美全面发展的社会主义建设者和接班人。深化教育改革，把增强学生社会责任感、创新精神、实践能力作为重点任务贯彻到国民教育全过程。"《建议》明确了立德树人是新时期贯彻党的教育方针，实施素质教育的时代要求。将于 2016 年 6 月 1 日起施行的新的《高等教育法》，以法律的形式进一步确立了高等教育立德树人的根本任务，彰显了国家依法治教、推进高等教育现代化的坚定决心。把立德树人作为根本任务，对高等教育现代化具有重要意义，直接影响高校的办学思路。我们知道，教学、科研和社会服务是高校的主要活动，共同的中心是培养人才，保证教育教学质量达到国家规定的标准。但实践中一些高校不能很好地处理教学与科研的关系，存在轻教学、重科研的倾向。实际上，只有教学和科研都做到一流才是真正的一流大学。把立德树人作为根本任务，要求高校从解决思想认识、评价体系、薪酬制度和教学评估等环节入手，调动全体师生的积极性，使重视教学的声音变成实际的行动；要从革新培养方案、课程体系和内容、教学手段和方法等方面着力，使教学水平与现代化建设相适应，使先进的教育理念变成提高教育质量的实际效果。轻视教学，不注重立德树人，就偏离了高等教育现代化的方向。

　　推进高等教育现代化要正确处理重点突破与整体提升的关系。国务院印发《方案》后，调动了一批基础好、综合实力强的高校的积极性，这些高校希望在向世界一流大学和一流学科迈进的过程中有所作为。广东、江苏、浙江等省先后出台加大省级财政投入、建设国内"双一流"方案，这将大大促进区域高等教育质量的整体提升，促进我国高等教育逐步形成"高原隆起、高峰耸立"的可喜格局。实践证明，集中资源、率先突破、带动整体的建设路径，将加快缩小我国与世界高等教育强国之间的差距，加快推进高等教育现代化。在建设"双一流"过程中，要抓住教师队伍建设这个关键。提高教育质量、推进教育现代化，必须依靠一支数量充足、结构合理的高素质教师队伍。"十三五"期间，要抓住教师队伍特别是青年教师队伍建设这个关键，把支持和扶持拔尖人才与帮助、培养广大教师结合起来，使教师队伍的职业能力和师德素养有一个整体性提升，为高等教育提高水平、办出特色、由大变强、实现现代化打下可靠、坚实的基础。

高等教育现代化既是世界潮流，也是国际竞争的重要领域。作为现代化的后来者，我国在推进高等教育现代化过程中要善于利用"后发优势"，实现"弯道超越"；同时，还要善于形成"先发优势"，创造性地解决其他国家未曾遇到的问题。把我们的优势发挥好，才能更好地发展中国特色、世界水平的现代教育。

提高质量需要持续发力 [*]

　　4月7日，由教育部高等教育评估中心组织编写的《中国高等教育质量报告》正式发布，迅速在社会上产生广泛反响。这从一个侧面表明，高等教育质量问题已不仅仅是高等教育内部的事情，而且是直接关涉亿万个家庭子女的成长成才、就业发展，关乎群众切身利益的大事情。

　　新世纪以来的十余年间，我国高等教育以大基数、高速度、低成本为显著特征，实现了由精英阶段向大众化阶段的历史性过渡。正如报告显示的那样，在2000年至2015年短短的16年间，我国新建本科院校678所，占全国普通本科院校的55.6%。2015年，高等教育在校生规模已达3700万人，位居世界第一；高等教育毛入学率已达40%，略高于全球平均水平。高等教育的快速发展，极大地满足了人民群众接受高等教育的强烈要求，促进了经济社会的快速发展。现在，我国每年新增就业人口中，接受过高等教育的人口占比已经接近60%，人力资本素质显著提升，人才红利正在显现。

　　在"上大学难"的问题基本解决之后，人们的目光自然会聚焦在质量问题上。如果质量不高，办学投资就是低效，老百姓上大学就划不来，很多问题就会随之而生。因此，扩招以来的质量问题，成为人民群众和政府、学校共同关心的焦点问题之一。可喜的是，《质量报告》回应社会关切，以数据和事实说话，给出了一个比较客观的说法：在学校、政府、社会和学生的共同努力下，本科教学"兜住了质量底线"，正在继续

　　* 原载《光明日报》2016年4月28日15版。

爬坡攀升。

透过这份报告,我们也看到,尽管有若干高校已有百余年的办学历史、一批高校也有半个多世纪的办学经验,但很多高校只有一二十年的办学经历。新建高校占全部高校的半数以上,其中不少高校还处在初创期或正走在由初创向成熟的路上。因此,可以说,我国的高等教育还很"稚嫩"。正因为这样,提高教育质量,让学生享有更高质量的教育,任重而道远,需要我们持续努力。

提高教育质量要持续提升办学核心要素的品质。办学条件是提高教育质量的保障。世纪之交,经过大改革、大建设、大发展,我国高校的基本办学条件特别是教学设施建设和仪器装备条件得到了改善。近年来,办学条件建设的重心已经逐步转向补足和提升办学核心要素的数量和质量上。这些核心要素包括教师队伍的数量、结构与质量、实验实训基地建设、课程与教材建设等。这需要确立以人为本的教育发展观,需要政府的持续投入和以教师发展为中心的政策支持,需要高校树立以提高质量为核心的教育发展观,注重内涵发展,把教育资源配置和学校工作重点集中到持续提升办学核心要素、强化教学环节、提高教育质量上来。当前,尤其要抓住教师队伍特别是青年教师队伍建设这个关键,加大培养力度,使教师队伍的职业能力和师德素养有一个整体性提升,为全面提高教育质量夯实基础。

提高教育质量要面向全体学生。人民群众对教育放心和满意的根本在质量,质量建设的主体是高校。高校必须把"以全体学生发展为本"的理念渗透、落实到教育教学的每一个环节,让每个学生在校学习期间都能平等地获得高质量的教育。学校的教改试验要积极推进,但不能只满足于少数学生的提高,更要体现以全体学生的成长发展为指归;"试验班"不能只是学校的"盆景"点缀,试点的经验要尽快能在面上繁花似锦,使全体学生受益,使广大学生得到更多的获得感。与此同时,提高教育质量还要在有效供给方面下功夫。未来五年,我国高等教育将迈入普及化发展阶段。伴随着普及化程度的不断提高,受教育者的个性化需求将成为对高等教育质量的必然要求。高质量的教育必须能够提供多样化的供给以满足受教育者的个性化需求,包括不同年龄段受教育者的选择性需求。因此,高质量的教育同时也是面向全体受教育者,满足全体受教育者多样化需求的教育。

提高教育质量要注重建设质量文化。影响高等教育质量提升的因素很多,但是质量文化对其影响更为直接、更为根本,也更为广泛和久远。质量文化是全校师生对教育质量不断提高的共同追求,体现在学校的人才培养方案中,体现在课程建设中,体现在课堂教学中,体现在学校制度上,体现在校风学风上。质量文化建设渗透在学校工作的方方面面,但重点在课堂。试想,一个连作为教学主阵地的课堂都搞不好的学校,怎么谈得上提高教学质量？良好的质量文化可以将教师、学生、管理者凝聚起来,形成共同的价值追求和自觉行动;良好的质量文化也可以使用人单位及其他利益相关者形成共识,最终成为一种促进质量提升的潜移默化的巨大力量。质量文化不是一下子形成的,需要长期积淀,渐成风尚;质量文化也不是靠钱堆出来的,需要崇高的价值引领和责任担当。

提高教育质量要拓展国际视野。建设人类命运共同体,不仅是外交工作的理念,而且也应是教育发展中起重要作用的理念。2013 年 4 月,习近平总书记在给清华大学的一封信中说:“今天的世界是各国共同组成的命运共同体。战胜人类发展面临的各种挑战,需要各国人民同舟共济、携手努力。教育应该顺此大势,通过更加密切的互动交流,促进对人类各种知识和文化的认知,对各民族现实奋斗和未来愿景的体认,以促进各国学生增进相互了解、树立世界眼光、激发创新灵感,确立为人类和平与发展贡献智慧和力量的远大志向。”我们应当以更加宽广的胸怀、更加丰富的文化知识,培养学生的世界眼光。在全球视野下,一个国家的教育是否成功已经不能只由各国自己确定的标准说了算,还要看该国教育质量在全世界教育体系中的表现。由于各国文化传统、经济水平、社会制度不同,各国的教育会在一些方面不具可比性,但在教育质量的许多方面还是可以比较的。因此,教育评价指标的确立至关重要。我们要拓展国际视野,在加强与各国高等教育的交流与合作中,稳步推进在可比性指标上的国际实质等效标准,促使我们教育质量的评价标准既有中国特色,又具世界水平。

今天的中国高等教育已经站在了由大向强的新起点上,加快高等教育现代化进程,建设高等教育强国的核心是坚持育人为本、提高质量。合抱之木,生于毫末。提高教育质量,需要我们持续发力、久久为功;提高教育质量,我们永远在路上。

一流本科教育要聚焦学生和学习[*]

我国高等教育发展的成就举世瞩目，"211工程"和"985工程"的实施大大缩小了我国高水平大学与世界一流大学的差距。但无论在理论上还是在实践中，我们对一流大学、一流学科的理解和认知还比较肤浅。在谈及一流大学、一流学科时，我们的观测点往往是办学经费、科研能力，是SCI、EI、ESI等"量化"的各种排行榜的指标，而处于高等教育基础和关键地位的本科教育却被忽视、被边缘化，使得我们总是以急于求成的心态追求一流之"形"而不及其"魂"。

2015年10月，国务院《统筹推进世界一流大学和一流学科建设总体方案》明确指出，"双一流"建设要坚持立德树人，突出人才培养的核心地位，要将学生成长成才作为出发点和落脚点，全面提升学生的综合素质、国际视野、科学精神和创业意识、创造能力。这引发了近期以来对一流大学本科教育的地位、内涵、价值的重新审视，使一流大学的本科教育得到再重视，理论研讨得以再深入，实践有了新推进。这也是对我国不少高校长期以来重科研轻教学、重研究生教育轻本科教育等不良倾向的一次理性反省和正确回归，是一流大学建设走向成熟的重要标志。

本科教育是"双一流"建设的基础和关键，不仅仅因为本科生在数量上是主体，也不仅仅在人才培养的层次上处于研究生教育的基础，所谓"基础不牢、地动山摇"；十分重要的是：处于"青年期"的这些学生具有特定心理特征和发展需求，这一时期是他们走向成熟、形成将在许多

---

* 原载《光明日报》2016年6月28日第13版。

方面会影响其一生的核心素质的关键时期。

按照我国的学制,大学生的年龄一般在 18—22 岁之间。这一阶段,学生的身体状态由生长发育期逐步进入生长稳定期,大脑发育渐趋成熟,认知水平和观察能力达到较高程度,记忆力处于最佳状态,思维的独立性、批判性、创新性大大增强,思维的深度、广度、灵活性和辩证性显著提高,个性心理品质趋于稳定。与此同时,学生的世界观、人生观、价值观也走向成熟。可以说,大学阶段是他们步入社会前,集中、系统、全面学习知识的最后阶段,也是他们人生中获得知识、发展能力、培育素质的最佳时期,是人生"指数式成长期"的最后阶段,用经济学的语言说,这是边际效益最大的时期。错过了这一时期,有些方面以后很难补上。所以,应当按照受教育者的心理活动规律去规定教学的过程和阶段,选择教的手段和方法。充分认识这一点,让处于"青年期"的大学生达成最大程度的发展,正是本科教育的责任所在、价值所在,也是一流大学的本科教育的基础地位的根源所在。当然,在这个意义上说,对同处于"青年期"的所有学生的教育,包括本科和专科教育,都是高等教育的基础,在高职高专教育已经成为高等教育的半壁江山、终身学习正成为现实的今天,更是如此。

正因为此,准确认识与科学把握处于"青年期"的大学生的身心特点和发展需求,是提高教学水平、建设一流本科教育的重要前提。那些脱离学生特点和需求的举措,不管动机多么良好,也不管是从哪个先进的地方搬来的,都是很难奏效的。

为此,我们需要更多地关注学生、研究学生学习的特点与发展规律,这是"以学生为本"的教育理念得以落实的基础。

要关注学生多元化的学习动机。随着我国经济社会的转型发展、高等教育由大众化向普及化迈进,以及就业形势的复杂变化等,学生的学习动机受个人志趣、学习态度、现实需求等诸多种因素的影响,因而呈现出多元化、复杂化的趋势。关注学生的学习,首先要全面了解学生的学习动机,既要不断为学生成长提供丰富优质的教学资源,让学生有充分选择的机会,也要因势利导,把个人发展与国家发展联系起来、结合起来,使他们与社会要求相适应、追求自身全面发展的动机成为学习的主导性动机,使学生在学习过程中的主体性充分彰显。不断激发学生的学习动力,是提高教学水平、建设一流本科教育的基础性工作。

要研究新时期学生的学习模式。当今时代,信息技术日新月异,对人类的生产、生活、学习乃至思维都产生了深刻的影响。在"互联网+"时代,传统的学校、课堂等学习环境因信息技术的植入发生着前所未有的变革。它在丰富学习资源的同时,也在挑战传统大学的知识权威。大学生作为互联网时代"土著族",受网络影响大,对网络依赖强。他们已不再拘泥于传统的"老师教、学生学"的学习方式,当课堂上老师的提问无法回答、老师讲述的知识不能满足需求时,他们首先想到的是搜索引擎,甚至有学生戏称,最好的老师是"度娘"。但与此同时,新媒体的广泛应用,也对大学生的学习方式、阅读习惯和思维方式产生了一些负面影响,如碎片化阅读导致学生思维专注力的下降,过长时间的人机对话导致人际关系的淡漠,等等。在这种情况下,如何寻求教学方法与教学形式的突破,使"先进技术促进学生学习"成为现实,是教育工作者必须思考和研究的现实问题。建设一流的本科教育,迫切需要研究新媒体背景下适合当代大学生的学习方式,创新学习环境,运用现代信息技术支持学生的个性化、多样化学习,提高学生个体及整体的学习质量与效率。

要研究学生学习的适切的知识构成。高等教育的任务是培养高级专门人才,具有明确的职业指向。它既要传授本专业领域的系统知识,也要为学生一生的职业发展服务;同时,专业教育还具有开放性和发展性,它要满足不同学习能力和学习需求的学生。因此,如何科学规划、系统设计教学内容,构建先进的课程体系,是实现高等教育培养目标的关键,课程改革往往成为教学改革的核心。国外一流大学特别重视本科教育的基础性,高度重视本科生基础素质的培养,他们专业教育的基础一般比较宽泛,专业本身的弹性比较大,值得我们借鉴。建设一流本科教育还需要把学校的科研优势及时转化为教学资源,要随着科学技术的发展和学科前沿知识的更新,不断调整完善教学内容,使教学内容更贴近专业实际,解决学生最关心的问题。

大学是学知识、长能力、育素质的地方,是让学生成长的地方,大学的根本是学生;关注学生的学习,服务学生的学习,引领学生的全面成长,是办好一流本科教育的灵魂。

做无愧于时代的人民教师[*]

我曾在中国农业大学任职,对高等农业院校怎样服务我国"三农"事业、怎样做一个无愧于时代的人民教师等问题一直都十分关注。河北农业大学李保国教授的先进事迹给了我一个最为完满的解答。他35年如一日,坚持全心全意为人民服务的宗旨,既教书育人,立德树人,又创新科技,扶贫富民,用自己的言行诠释了新时期人民教师的深刻内涵,彰显了共产党员的优秀品格,堪称当代知识分子的优秀代表。

李保国作为大学教师,30多年来,他始终坚守"三尺讲台",把培养学生作为自己的基本职责。他不仅培养了67名硕士、博士,而且坚持长期为本科生上课,有人劝他为本科生上课"意思"一下就可以了,但他不同意。他把"三尺讲台"和"田间地头"紧密结合,用新的科研成果更新教学内容,他主讲的课程生动、形象,实践性强,接"地气",深受学生欢迎。他把学生"赶"到田间地头,把所学知识与生产实践相结合,在手把手的实践教学中提高学生的创新创业能力。他注重言传身教,用知识魅力和人格魅力教育影响学生。学生说,李老师不仅是知识的传授者,而且是人生的引路人。李保国同志不愧为教书育人、立德树人的典范。李老师的模范行为也是对一些人轻视教学、忽视育人的一个回答。

在创新成为社会进步的第一推动力的今天,创新已成为现代大学的重要使命,成为大学教师的重要责任。今天我们的创新是全面的,正如习近平总书记所说,必须把创新摆在国家发展全局的核心位置,不断推进理论创新、制度创新、科技创新、文化创新等各方面创新。我们的

* 原载《光明日报》2016年7月7日第4版。

创新也是分层次的、多形态的,既追求原始创新、奇思妙想、"无中生有",又进行集成创新和引进消化吸收再创新;既开展战略性创新攻关,又对接现实需求,开展应急性创新攻关;既尊重个人创造,发挥尖兵作用,又注重集体攻关,推动协同创新。李保国教授选择了"迎着农民的需求找课题、把成果留在农民家、把论文写在祖国大地上"的科研道路。毫无疑问,这是一条当代我国大多数农业科技工作者应当选择的正确道路。对科技工作者来说,无论做基础研究还是做应用研究,是"顶天"还是"立地",都应当得到尊重,怕的是飘在半空中,"上不着天下不着地",最终一事无成。但客观地说,搞基础研究的是少数,搞应用研究的是大多数。李保国教授直接面向生产实际、面向群众、造福百姓,他坚持35年扎根太行山,把知识"还给"农民,总结经验,治山治水,打造"富岗""绿岭"等知名品牌,带动10万多农民脱贫致富,被誉为"太行新愚公""最美科技工作者"。他是创新科技、扶贫富民的典范。事实证明,李保国的道路是一条正确的道路,是一条值得广大科技工作者学习的道路。对农业科技工作者来说,更是值得效仿。当然,走这条路,意味着要吃更多的苦、承受更多的磨难,但最有可能做出成绩,体现价值。

　　教书育人、立德树人、创新科技、服务人民,是大学教师要做的两件大事。做好其中一件,都是不容易的事。但是,李保国同志都做了,而且都做好了,他是新时期大学教师的榜样。他能做好这一切,因为他对党忠诚,时时以党员的标准要求自己,因为他热爱人民、心系群众。如他所说,"时刻以善为本,寻找行善之地",不断完善自己,处处做事为他人。这些,正是我们要向李保国同志学习的根本。

持续推进创新创业教育改革[*]

尊敬的各位大学校长、各位专家学者、各位嘉宾，大家好！

今天，大家齐聚美丽富饶的"天府之国"——成都，参加"全球创新创业名校高峰对话暨中外大学校长论坛"，分享经验，探讨未来，共谋发展。在此，我谨代表中国高等教育学会，对各位中外嘉宾的光临表示热烈欢迎和诚挚的感谢！同时，对给予这次论坛大力支持的各有关单位，为筹备这次论坛付出辛勤劳动的所有工作人员表示衷心的感谢！

本次论坛由中国高等教育学会、中国高校创新创业教育联盟、成都市政府联合主办，亚洲教育论坛组委会和成都市教育局联合承办。论坛的主题是"创新引领，共创未来"。参加今天论坛的有来自国内外多所大学的大学校长、知名专家学者，以及各界代表，共300余人。尤其是，诺贝尔化学奖获得者、以色列人文和自然科学院院士阿龙·切哈诺沃教授，世界创意经济之父约翰·霍金斯教授，联合国教科文组织科学奖获奖者、巴基斯坦前科技部、高教部部长阿塔·拉曼等专家学者也光临了本次论坛，各位名家的到来，无疑使论坛"创新"的主题更加凸显。论坛期间，多位大学校长、知名专家学者将交流分享高校创新创业教育的宝贵经验，共同探讨当今时代高校创新创业教育的策略和方法，合力破解高校创新创业教育的"瓶颈"，共同展望全球创新创业教育的发展趋势。对此，我们充满期待。

最近几天，大家可能已经注意到，4月27日，第71届联合国大会

---

　　* 本文系作者2017年5月10日在全球创新创业名校高峰对话暨中外大学校长论坛上的讲话。

协商一致通过第 284 号决议,将每年 4 月 21 日指定为"世界创意和创新日",确认创新对于每个国家发挥经济潜力至关重要,呼吁各国支持"大众创业、万众创新",认为这将为各国实现经济增长、创造就业凝聚新动力,为包括妇女和青年在内的所有人创造新机遇。这表明,创新驱动发展和支持民众创新创业的中国理念得到了国际社会的普遍认可,这一中国理念为当今国际社会克服经济困难、实现经济增长和创造就业贡献了一种可行的解决方案。正如中国常驻联合国代表刘结一先生表示的那样,中国政府深入贯彻"创新、协调、绿色、开放、共享"五大发展理念,将创新摆在国家发展全局核心位置,持续推进"大众创业、万众创新",积极落实 2030 年可持续发展议程,中国将同广大会员国共同努力,落实联大相关决议,以创新创业促进发展进步,全面推进 2030 年可持续发展议程,共创人类更加美好的未来。

中国改革开放以来的创业潮有五次,其中四次都是科技人员唱主角,目前我们正在经历第四次科技创业潮。20 世纪 80 年代的科技人员下海潮,柳传志创办联想、王选创办方正、任正非创办华为,一批科技企业异军突起,主要是抓住了信息化机遇,赶上了信息化潮流;90 年代的新科技创业潮,张瑞敏带领海尔、倪润峰领导长虹依靠先进的电气技术快速转型发展,主要是抓住了中国人家庭生活电器化这个市场机遇;世纪之交的互联网创业潮,马云创办的阿里巴巴、李彦宏的百度、马化腾的腾讯等互联网高科技公司迅速成长,主要是抓住了互联网产业化机遇,利用中国人口最多、互联网用户最多、互联网市场巨大的优势,成长为最有价值的公司。现在我们迎来了创新创业的新阶段,越来越多的普通人尤其是普通大学毕业生投身创业,越来越多的科技人才创办高科技企业和科技服务企业。这四次科技创业潮大约每十年一轮,成为中国社会生产力发展的先锋。美国学者辛格认为,中国目前的科技创业潮与 20 世纪 90 年代以色列的科技创业爆发期很相似,这将推动"中国制造"转向"中国创造"。

创新创业,离不开教育,尤其离不开高等教育。中国政府高度重视创新创业教育。教育部专门进行动员部署,研究制定相关配套文件,举办大学生"互联网+"创新创业大赛,推动创新创业教育改革。财政部、教育部等拟在中国教育发展基金会设立大学生创新创业教育专项资金,每年用于奖励对创新创业教育作出贡献的单位。人力资源和社会保障部等部门简化了大学生创业程序,帮助大学生更便捷地享受创业税收等相关优惠政策等。

一些地方政府结合实际,出台了专门文件,加大了政策资金支持力度,多措并举推动改革,各地创新创业教育改革呈现蓬勃发展态势。

高等学校主动作为,适应新形势新要求,扎实推进创新创业教育改革。112所中央部委所属高校制定了深化创新创业教育改革方案,还有许多高校将创新创业教育改革纳入学校综合改革方案,积极有序推进。全国有137所高校、50家企事业单位和社会团体联合成立了"中国高校创新创业教育联盟",八年前成立的中国高等教育学会创新创业教育分会活动始终活跃,起了很好的推动作用。新疆、甘肃、陕西、青海四省区的16所大学科技园联合建立了"丝绸之路经济带众创空间"。总体看,中国高校的创新创业教育活力明显,正在向纵深发展。

同时,我们也看到,中国高校的创新创业教育与经济社会发展需要相比,还存在不小差距:一是思想认识还没完全到位,有些地方和高校认为高校创新创业教育改革是部分学生、少数教师参与的小范围改革,是应对当前经济下行压力加大、高校毕业生就业难的权宜之计,因而深化改革的内生动力不足;二是政策措施还不完善,一些地方和高校还没有抓准问题关键,制定的政策不具体,缺乏针对性、实效性;三是推动力度不够,一些地方和高校还只是停留在会议、文件和口头上,没有真正落实到教学理念、培养模式和机制等教育教学的关键环节中,尚未落实到教师学生的教学和实践上。所以,期待大家在论坛上多发表有针对性和前瞻性的见解,以推动中国和各国创新创业教育发展。

目前,从中国高校创新创业教育的实际来看,我认为,要搞好高校创新创业教育,必须围绕全面提高人才培养能力这个核心点,遵循人才培养和人才成长规律,抓紧重点领域和关键环节。

一要树立创新创业教育理念。创新创业教育是全面提高高等教育质量的应有之义。要把创新创业教育质量作为衡量办学水平的重要指标,纳入高校教育教学评估指标体系和学科评估指标体系。要树立旨在促进学生全面发展的理念,注重激发学生强烈的社会责任感,着力增强学生的创新精神、创业意识和创新创业能力。

二要加快推进教育教学改革。要把创新创业教育融入人才培养体系,把激发学生的创新活力、挖掘创新潜能、提高创新创业能力作为改革的主要目标。要改革教学内容和方式方法,广泛开展启发式、讨论式、参与式教学。要强化创新创业实践,加强实验教学资源建设和科技创新资源共享。要改革教学管理制度,建立创新创业学分积累、转换和支持休学创新创业的制度。

三要切实提升教师创新创业教育教学能力。要坚持全员参与、专兼结合,聘请各行各业优秀人才,担任创新创业课授课或指导教师。要加强培训,提高教师创新创业教育的意识和能力。要改革教师考核与评聘制度,加强创新创业教育的考核评价,充分调动高校教师参与创新创业教育的主动性。

四要积极推进协同育人。要推进高校与高校的协同,推动教师互聘、学生互换、课程互选、学分互认,实现优质教学资源共享。要推进高校与政府、社会、行业企业的协同,吸引社会资源投入,促进产学研用紧密结合,更好地为行业和地方经济社会发展服务。要推进国内高校与国外大学、科研机构的协同,开展实质性、高水平交流合作,吸引国外优质教育资源投入中国高校创新创业教育。

各位校长、各位嘉宾,创新是人类社会发展的不竭动力,创业则是丰富人类物质财富、精神财富,实现人类幸福的源泉。创业是创新的实践与行动,其本质在于创新。当今世界,人类社会共同面临着资源危机、气候危机、粮食危机、人口危机等多种挑战，解决之路在创新。因此，大学创新创业教育的任务更艰巨，责任更重大。让我们携手并肩，为发展创新创业教育，共创人类美好未来，共同探索、不懈努力，作出新的更大的贡献！

　　谢谢大家！

要高度重视大学课堂文化建设[*]

在当前大力加强大学文化建设的背景下,重视大学精神的凝练、制度文化的健全、物质文化的提升以及校园文化的活跃,这些都是必要的,这也是加强大学文化建设的重要着力点。但是,目前大学的课堂文化建设还没有得到应有的重视。这里说的课堂文化,是指在课堂上教师传授的内容、教学的方法以及由教师和学生共同创建的精神气象和氛围的总和。

为什么要高度重视课堂文化建设? 一方面,课堂是教育教学活动的主要场所,教育教学改革最终要落实到课堂。从这个意义上说,课堂决定质量。另一方面,进入 21 世纪以来,在知识爆炸和信息技术高度发展的年代里,传统的课堂教学文化已经不能适应当今的需要。诸如,教学内容更新滞后;教学方法单一,不能体现关注学生发展的理念以及重过程、重体验、重探究的基本理念;在师生关系和课堂氛围上,还没有建立起师生平等、师生互动、共同探讨、和谐活泼的课堂气氛。

事实上,在我们的许多大学课堂上,教师与学生之间缺乏起码的沟通。不少教师上完课就走人,根本没有时间和学生交流。清华大学本科教育学情调查报告曾对清华大学与美国大学教师在师生互动行为模式上的水平差异作过深入分析,得出的结论是清华大学在师生互动指标上明显低于美国大学。27.1%的清华大学学生表示,自己的学习表现从来没有得到过任何教师的及时反馈,而美国同类院校有此看法的

* 原载《中国教育报》2012 年 9 月 19 日第 3 版。

学生只有 7% 左右。① 这种情况在国内高校普遍存在,有的甚至更为严重。这些都说明,要提高高等教育质量,教学改革十分紧迫,必须倡导加强课堂文化建设。

当前和今后一段时期,加强大学文化建设,应该在加强大学的精神文化、制度文化、环境文化和校园文化建设的同时,多下点力气加强课堂文化建设。要抓紧教学内容更新,抓紧教学方法改革,抓紧教学评价改革,彻底改变当前一些高校"昏昏欲睡"的课堂文化,建立一种积极进取、努力向上、充满活力,有利于学生个性发展,有利于激发学生创新思维的课堂文化。

加强大学课堂文化建设,不是一件简单的事情,也不是一蹴而就的事情。因为一种新型的课堂文化的建立,既受传统课堂文化观念的影响,也受传统教学制度文化的制约,同时还要受师生传统教学习惯的束缚。因此,这就需要社会各界给予大力支持,需要各高校领导高度重视,尤其需要广大师生特别是广大教师的积极参与。惟其如此,才能建立一种新型的课堂文化,进而才能达到切实提高高等教育质量的目的。

国家兴,必兴文化。文化是一个国家、一个民族兴旺发达的持久影响力,任何一个伟大的民族都离不开文化建设。

高教强,必强文化。大学文化建设是建设高等教育强国的必然要求。如果大学文化建设落后,恐怕将很难成为高等教育强国。大学文化建设,要把课堂文化建设作为重点。当今时代,无论从国家对提高高等教育质量的要求来看,还是从许多高校的课堂教学现状来看,加强大学课堂文化建设意义都十分重大。大学领导和教师要把目光投向教学、心思放在教学、精力投入教学,共同建设好大学课堂文化,这是提高高等教育质量的必然选择。

---

① 罗燕、史静寰、涂冬波:《清华大学本科教育学情调查报告——与美国顶尖研究型大学相比较》,《清华大学教育研究》2009 年第 5 期。

提高高校教学水平[*]

党的十八届五中全会通过的《中共中央关于制定国民经济和社会发展第十三个五年规划的建议》明确要求："提高高校教学水平和创新能力，使若干高校和一批学科达到或接近世界一流水平。"《建议》第一次把提高高校教学水平写入五年规划，第一次把提高高校教学水平写入党的重要文件，而且放在"创新能力"之前予以突出和强调，同时，明确要通过提高教学水平和创新能力使高校和学科达到一流水平，足见党和政府对高校教学、对人才培养的充分认识和高度重视。

一、提高高校教学水平是一项现实的重大的紧迫任务

（一）提高高校教学水平是国际社会的普遍共识

伴随着高等教育规模的扩大，高等教育质量逐渐成为一个世界性问题。2000 年欧洲高等教育质量保障协会成立。2006 年联合国教科文组织发起"跨境高等教育质量保障"项目，创立"提高质量、保证能力的全球计划"。2009 年 7 月联合国教科文组织召开世界高等教育大会，会议达成一系列共识。其中的核心观点认为，"质量保障是当前高等教育至关重要的任务"，"质量保障不仅要求建立质量保障体系和评价模式，而且要求促进机构内部质量文化的发展"，"坚持严格的教学标准"。由此可以清晰地看到，重视高等教育质量已成为国际社会的普遍

---

　* 原载《光明日报》2015 年 11 月 17 日第 13 版，原题《提高高校教学水平是一项现实的重大的紧迫任务》。

共识。

与此同时，许多国家纷纷把高等教育质量的竞争作为国家未来竞争力的核心要素，并为保障和提升高等教育质量作了大量的探索与努力。如欧美一些国家将学生的学习性投入、学生的体验调查纳入高等教育质量保障体系，强调学生是学习的主体，关注学生的发展状况，重视学生学习过程和学习结果的评价。日本自 2012 年发起"关于亚洲大学教员变化的调查"，以此分析影响日本大学教学质量的关键因素，并强调日本有重视科研的传统，但更需要在改善教学质量上下功夫。

提高教学水平，并以此提高高等教育质量，已经成为当前世界高等教育发展的一个主题。我们要顺势而为，积极主动，作出我国提高教学水平和教育质量的新探索、新贡献。

（二）提高高校教学水平是国家发展的紧迫需要

当前，我国经济发展进入新常态，经济总量稳居世界第二位，经济长期向好的基本面没有变，但"大而不强"是我国经济发展的突出矛盾。习近平总书记指出，"要突破自身发展'瓶颈'、解决深层次矛盾和问题，根本出路就在于创新，关键要靠科技力量。"创新成为发展的第一动力。推动以科技创新为核心的全面创新，关键在人才，基础在教育。高等学校作为培养创新人才的主阵地，课堂教学作为学生获取知识、锻炼能力、提高技能的主渠道，必须切实担当起培养创新人才的重任。

（三）提高高校教学水平是高校自身发展的内在要求

"中国速度"使我国成为高等教育大国。和经济问题一样，"大而不强"也是我国高等教育最为突出的问题。在宏观上，这不仅表现为高等学校办学与经济社会发展存在一定程度的脱节，高等教育自身发展不协调，高等教育分类管理、分类指导制度不健全，也表现在高等学校原创性研究成果不多、拔尖创新人才不足等显现的现象上。在微观上，表现为教学过程中的许多"非主流现象"：不少高校人才培养方案陈旧，实验、实训条件欠缺,实践育人缺少基本保障,创新教育缺少有效措施;有的高校课堂教学索然无味、沉闷压抑,学生心不在焉、昏昏欲睡,教学效果堪忧;有的教师上课照本宣科,学生期末突击应试,毕业设计纸上谈兵;有的高校甚至以"清考"的方式,"恩准"学生毕业,如此等等,怎么谈得上提高教学水平、提高教育质量? 而且,这种"非主流现象"已不是个别现象,甚至还有扩展、蔓延的趋势,而我们的一些大学却习以为常、麻木不仁。对这些问题再不正视,非主流不仅影响主流,而且可能成为主流,我们必须高度警醒!

质量是高等教育的生命,教学是高等学校生存的本真。高等教育由大向强转变的根本标志是人才培养质量的整体提升。出路何在? 靠政府投入,靠体制改革,更靠实实在在的教育教学改革!

"图难于其易,为大于其细",深化教学改革贵在行动! 我们要以广大教师和所有学生都参与的教学活动为基础,实实在在地开展教与学的改革,切切实实地提高教学水平,从而使提高人才培养质量、实现高等教育现代化、建设高等教育强国等伟大的口号变成广大师生的自觉行动。当前,要特别注意如下三点:

第一,不能以体制机制改革代替教学改革。深化高等教育全面改革,创新体制机制和教育教学改革,犹如车之双轮,缺一不可,应当"双轮驱动、协调推进"。体制机制改革为深化教育教学改革指明方向、激发动力,但是,只有教育教学改革才能使人才培养真正落地,才能使体制机制改革的价值追求得以实现。当下,要克服重视体制机制改革、轻视教育教学改革的倾向,使教育教学改革真正深化,教学水平真正提高。

第二,不能以科技创新能力的提升代替教学水平的提高。特别是在一流大学和一流学科的建设中,要使提高教学水平和提高科技创新能力相结合,使人才培养的一流和科技创新的一流相互融合、相互促进,这样才能建成真正的一流大学和一流学科。

第三,不能只重视培养少数拔尖创新人才而忽视全体学生的全面发展。面向全体与关注个体差异是十分重要的教育策略,一些高校实施的面向少数特质学生的实验班,集中优质教学资源重点培育,作为教学改革的实验无可厚非。但是,改革的最终目的是促进每个学生的全面发展,因此,要牢固树立平等对待每一个学生和人人成才、多样化成才、竞争成才、实践成才的观念,使教学改革的成果惠及全体学生,这是体现高等教育公平的必然要求。

二、抓好创新创业教育,使提高教学水平落到实处

全面提高高校的教学水平和创新能力,是一项复杂的系统工程。当前,加强创新创业教育已是党中央的要求,是教育界的共识。我们要顺应形势,以加强创新创业教育为抓手,撬动教育思想、教学内容、教学方法的全面改革,推动高校教学水平的大提高,而不是游离于教学改革之外空谈创新创业教育。

一要修订和完善人才培养方案。人才培养方案是培养具有社会责任感、创新精神和实践能力的各级各类人才的蓝图。为此,要根据社会需要和学生全面发展的需要,进一步明确创新创业教育的目标要求,修订和完善人才培养方案,突出大学生创新精神、创业意识和创业能力培养。

二要抓住课程建设这个关键环节。课程改革是大学教育的重中之重。如果说人才培养方案是人才培养工作的顶层设计,课堂教学是具体实施,那么,课程建设就是承上启下的关键环节。关键环节不抓好,就像喇叭使劲按、油门踩到底,就是不挂挡,汽车照样不动。为此,我们要遵循教学规律,在人才培养方案的导引下,全面审视课程体系,使课程建设更加符合社会发展的需要,更加符合学生发展的需要;要坚持规范性、指导性和选择性相统一的原则,完善课程体系,使学生基本功过硬,个性特长得到发展。

三要把课堂教学作为创新创业教育的主阵地。开展创新创业教育,可以增设一些专门的课程,但不能习惯于简单的加法。更为本质的

是要实施课堂教学内容的改革,将创新创业教育融入、渗透到每一堂课的教学中;还要改革教学方法,恰当引入现代教育技术,让学生学起来。教师还要善于挖掘每一门课程中所蕴藏的创新创业的精神内涵和文化要素,构建以课堂教学为基础,课外教育为补充的、师生共同参与的创新创业"学习共同体",营造创新创业文化,使创新创业教育真正落地。

四要补足实践教学这一短板。实践教学是创新创业教育的必要条件。为此,要加强学校已有的实验、实践、实习基地建设,要基于"协同育人"的机制,充分利用社会资源,促进创新创业实践教学平台的共建共享;在此基础上,加强实践教学,提升实践能力。

五要改革考试评价方法。改变死记硬背、突击考试等考评方法,建立学业考核全程化、评价标准多元化、考核方式多样化的学业考评新体系,注重考核学生运用知识分析问题和解决问题的能力,努力实现考核结果符合学习效果。

六要强化创新创业教育的价值导向。当今时代,创新创业需要扎实的知识基础,那种凭借偶然发现一举成功的机会已经微乎其微了。为此,要鼓励学生勤奋学习,将着眼点放到对自身发展真正有益的能力和素质上。创新创业需要科学的精神与思维方式,同时,也需要激情驱使和精神动力。这一切均来自创业者的科学态度、事业心和责任感。我们要通过强化创新创业教育的价值导向,引导学生科学创业、理性创业,这正是广大教育工作者的共同责任。

我们还要研究大学生创业的规律。人们常说,创业是"九死一生"。研究规律,就是引导学生少走弯路,避免重大的失败,使更多青年走上成功创业之路。

还要处理好创业与就业的关系,在保持较高就业率的同时,努力提高就业质量。绝不能以提倡学生自主创业为借口,而放松大学生就业工作,甚至把只读过几本书,一无资金、二无经验的年轻人不负责任地推到社会上去。我们要秉持对党的教育事业负责、对老百姓负责的态度,去做实做好大学生就业工作。

三、建设优良教学文化，促进教学水平持续提高

从文化视角看，一个民族的文化心理和思维定势，对教育教学的影响是深刻和久远的。一方面，任何教学活动都是在一定的社会文化环境中进行的，社会文化环境在很大程度上决定着教学活动的价值取向，影响着教学组织形式、教学内容、教学方法和教学手段的选择；另一方面，大学教学本身具有独特的文化属性，是高等教育的本源文化，它体现着大学作为一种社会组织对培养人才、传播文明、促进发展、改善民生的精神追求，汇聚着大学人的教学理念与教学行为。

建设优良的教学文化，首先要树立以教学为中心的理念，要把人才培养放在首要位置，要在全体教职员工的思想深处确立"老师是第一身分、上好课是第一要务、关爱学生是第一责任"的价值追求，激发个人和集体重视教学、提高教学水平的内驱动力。

建设优良的教学文化，要构建规范管理的制度体系。规范管理的制度体系是优良的教学文化生成的环境生态，优良的教学文化的形成，既需要营造崇尚教学的共同信念，也需内外部环境力量的助推。缺乏相应的规范管理的制度体系，教学文化的价值追求很难转化为现实层面的教学文化的实践行动。

建设优良的教学文化，要鼓励、支持教学改革的实践探索。要通过制定完善各种有效措施，激励教师热爱教学、崇尚教学，特别是要创造条件，支持教师研究教学、革新教学。当前，要更加注重现代教育技术与教育教学的深度融合，以此提升教师教学水平，形成良好的教风。

建设优良的教学文化，要重视加强学生学习能力建设。学习是大学生的第一要务，要支持和奖励爱学、勤学、善学的学生，特别要重视培养学生服务国家、服务人民的社会责任感、勇于探索的创新精神和善于解决问题的实践能力，形成良好的学风。

向课堂教学要质量[*]

中国高等教育学会围绕推进"高等教育现代化"这一核心议题，从理念到治理再到教学，持续四年进行研讨，对这一问题的认识不断深化。在 2016 年的国际论坛上，主题聚焦于"学生·教师·课堂"这三个关键词，再次明确推进高等教育现代化的核心是提高育人水平，而育人水平的提升直接取决于教师的"教"和学生的"学"，基础在课堂教学，主阵地是课堂；一个连课堂教学都搞不好的学校不可能是好学校。没有高质量的课堂教学就没有高质量的高等教育，也就没有高等教育的现代化。

一、树立"以学生为本、以学生发展为中心"的教育理念是高等教育现代化的根本要求

高等教育归根结底是育人伟业。教育现代化的核心是人的现代化，是以人为中心的教育体系、教育制度、教育观念和教育行为的全面现代化。教育现代化必须彰显"以学生为本、以学生发展为中心"的教育理念，为促进人的全面发展和社会可持续发展服务。

（一）"以学生为本、以学生发展为中心"的教育理念是世界高等教育的共同认知和发展趋势。1998 年联合国教科文组织在首届世界高等教育大会宣言中提出"高等教育需要转向'以学生为中心'的新视角

---

　　* 原载《中国高教研究》2016 年第 12 期，原题《着力向课堂教学要质量》。

和新模式",倡导国际高等教育决策者把学生及其需要作为关注的重点,把学生视为教育改革的主要参与者,并预言"以学生为中心"的新理念必将对 21 世纪的整个世界高等教育产生深远的影响。世纪之交,美国发布了《本科教育重建——美国研究型大学发展蓝图》,强调"重建以学生为中心的研究型大学本科教育",推动了美国研究型大学的教学改革。2015 年 9 月,联合国可持续发展峰会通过了《2030 可持续发展议程》,提出了包括教育发展在内的、关系人类命运共同体未来发展的 17 项重要目标。2015 年年底,联合国教科文组织发布研究报告《反思教育:向"全球共同利益"的理念转变》,认为教育应当尊重生命和人类尊严、权利平等、社会正义、文化多样性、国际团结,为可持续的未来承担共同责任,强调"教育是一项基本人权,并且有助于实现其他各项人权",强调"要在相互依存日益加深的世界实现可持续发展,就应将教育和知识视为全球共同利益",提出把"教育是全球共同利益,是可持续发展的关键"作为教育发展的核心理念。在我国推进高等教育现代化,建设高等教育强国的进程中,我们要进一步彰显"以学生为本、以学生发展为中心"的理念,把我们的实践融入世界高等教育改革的洪流,提供高等教育发展的中国经验、中国模式。

(二)以人为本的理念,表现在人才培养过程中就是"以学生为本、以学生发展为中心"的教育理念。它立足于学生作为独立个体的发展和作为社会成员的成长的全面需求上,凝聚在学生主动投入、积极探索的学习过程中,体现为学生延续终身的学习与发展能力的全面提升,进而转化成社会可持续发展和进步的成果。

以学生为中心,要更加注重面向每个学生,在高等教育普及化即将到来的时代,更是如此。那种只重视少数精英而忽视全体学生的观念和做法,已经落后于时代的发展。在现代化的社会,每个学生都是平等的,都是重要的,要让每个学生都有人生出彩的机会。精英人才、拔尖人才对社会是十分重要的,即所谓的"人才兴国、人才强国"。未来的学校当然应该培养出能够成为学术大师、业界精英的各类杰出人才,但更多的是培养"负责任的公民"。培养杰出人才与负责任的公民并不对立,杰出人才是在负责任的公民的竞争中涌现的,是在实践中成长的,这是人才成长的规律。那种"伯乐相马"式的识才用才的传统模式必然要让位于竞争出才、实践成才的现代模式。这不只是思想观念问题,更是关乎制度安排的问题。以学生为中心,就要促进学生的个性化发展。每个学生都是不同的,培养学生成长成才既要有社会的普遍性、共同性要求,又要为每个学生提供获得发展自身、奉献社会、造福人民的能力。与此相适应,学校也必然是多元化的。

（三）落实"以学生为本、以学生发展为中心"的教育理念,改变传统教学模式中"刚性有余、柔性不足"的弊端,最重要的有两条:其一,把关注学生学习、促进学生发展作为学校一切工作的核心,作为学校一切顶层设计的出发点和落脚点;其二,尊重学生的发展选择权,调动学生的发展主动性,让学生在多样化的选择中发现潜能、发展特长、培育创造性。要遵循教育规律和学生身心发展规律,关爱每个学生,为每个学生提供适合的教育,促进学生全面而又有个性的发展。在教学过程中要实现从以"教"为中心向以"学"为中心的转变,这实质上是教学理念、教学方式和评价手段的转变。

以此反观我们的教学,特别是课堂教学,虽不乏精彩的、学生喜爱的课程,但味同嚼蜡的"水课"也屡见不鲜,课堂"低头族"群体日趋庞大。学生"手机依赖症"越来越严重,有的高校实行"无手机课堂"虽能一定程度上让"低头族"在上课时不再那么依赖手机,但却不能保证他们抬起头来认真听课。在信息技术快速发展,知识传播方式、获取渠道发生重大改变的今天,要反躬自问:我们的课堂教学方式有没有发生根本性的改变? 如果说有改变,那最集中的改变可能就是由照"本"宣科变为照"屏"宣科,用PPT代替"粉笔＋黑板"。这说明我们的教学改革实践还只是虚应故事。提高教学质量的现实性和紧迫性,要求我们牢固确立"以学生为本、以学生发展为中心"的教育理念。

二、构建活泼、生动、上进的师生学习共同体是 现代教育的发展趋势

全面深化教学改革，提高教学质量，需要研究"教"的改革，构建以学生发展为中心的教学模式；需要研究"学"的改革，激发学生学习兴趣，促使学生主动获取知识；需要充分利用现代信息技术和智能技术，创新"教"和"学"的技术手段乃至教学形态；需要教师和学生共同努力、久久为功，构建活泼、生动、上进的师生学习共同体。

构建师生学习共同体是现代教育的必然趋势，也是教学过程的本质要求。师生学习共同体要以学习为中心任务、以课堂教学为基础，将课内与课外、线下与线上等多种学习方式结合起来，以相互尊重、彼此信任、联系紧密、互动频繁、友好和谐的新型师生关系达成师生共同成长的目标。构建师生学习共同体是对传统教学模式的扬弃与超越。

（一）高水平的教师队伍是师生学习共同体的主导。强调"以学生为本、以学生发展为中心"，并不否认教师在提高教学质量中的主导作用，而是要强调"用优秀的人培养更优秀的人"。在教学场域中，教师和学生是两大主体，提高教学质量，需要全体教师和全体学生的共同参与，一个也不能少。教师既是教学的设计者，也是实践者和推动者，是影响和决定教学质量的主导力量。因此，我们需要大力培养造就一支师德高尚、业务精湛、结构合理、充满活力的高素质专业化的教师队伍，需要涌现一大批好老师。

（二）加强教师队伍建设，需要政府依法行政、学校依法办学、教师依法执教，破除束缚高校教师发展的体制机制障碍，激发教师教书育人的活力。今年9月，教育部下发的《关于深化高校教师考核评价制度改革的指导意见》，明确提出师德为先、教学为要、科研为基、发展为本的基本要求，要坚持社会主义办学方向，坚持德才兼备，注重凭能力、实绩和贡献评价教师；要求所有教师都必须承担教育教学工作，都负有关爱

学生健康成长的重要责任,要将人才培养的中心任务落到实处;要求坚持服务国家需求和注重实际贡献作为科研工作评价导向。这些既是考核工作的基本要求,也是未来高校教师发展的方向。

(三)提高教学质量,需要教师的倾心教学和敬业奉献,但我们也要看到,教师也有自己专业发展、职业成长的需求和对美好生活的向往。对广大教师,我们要多一份呵护与关爱,为他们营造良好的教学工作环境,解决后顾之忧。只有当教师处处体会到站在三尺讲台上有帮助、有依靠、有归属、有荣耀,他们的教学信心、教学情感、教学责任心才能被激发和唤起,才能转化成奉献教学的实实在在的行动。"十三五"期间,我们要牢牢抓住教师队伍特别是青年教师队伍建设这个关键,把支持和扶持拔尖人才与帮助培养广大教师结合起来,使高校教师队伍的职业能力和师德素养有一个整体性提升,为高等教育提高水平、办出特色、由大变强、实现现代化打下最为可靠的基础。四川大学自 2014 年起在全校设立卓越教学奖,就是让长期从事本科教学的优秀教师的辛勤劳动得到充分肯定与尊重,构建起专注教书育人的大环境。厦门大学等不少高校建立了教师发展中心,研究和帮助教师发展成长。其他高校也有不少好的做法。我们要通过制度设计,让高校涌现出更多的好老师,让更多的好老师奉献出更多的好课程、培育出更多的好学生。

(四)学生是学习共同体的主体。教师不仅要潜心研究"怎么教",更要重视研究学生"怎么学"和"如何让学生学得好"。今天,高校已经全面迎来了 95 后大学生。这一群体思想活跃、自信达观,有着强烈的学习兴趣、批判精神和创新意识,同时,作为互联网的原住民,信息技术已全面嵌入了他们生活的方方面面,并对他们的学习生活、思维方式、人际交往产生了重大影响,这对高校传统教学是一个极大的挑战。如果教师不去研究学生的思维特点和知识建构方式的变化,依旧教条刻板地单向度、布道般的传授知识,我们就会彻底输掉这场教学改革。

教学改革要顺势而为,这个"势"就包括当代大学生的学情特点与学习规律。现在欧美国家一些大学特别强调学生是学习的主体,关注学生的发展状况、重视学生学习过程和学习结果的评价,如美国的"全国大学生学习性投入调查"、澳大利亚的"课程体验调查"和英国的"全国大学生调查"等,都把对学生学习的重视与研究作为提高教学质量的重要手段。

因此,我们要更加主动地去研究当代大学生的学习特点和认知规律,要促使学生把学习视为第一要务,学校要建设良好的学风,支持和奖励爱学、勤学、善学的学生,特别要重视培养学生服务国家、服务人民的社会责任感、勇于探索的创新精神和善于解决问题的实践能力。近一个时期上海市高校"中国系列"思政课走红,成为上海高校实实在在的热门课程。"治国理政""读懂中国""中国道路""法治中国""创新中国"等一批课程围绕当下青年学生最关心的国事,由授课教师和学生开展"头脑风暴",学生在潜移默化中找到问题的答案,扩展视野,陶冶情操。"思政课程"开始向"课程思政"模式转变,成为学生追捧的精品课程。上海市高校"中国系列"课程之所以受到学生的追捧,就在于它能够回应大学生的关切,昌明大学生的心智,采取了大学生喜爱的授课方式。

只有我们每个教师都重视立德树人,都把教学视为第一任务,把教师作为第一身分;只有每个学生都勤于学习、热爱学习,把学习视为成长的第一需求,把学生作为第一身分;只有教师和学生在一个充满活力、生动活泼、奋发上进的学习共同体中如饥似渴地求知、孜孜不倦地探索,我们的教学改革才能成功,提高教学质量才能从美好的愿景变为理想的现实。

三、课堂教学现代化是提高教学质量的关键

学校是育人的场所,其中的所有人和物以及他们之间的联系,构成了育人的环境。近年来,很多学校抱着创新教学形式、提高教育质量的初心,活跃校园文化,丰富校园生活,开辟第二课堂,推进社会实践,推

动创新创业,收到了一定成效。在这方面,很多高校的领导和教师动了
不少脑筋,有不少创新,其中很多好的做法今后应当长期坚持。但是也
要看到,不少学校对课堂这个主阵地关注不够,对课堂教学这个主业抓
得不紧、不实、不力。应当十分明确:教学工作是高校的中心工作,教学
活动的主阵地在课堂,课堂教学水平在很大程度上决定着学校的育人
水平,这是回归常识、回归本源的问题。不重视课堂教学的领导是不成
熟的领导,成熟的领导应当首先向课堂教学要质量。

　　(一)课堂教学现代化,首先要深化教学内容和课程体系的改革。
教学内容与课程体系的改革是教学改革的核心,也是搞好课堂教学的
基础。近年来,北京交通大学、燕山大学等高校以工程教育的国际实质
性等效为标准、以培养我国高质量工程技术人才为目标,进行了持续
的、系统的探索,取得了很好的成效,被《华盛顿协议》成员国专家高度
认可。他们有很多经验,其中,在教学内容的整体设计上,坚持以学生
发展为中心,关注学生的培养目标、毕业要求,包括毕业五年后可能达
成的目标,以培养目标确定以能力为中心的对应培养环节(课程、实验、
实践、创新、设计、活动等)和教学内容,从而全面修订培养计划和课程
体系、教学大纲,并在此基础上进行教学设计。北京交通大学、燕山大
学重视课程体系的系统化设计的做法也与国际上先进的工程教育经验
相吻合。如从 20 世纪 90 年代初开始,美国大学就开始教学系统化设
计改革,麻省理工学院联合其他几所著名高校研究开发的 CDIO 工程
教学改革计划就是影响广泛的教学系统化设计改革成果。这项改革的
显著成果就是大学的课程不再是一种模糊的"经验"安排,也不是学生
在学校"课程超市"上的随意"选购"。当然,对不同科类学生的课程构
成、要求和自由度是不同的。教学系统化设计体现的是对一定的专业
人才培养的规范性要求,它们与灵活性选课、灵活性学习相辅相成,实
现对学生规范性要求与灵活性选择两者的平衡。

　　目前,我国高校虽在深化教学内容和课程体系改革上取得了一些
进展,但总体上仍然滞后。总体来说,下列问题在不同高校不同程度地

存在:教学内容和课程体系设计与培养目标、毕业要求联系不紧、对应不足;课程内容落后于生产实际、社会发展和科技进步的现实;课程以知识为中心,忽视能力培养,考核注重知识的记忆而不是能力的提高;重视理论课程,忽视实践课程;通识性课程和专业性课程缺乏整体考虑,理工科学生人文教育偏弱,文科学生科学教育偏弱;课程设置封闭,忽视跨学科课程和课程的社会化;教师在开展课程教学时,不能真正把握自己所承担的教学任务在人才培养全局中的地位、作用和重点要求,只是一味地追求知识传授体系的完整性和系统性,不去探究如何达成完整的人才培养目标。破解这些难题,需要我们把教学内容和课程体系改革作为教学改革的核心,使教学更好地适应学生发展和经济社会发展的需要。

(二)课堂教学现代化,必须高度重视教学方法的革新。对于传统教学方法的批评,已经很多;呼吁教学方法革新的声音,也不绝于耳。七八年前,学会会长周远清就尖锐指出:"没有什么时候比现在对教学方法改革的要求更为迫切、更为强烈了。如果大家天天讲创新、讲创新能力培养,而丝毫不去触动在人才培养中扼杀创新能力、创新知识的教学方法,那就等于自己骗自己。"2016 年,教育部部长袁贵仁在全国教育工作会议上呼吁"掀起一场'课堂革命'"。袁部长的呼吁,在某种程度上反映了对教学方法改革的急切和无奈。2016 年 10 月,欧洲大学协会秘书长威尔逊(Lesley Wilson)在中欧教育政策智库论坛的演讲中提出,在现代信息技术的影响下,欧盟各国的高校都在进行教学方法的改革,这是当前教育改革的一个引人注目的方向。现在,我国不少高校都在推动慕课、微课等,以期推动教学内容和方法的改革。一些高校为了改进课堂教学,开始对教室的容量和布局、桌椅的形状和摆放、电子设备的功能和配置等精心设计。浙江大学国际教育学院以"两主五性"的理念对传统教室的功能进行了全新的改造。"两主"是指教师主导、学生主体,而"五性"则是指教室形态要适应教学改革的需求,具备互动性、灵活性、多样性、先进性、舒适性。还有一些高校也在探索类似的改革。但是,从总体上来看,教学方法的改革收效甚微。当前,我们急需真正"掀起一场'课堂革命'"。这里有三点特别重要:一是"教有方法、教无定法"。好的教法来自教师对教学内容的深刻把握和对学生的挚爱。只有教师心中有大爱,手上有本事,才能凝练出体现因材施教理念的好的教学方法。二是教师在前台,领导当后盾。教学方法的改革最深厚的力量、最深刻的智慧都来自教师。好的教学方法一定是呈现在课堂上,而不是点缀在领导的报告里。学校各级领导要以真招实策支持一线教师搞教学、搞教改,特别要扶持青年教师练好教学基本功;要把深化教学改革的要求真正传导到神经末梢,使"微循环"活跃起来。三是充分利用先进科学技术。现代信息技术与教学的融合,要着眼于"育人",在"融合"上下功夫。教学方法的改革还要注意脑科学和认知科学研究成果在教学中的应用。我们真心期待着在广大一线教师中真正掀起一场"课堂革命"。

(三)课堂教学现代化,要把增强学生的社会责任感、创新精神和创业能力作为着力方向。"十三五"规划明确提出"提升大学创新人才培养能力"。加强创新创业教育,不是要学生马上去开公司办企业,不是一场热热闹闹的运动,重要的是以创新创业教育为抓手,撬动教育思想、教学内容、教学方法的全面改革;要以课堂教学改革为主阵地,把培养大学生的创新精神、创业意识和创业能力落实到教学工作的每一个环节中去。

(四)课堂教学现代化,要重视课堂教学的价值导向问题,把"育人"放在首位。学术有自由,同时,学术有责任;思想要解放,同时,讲课有纪律。课堂教学是培养人才的主阵地,是彰显国家意志和教育价值导向的主渠道。高校教师必须守好政治底线、法律底线和道德底线,自觉做学生健康成长的引路人,引领学生锤炼品格、学习知识、创新思维、奉献祖国。

(五)课堂教学现代化,积极构建促进可持续发展的质量保障体系。要制定科学合理的评价标准,创新学生学业评价方式和教师考评机制,完善教学评估方法与程序。只有这样，才能使教学工作持续提高质量。

　　全面提高教学质量是教育发展的重大战略，关系到每一所高校，需要统筹谋划，打出"组合拳"，让所有高校在全面提高教学质量中都有可及性和获得感。对此，国家既要实施重点建设，也要带动一般，更要补齐短板。在当前统筹推进"双一流"建设中，要重视办好一流大学的本科教育，并以此示范带动其他高校共同提升教学质量。与此同时，还要更多关照占普通高校 2/3 强的地方本科高校和占高等教育半壁江山的高职高专院校。它们承载着培养我国经济建设和社会发展所需要的数以亿计的应用型人才的重任，是实现高等教育普及化的主要力量。这部分高校的建校时间大都较短，在我国 1219 所本科高校中，建校时间不足 16 年的有近 700 所，占近 60％，1341 所高职高专院校基本都是在新世纪建立的，这些新建高校办学经费比较紧张，办学经验不足，办学水平亟待提升。中西部高校的困难更为突出。我们要本着补齐短板、协调发展的思路，加大扶持和支持力度，提高高等教育发展的协调性。只有全国的每一所高校都在提高教学质量上下真功夫，实现高等教育现代化，建设高等教育强国才能有坚实的基础。

　　强国之本，在于重教；教育之本，在于育人。国外某著名大学的一位老教师讲课非常精彩，特别受学生欢迎，当最后一堂课结束的时候，全体学生起立报以持久不息的掌声，直至老师离开教室好久，掌声依旧在持续。学生们说，老师会在远方听到这"遥远的掌声"。真心期待我们的课堂在不久的将来也能响起"遥远的掌声"，响起更多"遥远的掌声"！

实验教学要再加强[*]

2005 年，教育部为贯彻国务院《2003－2007 年教育振兴行动计划》，启动了国家级高等学校实验教学示范中心建设工作；2013 年，教育部贯彻落实《关于全面提高高等教育质量的若干意见》和《教育信息化十年发展规划（2011—2020 年）》，启动了国家级虚拟仿真实验教学中心建设工作。现对十年来"两个中心"的建设工作做一简要回顾。

一、"两个中心"建设，成绩斐然

十年来，全国各高等学校积极参与示范中心和虚拟仿真实验教学中心的建设工作，经过大家的共同努力，目前，已建设了 801 个国家级实验教学示范中心，200 个虚拟仿真实验教学中心。"两个中心"涵盖了 44 个类别的理、工、农、医、文等学科。国家级实验教学示范中心分布在全国 31 个省、自治区、直辖市的 368 所高等学校；国家级虚拟仿真实验教学中心分布在全国 27 个省、自治区、直辖市的 154 所高等学校。同时，这些建设成果也辐射、带动了各地加强实验教学中心的建设，使数千个省市级实验教学示范中心、虚拟仿真实验教学中心建设得到加强。

总体上看，"两个中心"的建设，极大地推动了高等学校实验教学条件的改善，极大地推动了实验教学内容和方法的改革，极大地推动了实

　＊ 本文系作者 2015 年 9 月在"高等学校国家级实验教学示范中心十年建设成果展示交流会"上的讲话，原载《实验室研究与探索》2015 年第 9 期。

验教学管理工作规范化、制度化和工作水平的提高。特别是对于提高学生动手能力、实验能力、创新能力发挥了重大作用,对于高等教育迅速进入大众化时代的教学质量的保障和提高发挥了重大作用。这"三个推动""两大作用"是高等学校的一线教师、教学管理工作者和我们几千万的大学生所亲身感受到的。在此,我们感谢各省市教育行政部门对于这项工作的大力支持,感谢各个学校的领导给予这项工作的大力支持,特别要感谢工作在高校实验教学第一线的广大教师和实验室工作者所作出的重大贡献!

二、实验教学只能加强,不能削弱

十年来,"两个中心"的建设实践,使我们进一步体会到:教育装备现代化是教育现代化的必要条件,实验实践教学是提高教育质量的必要环节,实践能力是一个合格大学生的必备能力。重视与加强实验教学改革与发展,是我们在全面推进高等教育改革中必须继续做好的一项重要工作。

审视现实,我们感到,高等学校的实验教学还存在着一些突出问题:对实验教学的地位认定还不够高,实验教学的师资力量还不够强,实验教学装备水平还不够好,实验教学的内容和方法还不够新。面对这些问题,实验教学只能加强、不能削弱。

为做好今后的工作,我认为以下四点是需要进一步加强的。

(一)应当进一步加大实验教学的投入。2004 年教育部印发《普通高等学校基本办学条件指标(试行)》,明确指出高等学校基本办学条件指标,包括生师比、生均教学行政用房、生均教学科研仪器设备值、生均图书等,这些指标是衡量普通高等学校基本办学条件和核定年度招生规模的重要依据。同时,这一文件也对实验教学条件做出了明确的规定,如综合、师范、民族院校,工科、农、林院校,医学院校的生均教学科研仪器设备值为 5000 元,语言、财经、政法院校为 3000 元,体育院校、艺术院校为 4000 元。十年过去了,即使是这样的标准,现在一部分学校依旧没有达到。对此,应该加大投入,迅速落实国家规定的高等学校基本办学条件,达到基本标准;并且按照在全面小康社会条件下高等教育应该有的基本办学条件,制定新的标准,进一步提高教育装备水平。

(二)应当进一步加强实验教学师资队伍建设。高水平的实验教学队伍是确保实验教学质量的根本,也是"两个中心"建设的重中之重。学校要通过体制机制的创新,依托学科优势,实现教学与科研的融合,组成一支结构合理、专兼职结合、既相对独立又相互融合的高水平实验教学师资队伍。要根据"人才强校"战略,加大力度,提高实验教学师资队伍的学历和能力,以能力为中心,提高现有实验教学师资队伍整体素质;同时,还要制定措施,吸引学术水平高的教师到实验教学队伍中来,将科研成果融入实验教学课堂,形成实验教学与科研互动的良好局面。要通过多种渠道提高实验教学师资队伍的整体水平。

(三)应当进一步加强校内实践教学基地和校外实践教学基地的结合,做到协同育人。长期以来,我们讲协同创新耳熟能详,这是一种科技创新的方式,无疑应该予以鼓励、支持,加以发展。但是,对高等学校而言,还需要协同育人。高校要积极主动地把校外的教育资源吸引到校内,要善于利用校外资源协同培育学生,这也是我们应该加强的一个重要方面。

(四)应当进一步发挥实验教学对提高学生全面素质、推动创新创业教育的综合功能。实验实践教学不仅仅培养、提高学生的动手能力、实践能力,而且对培养学生创业能力、创新精神、社会责任感也具有积极的作用。在具体工作中,我们要有意识地加强这方面的教育,发挥实验教学提高学生全面素质,推动创新创业教育的综合功能。当前,特别重要的是,要将实验教学与创新创业教育结合起来。2014 年以来,国务院常务会议多次研究讨论创业创新工作,并推出一系列政策措施。2015 年 3 月,中共中央、国务院颁布《关于深化体制机制改革,加快实施创新驱动发展战略的若干意见》;5 月,国务院办公厅颁发了《关于深化高等学校创新创业教育改革的实施意见》；此后，教育部专门发文要求各省级教育部门及部属各高等学校研制本地区和本校深化创新创业教育改革的实施方案；10月，教育部还将在吉林大学举行首届全国高校"互联网＋"大学生创新创业大赛。可见，国家推动创新创业的力度空前，创新创业教育已经成为当前深化高等教育改革的一个重要抓手。对此，我们要有更为深刻的认识和更为积极的行动，大力提高学生的创新创业能力特别是创新精神和创业能力。这些应该体现在学校的全部工作和所有课程之中，当然也包括我们的实验实践教学。为此，我们应该进一步发挥实验教学对提高学生全面素质、培育学生的创新创业精神、推动创新创业教育的综合功能，以深化高等教育教学改革，培育大学生创新创业能力，全面提升高等教育质量。

海峡两岸青年共同的价值追求 *

由中国高等教育学会和两岸文教经贸交流协会共同举办的"首届海峡两岸高校中华优秀传统文化教育论坛",今天隆重召开了。

首先,我谨代表中国高等教育学会,对论坛的成功举办,表示热烈的祝贺!对各位老师和同学,特别是来自祖国宝岛台湾的老师和同学们,表示诚挚的欢迎!

2014年1月,我与冯沪祥先生会面,愉快地讨论我们两个机构之间加强文化交流合作的事项。我们两人原本并不相识,但却一见如故、一拍即合,当时就达成了举办"海峡两岸高校中华优秀传统文化教育论坛"的共识。今天,我们如愿在北京举办首届论坛,这是非常值得高兴的事情!

为什么能这么快促成此事?我想,最根本的、最深层的原因,就是我们拥有共同的文化基因,这就是绵延五千年的中华优秀传统文化。中华优秀传统文化是中华民族在五千多年的文明发展进程中所凝聚的宝贵财富,是中华民族生生不息的精神命脉。在我们今天为实现国家富强、民族振兴、人民幸福的美好理想而共同奋斗的进程中,中华优秀传统文化更是沟通海峡两岸同胞心灵的最好桥梁,同时也是我们海峡两岸同胞的共同的价值守望。

"树有根而常青,水有源而长流",海峡两岸人民同根同祖、血脉相连。今天,我们相聚北京,共同探讨海峡两岸高校中华优秀传统文化教

---

　* 本文系作者在2015年7月2日召开的"首届海峡两岸高校中华优秀传统文化教育论坛"上的主旨报告。

育问题,更感我们的使命光荣,责任重大。这里,我想和大家交流三点感受。

一、深刻认知与感悟中华优秀传统文化

文化是一个民族的血液,是一个民族的灵魂,是一个民族在长期生活实践中总结出来的认识世界的智慧结晶。中华传统文化源远流长、博大精深,是迄今世界上最久远、最稳定、最辉煌、最丰富的文化之一。它曾长期处于世界文化的领先地位,对人类文明的进步和世界文化的发展,产生了深刻广泛的历史影响,具有着卓越璀璨的价值地位。

中华传统文化是我们的祖先传承下来的丰厚宝贵遗产,它所蕴含的思维方式、价值观念、行为准则以及人生哲理,深刻地影响着今天的中国人,包括今天在座的每一位同学。正如习近平主席 2014 年 4 月在比利时布鲁日欧洲学院演讲时所指出的:"两千多年前,中国就出现了诸子百家的盛况,老子、孔子、墨子等思想家,上究天文,下穷地理,广泛探讨人与人、人与社会、人与自然关系的真谛,提出了博大精深的思想体系。他们提出的很多理念,如孝悌忠信、礼义廉耻、仁者爱人、与人为善、天人合一、道法自然、自强不息等,至今仍然深深影响着中国人的生活。中国人看待世界、看待社会、看待人生,有自己独特的价值体系。"这些思想理念和价值追求,围绕着人类生存和社会进步发展的根本问题,展示了中华民族上下求索的智慧结晶。它历久弥新,光照千古,成为人类共有的精神财富。其智慧光芒穿透历史,其思想价值跨越时空!

中华五千年文明给我们留下了无穷无尽的财富,中华优秀传统文化已成为我们每个中国人的文化基因。但是,正如一位哲人所言,感觉到的东西并不等于理解它,而只有理解了的东西才会更深刻地感觉它。所以,我们仍然非常有必要系统地研读、学习中华优秀传统文化,不断丰富自身的文化素养,努力提升我们的人生境界。

　　特别是在当今日新月异的时代,经济全球化在不同程度上影响着各国、各民族文化和价值观的变动。外来文化的不断涌入,对本土文化造成强烈的冲击,使传统文化的解构与新文化的建构交织相融,文化多元化的趋势日渐明显。如何才能做到在变革发展的时代里,守中华优秀传统文化之正,创中华现代文明之新? 这是我们必须面对和解决的问题。

　　我们崇尚中华传统文化的博大精深,充分肯定中华传统文化的历史价值。但我们也不否认,中华传统文化是在漫长的古代历史中形成的,有其时代的局限性,它的某些落后之处,不可避免地会与现代社会发生冲突。但是,正如黑格尔曾经诗意般描述的那样:传统并不是一尊不动的石像,而是有如一道生命洋溢的洪流,离开它的源头愈远,它就膨胀得愈大。我们的优秀传统文化在几千年的发展中,一直自觉主动地进行着自我保存和自我更新,它是一个能够适应环境、吐故纳新、不断优化、与时俱进的富有顽强生命力的有机体。这也正是它历经数千年而不衰、依旧焕发勃勃生机的根源所在。

　　推动中华传统文化的更新进步,弘扬中华传统文化的优秀精神,这是我们继往开来、义不容辞的责任和使命。中华传统文化是一个多层次、多方面的庞大文化体系。对于这个庞大的体系,我们应当依据历史和逻辑相结合的方法,采取科学分析的辩证态度,取其精华,去其糟粕。如著名伦理学家罗国杰先生曾对中国传统道德做过详尽、辩证的分析。他认为"三纲五常"是中国传统道德的核心。"三纲"即"君为臣纲,父为子纲,夫为妻纲",集中突显了传统社会"君权、父权和夫权"的优越权力地位,反映了专制时代尊卑贵贱的等级秩序规范。虽然它在维护社会秩序,规范人们行为等方面发挥了相应的历史作用,但它更多地是严重地束缚了大多数人的社会主体意识,漠视了大多数人应当享有的主体权利义务。因此,"三纲"不符合现代社会的发展要求,在今天应当予以否定。而"仁义礼智信"五常的道德精华,则应当继承弘扬。如"仁"包含的"仁者爱人""仁民爱物"的思想,是现代社会"以人为本"思想的一个重要来源;"义"包含的"正义""担当"的思想,依旧是我们决定行为取舍的重要价值标准。"礼"包含的"礼貌""礼节"的要求,有利于规范我们在社会生活中恪守公共生活准则;"智"包含的"智慧""智力"内容,有利于提高我们识别是非、扬善抑恶的能力;"信"包含的"诚实守信"思想,更是我们要做到的基本道德要求。尽管"五常"也带有某些时代的局限,但其中所包含的永恒的、普遍的积极进步思想,是中国传统道德中的精华。它体现了中华民族在个人为人处世、国家治国理政的行为中,所应持守和践履的重要道德原则,这些积极进步的思想,在今天仍要大力继承和弘扬。这里,我详细引述了罗国杰先生对"三纲五常"传统道德的分析,目的不只是介绍这些思想观点,更重要的在于说明,我们对待中国传统文化所应坚持的态度和所应把握的尺度,就是秉持辩证分析的态度,坚持古为今用、守正出新。而对中国传统文化不加分析的全盘继承的复古主义态度,和主张全盘否定的虚无主义态度,都是错误的、有害的。

在正确对待本民族传统文化和现实文化的同时,我们还要正确对待不同国家和民族的文化。"物之不齐,物之情也。"每一个国家和民族的文化,都是扎根于本国、本民族的土壤之中的,都有其值得吸取和借鉴的价值。推动中国传统文化的更新进步,我们不仅要集儒释道之大成,还要集中西文化之大成,坚持求同存异、取长补短,努力做到融汇古今、贯通中西。

二、大学是弘扬中华优秀传统文化的重要阵地

博大精深的中华优秀传统文化,是我们在世界文化激荡中站稳脚跟、进步发展的重要根基,是我们在现代社会中迎接挑战、与时俱进的重要动力源泉。而文化的传承主要靠教育,教育在本质上就是对人类所创造的思想文化的传承,因而在传承和弘扬优秀传统文化中,具有基础性、先导性作用。

2013年以来,在习近平主席的倡导和推动下,我们对加强中华优秀传统文化的教育予以进一步的重视,实际工作得到进一步的加强。2014年教育部公布了《完善中华优秀传统文化教育指导纲要》,明确提出"以推进大中小学中华优秀传统文化教育一体化为重点,整体规划、分层设计、有机衔接、系统推进"的工作方针,同时,强调指出了"加强中华优秀传统文化教育,要坚持与培育和践行社会主义核心价值观相结合,坚持与时代精神教育和革命传统教育相结合,坚持与学习借鉴国外优秀文化成果相结合,坚持课堂教育与实践教育相结合,坚持学校教育、家庭教育、社会教育相结合,坚持针对性与系统性相结合"的"六个结合"的重点举措。在教育内容上明确提出,要以弘扬爱国主义精神为核心,开展以天下兴亡、匹夫有责为重点的家国情怀教育,开展以仁爱共济、立己达人为重点的社会关爱教育,开展以正心笃志、崇德弘毅为重点的人格修养教育,着力完善青少年学生的道德品质,培育理想人格,提升文化素养。

当前,在政府的推动下,学校和社会开展了丰富多彩的活动,中华优秀传统文化的教育得以普及和深化。如国学经典诵读活动,使古典诗词在青少年中得以传诵;以春节、清明节、端午节、中秋节、重阳节等为契机的"我们的节日"活动,使中华民族节日文化得以传递,进一步凝聚了民族精神和民族情感;有些知名高校已经设立或正在筹备国学研究院;民间的传统文化传播活动也是风生水起。

我们这次举办的"首届海峡两岸高校中华优秀传统文化教育论坛",同时举办了"儒风雅社"大学生社团评选活动,海峡两岸共有62家社团参加了成果展示,各有18个社团获得表彰。从参选社团提交的材料看,这些蕴育在校园之中的学生社团,活动丰富多彩、有声有色,搭建了传播弘扬中华优秀传统文化的多元平台,对学生感悟、学习、传承中华优秀传统文化发挥了不可替代的作用。例如北京大学的耕读社通过十余年的摸索,将经典诵读、研习和体认融为一体,"晴耕雨读,陶养心灵,圣贤为伍,师友同行"的修学体系渐成规模,对涵养心性,促进学生身心并举、德智共长发挥了潜移默化的影响。如辅仁大学中文系学会秉持"究天人之际,通古今之变"的系训,鼓励学生将古往今来的中国文学,应用于当下的文化活动和创意产业,学会一年一度的诗歌吟唱大赛吸引了同学们使出浑身解数参与表演。

这些以政府、社会和学校为主体推动的文化传承活动,互为补充、互相影响,有力地促进了中华优秀传统文化的传播和弘扬。

大学作为传承创新优秀传统文化的重要阵地,作为培养创新人才的根本依托,在优秀传统文化的教育和弘扬中,占据着重要的地位,发挥着独特的作用。大学要自觉地承担起传承创新中华优秀传统文化,这个现实责任和历史使命。"首届海峡两岸高校中华优秀传统文化教育论坛"的举办,正是身体力行着这一重大的责任和光荣的使命!

弘扬中华优秀传统文化,我们要建构和完善优秀传统文化的教学和研究体系,将优秀传统文化融入高校教学、科研育人的实践活动中。我们要做到课堂教学和学术研究相辅相成,共同构成现代大学传承知识、播撒文明的主渠道和主阵地。我们要系统梳理传统文化中的丰富资源,让深藏在禁宫里的文物、陈列在大地上的遗产、淹没在古籍里的文字都活起来,综合利用现代信息技术和传播方式,全方位展示中华文化的魅力。

更为重要的是,我们一定要把优秀传统文化进教材、进课程,转化为教学内容,真正让广大学生充分认识中华优秀传统文化的价值和作用,真正让中华民族的文化基因和精神命脉内化为广大学生的价值追求和行为指南。

三、弘扬中华优秀传统文化是海峡两岸
青年的共同价值追求

中华文化深深融入海峡两岸人民的血液里,镌刻在我们的生命历程中。中华文化生生不息、枝繁叶茂、多元一体,形成了兼收并蓄,有容

乃大，美人之美、美美与共的特质。它是海内外中华儿女共有的精神家园，是中华儿女文化认同、价值认同、民族认同的最大公约数。中华传统文化所追求的"天下为公"的大同社会，成为历代先哲为之奋斗的理想目标。它所倡导的"修齐治平"的人生价值，成为人们为人处世的行为方向。它所强调的"自强不息，厚德载物"的人生态度，构筑了中华民族的精神核心。它所高扬的"天下兴亡，匹夫有责"的社会责任，激励着人们勇担使命。它所主张的"民吾同胞，物吾与也"的仁民爱物思想，推动着社会和谐发展。中华传统优秀文化，孕育了我们民族的伟大精神，展示了我们追求的高尚道德，体现了我们向往的崇高理想。它是我们中华民族的骄傲，是我们血液里的 DNA，我们每个人身上都流淌着这样的血液，青年学生对此要有坚定的自觉和自信。只有这样，我们才会真正为自己民族的文化感到自豪，我们才能共同坚守中华文化的根基。

　　文化的核心是价值，其中最高的价值就是人民的幸福生活和中华民族的文明复兴，就是新时期我们为之奋斗的"中国梦"。习近平主席曾讲过"中国梦"既是国家的梦、民族的梦，也是包括两岸同胞在内的每个中华儿女的梦，它同我们每个人对美好生活的向往紧密相连。中华优秀传统文化是增进民族福祉、实现民族复兴的重要精神资源。我相信，海峡两岸的高校的老师和同学们，都有期盼中华民族伟大复兴的梦想，都有期盼每个人明天的生活更美好的梦想，这共同的梦想就是我们的共同追求！

　　"为天地立心，为生民立命，为往圣继绝学，为万世开太平。"海峡两岸高校在弘扬中华优秀传统文化上，有许多可以相互学习、相互借鉴和相互合作之处，一定会在今后的共同努力中，取得更大的成就！

　　本次论坛提供了一个相互交流的机会和平台，我希望大家坦诚相见、真诚交流，建立新的友谊，加强新的合作。

　　最后，预祝本次论坛圆满成功！祝各位身体健康，诸事如意！

美育工作者的使命[*]

近年来,美育工作不断取得新的进展,表现在许多方面:理论研究有新进展,实际工作有新推进,国务院办公厅颁布了《关于全面加强和改进学校美育工作的意见》,等等;但是,我认为最重要的是:在 2015 年 12 月,全国人大常委会修订《高等教育法》,其中的一个修改就是把"美"放在教育方针和培养目标里,即培养德智体美全面发展的社会主义建设者和接班人。这个法律于 2016 年 6 月正式实施。大家知道,法律的修改是一件非常严肃的事情,增加一个字、去掉一个字,都是十分谨慎的。今天能够增加一个"美"字,很不容易!真是一字千金啊!这也是几代美育工作者努力工作的结果!在全面依法治国的背景下,我们依法治教,就要依法抓美育,更加理直气壮地抓美育,更加执着地做好美育工作。忽视美育、不抓美育就是没有全面落实《高等教育法》。我们应该站在这样的高度,更加重视美育,更加努力抓美育,促进学生全面发展,促进国民素质的提高。我们美育专业委员会,是从事美育研究的学术组织,要发挥我们的学术优势,乘势而为,推动美育工作更好发展。我觉得,美育专业委员会可以在以下几个方面做出新的努力:

第一,深化理论研究。理论是行动的先导,只有理论认识不断深化,才能引导大家在解放思想中统一思想,同心协力,推动工作向前进。对于美育的认识,我们有一些重要的名言,比如,没有美育的教育是不完整的教育;在人的培养中,美育具有不可替代的作用;等等。这些观

---

　　* 本文系作者在中国高等教育学会美育专业委员会 2016 年学术会上的讲话,原载《重庆高教研究》2017 年第 4 期,原题《依法做好美育工作:美育工作者的光荣使命》。

点很重要很正确，但不能只是当成口号空喊，而要不断丰富它的内涵、扎扎实实地落实。我们要进一步说明，完整的教育应该是怎样的，为什么是没有美育就不完整？不可替代的作用又是一种什么样的作用，有了这种作用能达到怎样的境界？我们不仅能说出一些个案、举一些名人的例子，而且要进行理论的、科学的说明，这些都要更进一步的研究。

美育的目的是什么？有的说，美是人的天性，人生来就追求"真善美"。是这样吗？如肯定是，那要教育干什么呢？现在，我们说，要加强美育工作，培养学生感受美、鉴赏美、表现美、创造美，要让学生形成健康的审美情趣和人文情怀。这个健康的审美情趣和人文情怀的形成可不是一件简单的事情。学生可以有直觉的美感、感性的认知，但要通过启发、感染、引导，逐步提高审美情感体验，上升为审美理性认知，特别是树立健康的、正确的审美价值观。毛主席说过："感觉到的东西，我们不能立刻理解它，只有理解了的东西才更深刻地感觉它。"（《实践论》）我想，人对美的感觉和认知也会是这样的。这个过程是潜移默化的、复杂的心理过程和教育过程。在目前的美育教育中，重技巧轻素养、重知识轻养成、重少数轻全体、重比赛轻普及等，都与美育的目标不相符合，同时，与美育工作规律也不相符合。实践中我们要开设更多更好的课程，这其中固然需要唱歌跳舞美术等课程，但怎样通过这些课程实现美育的实质性目的呢？这些都需要我们深入研究。

还有，美育和德育、智育、体育等又是怎样的关系？怎样做到相互促进？不少人说，美育对创新思维很有帮助，我们也往往用钱学森喜欢音乐，爱因斯坦、袁隆平喜欢拉小提琴等例子来说明。但是，只用个案来阐释，虽然听起来很生动，也可以说出一些道理，但不能说这就是完整的、科学的证明。反过来说，也可以举出很多发明家、创新者不懂艺术的例子。各个学科都可以有美的感受，数学的美、物理的美、生物学的美，等等，都是科学家在自己学科里感受到的美，而且往往是艺术工作者无法体会的美。因此，要用科学来对美的感受加以说明，而且，不能把美的教育窄化为一些术科教育。

现在,脑科学发展很快,美育和脑科学就可能很有关系,我在西南大学看到他们研究听不同音乐时脑电波的变化曲线,研究不同的音乐对人的情绪的影响,很有意思。在这个意义上说,我们的美育研究还应该与自然科学家结成联盟,协同创新,做跨学科的研究。

总之,要大大深化美育理论研究,并且宣传研究成果,扩大理论的影响,从而以正确的理论提高各方面一起做好美育工作的自觉性和积极性。

第二,加强制度研究,推动制度建设,使美育工作制度化。人很重要,一个学校有几个好老师,美育工作就搞得红红火火、有声有色,但是没有制度,人一走,美育工作就无声无息了。如何加强制度建设,使美育工作常态化、可持续,就非常需要研究。对一个学校而言,不因人事变动(包括领导的变动和教师的变动)而对美育工作有大的影响。当然,好的制度和好的人相结合,一定会做得更好。要研究什么样的制度可以有效促进美育的建设与发展? 我觉得,首先是在课内和课外的关系上,要以课内为主,也就是列入正式的课内教学,美育不能仅停留在选修课的层面,要成为必修课。一些学校很重视体育,体育不及格是不能毕业的,美育应当向体育学习,一步一步提高要求。

我们还有一个解决好面向少数和多数的问题。一个学校应当有艺术的代表队,好的代表队就像学校的一张名片,在校外有影响,在校内受欢迎,可以提振学校的精神。但是,如果美育仅限于此,那就很不够了。美育应当面向全体学生,把美育写在教育方针里,就是对所有受教育者的要求,就是要面向所有的学生。我们的美育工作要着眼于此、立足于此。少数特长学生的培养、艺术代表队的活动,这些"点"上的精彩,发挥的是带头引领和示范的作用,但同时,我们更要观照全体学生,要在"面"上姹紫嫣红,百花争艳。"点""面"结合,需要多措并举,更需要制度安排。这应当包括美育教育的标准、实施和评价等基本环节,形成闭环的不断改进、提高的机制。标准是底线式的标准,下有底线,上不封顶。刚开始,这种底线可以低一点,但是一定要有,以后可以逐步提高。实施是一个过程,但重要的是教师。从进一步加强美育的角度看,目前高校的师资队伍是不足的。对这些,应该提出合理的要求,大家都可以提出建议。真正加强美育,还应当把美育工作列入教学评估之中。这些究竟怎么做,大家可以研究。

总之,为着学校美育工作的制度化和可持续发展,有许多问题需要我们研究。

第三,重视对以美育人、以文化人的环境研究,促进大学文化品位的提高。美的感受和鉴赏,在许多时候是潜移默化的,美的教育,特别是美的、健康的情趣、情怀的培育不是只靠说教出来的,还要靠环境、社会、感染和体验,等等,总之,很复杂,有知识的问题,有情感的问题,有学校的问题,有家庭和社会的问题,所以,做好美育工作很复杂。其中,环境文化很重要,我想,大家会同意这一点。2016 年年初,我听中国美术学院许江院长的一个演讲,他说,他当了十多年校长,为了学生的成长做了不少事,但最值得说的就是建造了一个处处有文化的校园,让学生一走进校园就感受到校园之美,以美熏陶美院的学生,进而让学生表现美、创造美。我觉得他讲得很有道理。建设处处彰显文化的校园也是一件要用心去做的事情。当然,硬件环境的美很重要,软件环境的美更重要。校园里日常的演出、讲座、论坛,等等,都有美的价值,都可能对学生产生潜移默化的、不经意中的情趣情怀情感的影响。特别是在互联网时代,如何更加充分地利用互联网技术开展美育教育,一方面营造充满美的互联网文化,另一方面利用"互联网＋"开展美育教育,这也是一个很大的题目。

总之,我觉得,需要研究的问题很多,我们要尽力推动以美育人、以文化人和大学文化品位的提高。

院校评估要走向科学化[*]

呈现在我们面前的，是王红博士的专著《我国高等教育院校评估——理论与实证》。她邀我为本书作序，我不假思索，欣然应允。一是出于对年轻人的尊重。年轻人的成长是需要年长者的支持的。她曾经作为评估中心的联络员，参加过我任组长的一个大学的本科教学审核评估。那时，审核评估还处于试点阶段，很多事情还需要在实施中完善。王红的工作是主动和认真的，充满着年轻人的好学和上进，包括在听取评估专家不尽相同的意见后，帮助整理综合报告，最后圆满完成工作任务。就冲着年轻人这种好学上进的精神，我也应该答应。二是出于她来自教育部的评估中心，直接从事院校评估多年，有工作的经验和思考，更有大量数据和资料支撑，相信这样一本关于院校评估的国内首部专著，能给大家许多教益和启迪。

本科教学院校评估：因提高质量而生

本书比较系统地描述了以英美等国为代表的西方国家自 20 世纪中叶以来开展教学评估的发展历程，也真实记录了我国自 20 世纪 80 年代以来开展本科教学评估的复杂过程，对国内外的评估理论进行了评析。一个清晰的事实是：评估是因提高质量的需求而催生和发展起来的，西方国家是如此，中国也是如此。随着高等教育规模的不断扩张，质量保障的声音越来越强烈。1998 年召开的世界高等教育大会就

---

* 本文系作者为《我国高等教育院校评估——理论与实证》一书撰写的序，该书 2017 年 2 月由教育科学出版社出版。

把提高高等教育质量作为大会宣言的共同主题之一,并且明确指出:"透明的内部自我评价和外部评价对于保证质量是十分重要的。"2015年11月联合国教科文组织召开的大会,通过《教育2030行动框架》,把"向所有人平等提供负担得起的优质教育"和"加强高等教育质量保障"作为高等教育的行动目标。可以说,持续提高质量、健全质量保障体系是世界高教改革发展的潮流。对于我国来说,自世纪之交以来,高等教育的规模扩张为世界瞩目。2002年,高等教育毛入学率达到15%,进入大众化的门槛;2015年,达40%;预计2020年达50%,进入普及化的门槛。我们只用十七八年的时间就走完西方国家要四五十年才能走完的历程。对百姓来说,过去上大学是稀缺资源,可望而不可即,现在触手可及。这是一个实实在在的"获得感"。

但是,随之而来的是对质量的关切:家长交了钱,学生花了青春来求学,到底学到了什么? 投入是否得到了应有的所得? 用人单位招聘的大学毕业生是否合用? 等等。质量问题就常成为社会关注的热点问题。质量评价于是应运而生。

本科教学院校评估:为提高质量服务

质量是从学校里教出来的,是靠老师一堂课一堂课累加起来的,是靠学生一点一滴学习累积起来的。提高质量的主体是学校。这也正是大家说的:质量是干出来的。

但是,没有约束的自觉很容易成为自流。本科教学院校评估作为一种对院校工作的外部评价,就是一种约束手段,对院校的本科教学起着外部促进和激励的作用,为提高本科教学质量服务。在这里,明确评估和建设之间关系也是重要的,质量不是评出来的,主要靠建设,评估是服务和促进,所谓"以评促建、重在建设";评估也是一项权力,增强服务意识,使权力为提高教育质量服务,使受教育者得到"高品质的教育"。

作者比较具体地描述了我国本科教学院校评估工作发展轨迹,体现的正是为提高本科教学质量服务而不断发力的过程。

　　我国的高等教育评估是随着改革开放的脚步一起前进的。1985年中央决定开始改革教育体制的时候，就明确提出教育管理部门要定期评估高校开展办学水平，"国家及其教育管理部门要加强对高等教育的宏观指导和管理，教育管理部门要组织教育界、知识界和用人部门定期对高等学校的办学水平进行评估"，开启了教学评估的探讨和试点。1995年颁布《教育法》，其中第二十四条规定："国家实行教育督导制度和学校及其他教育机构教育评估制度。"院校评估的地位在国家法律中得以确立。由于80年代特殊的校园环境，稳定工作任务繁重，很多实质性的教育改革举措是在90年代才得以大力推进的。本科教学院校评估在90年代中后期进行了实质性探索，初步摸索了合格评估、优秀评估和随机评估三种形式，分别适用于新建院校、高水平大学和一般院校。评估试点相当平稳，但对工作促进很大。高水平大学为提高本科教学水平积极改革，一般院校创造条件争取迎评好成绩，新建院校受益最大，通过迎评和建设，解决了多年未能解决的"老大难"问题，学校和社会反映都很好。周远清同志对此作出了重要贡献。2003年开始的由教育部领导并组织实施的本科教学院校评估，是第一次全国性全面评估，至2008年有589所高校接受了本科教学工作水平评估。这次评估，动机是解决大规模扩招后保证教学质量的问题，实践上也起到了促进院校重视本科教学、改善办学条件和深化教学改革、提高教学质量的作用。这个基本面应当肯定，但由于标准单一和具体操作上的一些原因而饱受争议。在总结过往工作的基础上，2011年制定了新的评估方案，开始了新一轮评估工作，旨在以更加适合的方式为本科教学质量提高服务、更加有力地促进本科教学水平的提高。工作至今，总体反映良好。

　　本科教学院校评估的结果，不仅对具体学校的工作有直接的促进作用，而且对宏观教育决策也有重要价值。比如，书中给出2011—2013年间，对101所高校进行评估，专家们对39个观测点的评价结果统计显示,合格率最低的 10 个观测点集中于投入性指标,包括教师队伍结构、专业设置与结构调整、产学研合作教育、质量控制、教师培养培训、教师队伍中生师比、教学经费投入、毕业论文与综合训练、实验室和实施场所建设与利用、图书资料和校园网建设与利用。这说明,新建高校存在的主要问题仍然在基本办学条件、基本教学管理和基本教学质量这"三个基本"上,因此,我们应当引导他们在"三个基本"上下功夫。扩大一点说,我国现有的 1219 所本科院校,21 世纪新成立的高校超过 60%;1341 所高职院校,几乎都是新世纪成立的,这些新建院校办学历史短、办学经验不足,谦虚一点说,我们在办学规律、育人规律面前还是"小学生",我们的高等教育还很"稚嫩",确实需要多做夯实基础的"笨工作"。我们的宏观教育政策就应当引导这些院校多做打基础、利长远的事,而不要起哄着喊"世界一流"之类的大口号,做不着边际的"花花活"。对于少数薄弱高校,则需要采取特殊措施补足短板。这也是评估为提高质量服务的一个体现。

提高评估工作质量:评估走向科学化

评估要起"正能量"的作用,首先必须自己是科学的、契合实际的。本科教学评估的理论、技术、指标、组织、队伍和工作体制机制等,都是需要认真研究、从实际出发又深入思索的,要环环相扣地精心组织实施,才能导向正确、操作平稳、推动有力。

本书系统描述了我国评估制度的演进,与美国、英国的评估制度作了比较分析,重点在于详细分析教学评估指标体系的构建与变迁,对把握我国本科教学院校评估的基本事实和内在逻辑很有帮助和启发。贯穿其间的最重要的思想,就是评估工作要科学化。

评估的科学化,首先要坚持方向性原则。这就要求高校把立德树人摆在学校的中心位置。习近平总书记要求高校切实解决好为谁培养人、培养什么人、怎样培养人的问题,指出:办好我国高校,办出世界一流大学,必须牢牢抓住全面提高人才培养能力这个核心点,并以此来带动高校其他工作。评估首先要评这一条。

评估的科学化，要坚持全面性原则。作为对高校本科教学的综合性评估，对学校的考量应当是全面的考量，对影响学生成长的要素进行全面考察，要考察硬件，也要考察软件，包括校风、教风、学风；在全面考察中又注意抓住重点，找准问题，以利改进。总之，要全面考察，辩证分析。当然，根据工作需要，可以进行专项检查，但这就不是这里说的评估了。

评估的科学化，要坚持分类评估原则。分类评估、同类比较应当是评估科学化的一个基本原理。回想 2003—2008 年的评估，其受到众多批评的一个最基本的原因，就是离开了分类评估的原则。而 2011 年确定的以院校自我评估为基础，以院校评估（包括审核评估和合格评估）、专业认证及评估、国际合作评估和教学基本状态数据常态监控等五种形式的评估，就比较符合不同类型、不同层次院校的实情。可以肯定，随着普及化高等教育时代的到来，高校发展的多样化日益明显，更显重要，也只有多样化的高等教育才能满足人民群众日益多样的教育需求。评估要有利于这样的发展大势。

评估的科学化，应当坚持定量与定性相结合的原则。现代信息技术的发展、大数据时代的到来，为我们开展评估工作提供了十分便捷的条件，要充分利用这些先进技术，更好地开展评估工作。但是，量的分析也不能代替质的判断，而质的判断不能没有数据和证据的支撑。大数据是技术，更是方法，只满足于数据的技术，很可能成为繁琐哲学而不得要领。这里，关键点的选取就特别重要。本书所详细论述的评估指标体系的设计，实际上就是关键点的选择，这是很重要的，而且应当因时而进。

评估的科学化，应当坚持多元主体评价。总体说，我们现在开展的本科教学院校评估，是政府主导和推动的。但是，对学校的评估，包括一些单项评估，已经有一些"非官方"的或者纯粹民间的评估了。我认为，在一个多元社会里，应当有多元主体的评价，本科教学院校评估也是如此。现在,很流行的说法是"管办评分离"。其实,这种"分离"也是相对的。政府办了学,就不能评吗? 应当说,有这种权力,甚至说有这种责任。因为用了纳税人的钱是应当负有责任的,况且评估也是管理的一种手段。当然,政府也可以把评估的权力委托专门机构或授权第三方进行,这是管理方式的改革。事实上,我们还应当允许非政府背景的组织开展评估,允许不同的评估结果的相互比较和取长补短。

评估的科学化,要坚持非功利原则。评估要做到客观、公正、公平,这是对评估工作的基本要求。评估者或者被评估者都不要与拨款、奖励、晋级等直接挂钩。一旦挂钩,利益的压力一定使评估变形;一旦与个人私利挂钩,那就已经是腐败了! 评估的权力也应当关在制度的笼子里。

评估的科学化,是一件相当复杂的事情,因为高等教育太复杂了,需要研究的问题太多了。

相信读者能从这本书得到颇多收获;也希望作者继续研究,更上层楼,有更多的成果奉献给大家。

推动我国高等工程教育向更高水平迈进[*]

　　2016 年是我国高等工程教育发展史上值得大写的一年。6 月 2 日,我国正式成为工程教育"华盛顿协议"第 18 个成员国,标志着我国工程教育真正融入世界工程教育,人才培养质量开始与其他成员国达到了实质等效,同时,也为以后我国参加国际工程师认证奠定了基础,为我国工程师走向世界创造了条件。面向未来,成为"华盛顿协议"成员国这一标志性突破,将有力促进我国高等工程教育学习国际先进理念和质量标准,深化工程教育教学改革,提高人才培养质量,有力促进我国工程教育与国际工程教育的交流与合作,以开放倒逼工程教育教学改革向纵深推进。

　　我国是工程教育大国。2015 年,全国共有 1650 所院校设立了工科专业;本科工科专业布点数达 16284 个,工科在校本科生人数达 524.7 万,约占本科生在校生总人数的 1/3。从全球范围来看,我国工科毕业生数量庞大,占世界工科毕业生总数的 1/3 强,规模是实实在在的世界第一。中华人民共和国成立以来,高等工程教育培养了数以千万计的专门人才,为国家建设作出了历史性的巨大贡献,有力支撑了工业体系的形成和发展。我国工业体系从最初形成发展到今天,是靠自己的工程教育培养的人才实现的:工程教育有力支撑了我国成为世界最大的工业产品制造国,从而有力支撑了国家经济的整体高速增长;有力支撑了国家一大批举世瞩目的重大工程建设,无论是计算机、通讯,还是高铁、载人航天等一系列国家重大工程项目,都是靠自己培养的工

　　*　原载《高等工程教育研究》2017 年第 1 期。

程人才发展起来的。但我们也要看到：我国虽然是制造业第一大国，拥有联合国产业分类中所有工业门类，但制造业仍大而不强，面临转型升级的压力。纵观世界，新一轮科技革命和产业变革方兴未艾，一些重大的颠覆性技术创新正在创造新产业、新业态，大数据、云计算等新一代信息技术同机器人和智能制造技术加速融合，这既给社会生产力的大提高、劳动生产率的大飞跃带来了新契机，也给世界各国工程教育创新发展带来了前所未有的机遇与挑战。这一切需要高等工程教育抓住机遇、深化改革，加快推动从工程教育大国迈向工程教育强国，为国家经济转型和社会发展提供强有力的人才保障、智力支持和创新支撑。

一、当前高等工程教育存在的主要问题

（一）人才培养缺乏明确的标准。任何行业都需要标准，无标准就无质量，高等工程教育领域亦是如此。长期以来，我国高等工程教育对所培养学生的知识、能力、素质要求，没有清晰、明确、可衡量、易操作且国际实质等效的标准，仅有的若干标准也是笼统的、通用的，且过于理想化、针对性不强。实践中各高校虽然采取各种措施努力提高工程教育人才培养质量，各评估机构采用不同指标体系展开评价，但工程教育人才培养始终没有明确的、完善的、操作性较强的标准。因此，科学制定和正确实施工程教育人才培养质量标准是工程教育面临的首要问题。现行工程人才培养质量标准较多关注学生的知识水平，较少考核学生的能力素质。工程人才培养质量标准一般被认为是教学评价标准，但教学评价标准主要是对教学过程及结果进行测量，并给予价值判断。工程人才培养质量标准应是"培养标准"，是对工程人才培养质量能否满足经济社会发展需求而制定的具体的可量化的标准。此外，现有工程人才培养质量评价在外部评价机制方面，主要问题是学校与企业、行业及用人单位间的有效互动评价机制不够完善，利用外部评价促进持续改进的效果不明显，行业、企业等利益相关方参与工程教育质量

保障的程度不高。

（二）工程教育理科化倾向比较严重。高等工程教育教学比较注重理论知识体系的完整性，一定程度上忽视实用性、多科性知识的学习和实际操作能力的培养；课程体系中理论课占比过大（有的学校高达90％），实践环节占比过小；学生学业评价过于注重笔试和卷面成绩，忽视实验、设计、社会调查等多种实践考试方法和手段的应用。因此，培养的学生理论基础扎实、逻辑思维能力较强，但工程思维能力和综合运用能力相对不足，团队合作、沟通交流能力较为欠缺。这很大程度上与教学过程中过多以教师讲授为主、以知识传授为主，面向实际工程训练不足、实践教学不足直接相关。

（三）忽视工程师价值观和工程师伦理教育。高等工程教育在重视学理与技术教育的同时，一定程度上忽视了对学生进行与伦理、环境、人文相关的工程师价值观、工程师伦理的教育，重学理、轻伦理的现象较为明显；对工程与社会、与环境、与可持续发展的关系重视不够，教师讲授的某些技术与绿色发展理念并不一致；对个人与团队、个人与社会的关系，伦理道德的教育重视不够；与工程相关的法律、美学、伦理学等方面课程几乎空白。众所周知，高等工程教育培养的人才应“具有人文社会科学素养、社会责任感，能够在工程实践中理解并遵守工程职业道德和规范，履行责任”。但我们培养的学生与这一标准尚有一定距离，与欧美国家工程教育相比，我国工程伦理教育近几年才出现，亟需补足短板。

（四）师资队伍建设不能满足现代工程教育的要求。师资队伍建设上，存在片面强调高学历、轻实践经验的问题。多数从事工程教育的教师缺乏产业实践经验，教师知识结构与现代工程教育的要求不相适应。另外，由于人事管理制度的制约，企业中有丰富工程经验的技术人才很难到高校任职，高校与行业企业协同育人的机制尚未切实建立。同时，教师评价制度存在缺陷，重视科研论文产出，缺乏对教师实践教学能力的考核，造成对教师特别是青年教师发展方向的误导。

（五）人才数量充足，质量亟待提高。上述四项必然造成的结果是人才培养质量不足。我国现有工程科技人才 4200 多万，工程师数量居世界第一。但《2014—2015 年全球竞争力报告》显示，在"科学家和工程师数量"指标上，我国仅排名第 43 位。《世界竞争力年鉴》指出，中国工程技术人员的国际竞争力在被调查的 60 个国家和地区中处于中等水平，但工程师的合格程度却处于世界末端。总体上讲，我国工程技术人才数量充足，但质量还不能令人满意。这种情况不仅影响了工程技术人才在国内发挥作用，还影响他们在国际上被认可和可流动，影响其在"一带一路"等国际工程项目中发挥作用。

二、近年来高等工程教育的实践探索

为贯彻落实《国家中长期教育改革和发展规划纲要（2010—2020年）》，创新工程教育人才培养模式，近年来，我国高校进行了一系列探索，取得了一定成效。

（一）启动并实施卓越工程师教育培养计划。2010 年 6 月 23 日，教育部联合有关部门和行业协（学）会，共同实施"卓越工程师教育培养计划"（简称"卓越计划"），主要目标是面向工业界、面向世界、面向未来，培养造就一大批创新能力强、适应经济社会发展需要的高质量各类型工程技术人才，为建设创新型国家、实现工业化和现代化奠定坚实人力资源优势，增强我国的核心竞争力和综合国力。"卓越计划"实施的专业包括传统产业和战略性新兴产业的相关专业，特别重视国家产业结构调整和发展战略性新兴产业的人才需求，适度超前培养人才。"卓越计划"实施的层次包括工科的本科生、硕士研究生、博士研究生三个层次，培养现场工程师、设计开发工程师和研究型工程师等多种类型工程师后备人才。

"卓越计划"实施六年来，已有 208 所高校的 1257 个本科专业点、514 个研究生层次学科点参与了该计划，参与在校生约 26 万人，基本形成了教育部门和行业部门协同推进、高等学校和企事业单位深入合作的工程人才培养机制。

（二）进行 CDIO 工程教育改革。CDIO 工程教育模式是近年来国际工程教育改革的新成果，按照构思（Conceive）—设计（Design）—实施（Implement）—运行（Operate）的系统工程理念，细化人才培养标准，构建以项目为导向的工程教育课程体系，2005 年我国引入 CDIO 工程教育模式，2008 年教育部组织成立"CDIO 工程教育研究与实践课题组"，2012 年成立"CDIO 工程教育试点工作组"，以机械、土木、电气和化工等四类专业开展试点，目前有近 200 所高校开展 CDIO 改革试点。汕头大学、清华大学等高校先后加入 CDIO 国际合作组织，2016 年 1 月，汕头大学发起成立"中国 CDIO 联盟"，以提升我国工程教育的国际影响力。

目前，开展 CDIO 改革的高校既有研究型大学，也有教学型大学，还有高职高专，几类高校侧重点各有不同。研究型大学以培养学术型、研究型工程科学人才、研究开发人员和设计工程师为主；教学型大学以培养能在生产、工程第一线从事工程实施和管理的工程技术人才为主；高职高专培养适应生产、建设、管理、服务第一线需要的高等技术应用性专门人才。

（三）启动并实施工程教育专业认证。2006 年，我国启动工程教育认证工作，在借鉴国际先进经验的基础上，逐步建立了国际实质等效的工程教育认证体系。2013 年我国成为"华盛顿协议"预备成员国。2015 年中国工程教育专业认证协会成立，基本确立第三方机构独立实施的工程教育专业认证体系。我国工程教育专业认证坚持结果导向（Outcome-based-education，OBE）、以学生为中心、持续改进理念，按照国际实质等效的认证标准开展认证工作。目前已覆盖 31 个工科专业类中的 18 个。工程认证工作取得积极成效，建立了高等工程教育与行业企业联系机制，为建立注册工程师制度奠定了基础。工程教育认证标准参照"华盛顿协议"毕业生素质要求和工程师职业能力制定，保证认证结果为行业认可。开展工程教育专业认证,有力推动了工程教育国际化,提升了工程教育的国际影响力和竞争力。同时,工程教育专业认证工作为我国高校开展工程教育改革提供了系统化、科学化的质量保障机制和人才培养模式。

自 2005 年我国开始进行工程教育专业认证试点至 2015 年年底,已经进行了 570 个专业点的认证工作,涉及 124 所高校,其中 30 所"985 工程"高校、64 所"211 工程"高校。认证标准主要包括学生、培养目标、毕业要求、课程体系、师资队伍、支持条件和持续改进等七个方面。认证工作严肃严格严谨,坚持标准,绝不放水。2015 年受理认证158 个专业点,实际通过认证 126 个,通过率为 79.9%;未获通过的继续建设。从严开展工程教育专业认证,使"重在建设"的要求落在实处,促进了高等工程教育的质量提升和国际实质性等效。

笔者曾到北京交通大学和燕山大学进行调研,这两所高校是"华盛顿协议"成员国专家委员会实地考察的两个点。2015 年专家委员会来我国考察过,但没有完全同意;2016 年考察了北京交通大学、燕山大学有关专业点以后,"华盛顿协议"专家委员会的专家们一致同意我国成为正式成员国,说明这两个学校工程教育质量得到了国际专家的高度认同。调研以后,我也回顾了自己曾经作为清华大学一名工科学生的成长经历,感到我们已进行的工作和将要推进的工作,是要立足国家发展战略需求,在以往成功做法的基础上借鉴工程教育的国际经验,革新工程教育理念,以切实措施提高工程教育质量。这两个学校的经验值得推广。

三、推动高等工程教育迈向更高水平的思考

(一)完善高等工程教育人才培养标准。教育部将颁布实施全部 92 个本科专业类教学质量标准,作为本科人才培养质量的国家标准和基本要求。相应地,各高校要依据"国标",结合实际,修订本校专业教

学质量标准、优化人才培养方案。这些标准实际上是质量底线，"上不封顶，下要保底"。

制定工程教育人才培养标准需要做到三个结合：统一性与多样性相结合，稳定性与发展性相结合，国际化和本土化相结合。要建立高校教学质量持续改进的机制，开展自我评估，根据培养目标和毕业要求，对教学条件、教学过程、教学效果进行常态化自我评估，形成有效的校内教学质量监测和调控机制，形成年度教学质量报告并向社会公布，接受社会监督。

（二）重视教学内容和课程体系改革。北京交通大学和燕山大学能被"华盛顿协议"成员国专家认可，主要在于他们在教学理念和实际做法上有清晰的设计和具体的制度安排。他们的教学始终坚持以学生为中心，根据具体专业与产业对接的要求确定学生培养目标和毕业要求。这种培养目标不是我们通常文件里司空见惯的那种空泛的、大而化之的表述，而是学校某个专业具体的培养目标。这种目标又具体化为学生的毕业要求和毕业五年后可能达成的要求，或者说五年后的预期，把它们作为整体培养目标；以学生能力提升为中心，对培养环节，包括课程、实验、实践、设计、活动和课堂教学内容进行系统设计。学校人才培养方案集中体现的是四年本科教育的教学系统化设计。

我们常用学分制认定学生修满 140、160 或 180 个学分就可以毕业，但对 140、160 或 180 个学分是什么样的知识结构、学生修满学分后具备什么样的能力关注不够。这与对学分制的片面理解有关。实际上，发端于德国的学分制并不完全排斥指导性教学计划，而是在教学过程中，学生在指导性教学计划规定范围内，在教师指导下自主选修课程，以取得所选课程的总学分来衡量其学习总量，以取得一定学分作为毕业和获得学位的标准。简言之，学分制是在指导性教学计划框架下、以选课制为基础、以学分为计量的教学管理制度。

结构决定功能，在教学上，知识结构也相当大程度上决定着能力。所以，教学系统化设计是一个非常重要的理念，大学课程不应是一种模糊的经验安排,也不应是学生在学校的课程"超市"里的自由选购,而是按一定培养目标进行的符合教学规律的系统设计,体现的是规范性要求与灵活性选课、自主性学习之间的结合与平衡。这样的教学系统化设计,为的是让学生在毕业时达到必须具备的专业能力和进一步发展的能力。

20世纪以来,教学系统化设计运动和在线开放教学两大潮流对高等教育人才培养带来了重大影响。从时间来看,教学系统化设计在前,在线开放教学在后。在系统化教学设计和在线开放教学两大潮流影响下,教和学都发生着深刻变化。无论是倡导"以学习者为中心"的教学理念,还是实施MOOC、混合式教学等教学模式的创新,都有赖于对课程的精细化设计,都无一例外要依靠科学的课程体系和课程、课堂去具体落实。目前,工程教育课程存在不少问题:第一,课程内容、课程体系与人才培养目标之间的联系并不紧密,学生学的课程与毕业时要达成的培养目标、五年后可能达成的目标有怎样的联系,尚缺乏系统设计、统筹考虑。第二,课程内容更新慢,相对落后,这是很多专业的共性问题。笔者任中国农业大学党委书记时,一些教师反映课堂教学内容和生产实际差距大,有的甚至严重落后于生产实际。笔者也到过一些先进的农业生产基地,看到无论从装备设施到生产工艺技术,都比学校课堂上讲的更先进,这是个很大的问题。第三,具体课程在整体教学过程中的地位、作用不明确。授课教师只知道自己讲什么课,但较少关心和思考所承担的课程在整个人才培养体系中处于什么地位、起什么作用,不明白自己讲授的这门课对学生的能力培养有什么具体要求,唯一习惯的是按学科的系统性一路讲下去,不知道为达成学生毕业目标应培养怎样的能力。这些都是工程教育教学中的突出问题。对此,要抓住教学内容和课程体系改革这个核心,进一步推进工程教育教学改革,提升工程教育人才培养能力。

要以"解决复杂工程问题"为导向整合课程,淡化"学科中心",打破学科界限,将相关学科知识进行系统性重组。设计项目导向的课程体系,回归工程实践,强调与实际需求相结合,构建凸显工程性与创新性的工程课程体系。强化工程实践教学,引导学生参与工程训练、课内外工程实践等活动。构建现代工程实践教学课程体系,推进产学研合作,构建开放、综合的实践教学环境,完善实践教学质量评估、管理与激励机制。针对工程人才成长规律,摒弃"论文至上"的过度学理化倾向,强调以工程专业实践和创新能力为导向,注重职业道德和职业伦理的培养。

(三)深入开展教学方法革新。教学方法陈旧是广受诟病的问题。教育部部长袁贵仁在 2016 年全国教育工作会议上提出"掀起一场课堂革命"。目前,高校课堂教学很多方面还比较落后,有些问题是因为条件如教室或其他装备的限制。笔者在北京交通大学、燕山大学座谈时发现,这两所高校注重用"项目"的方法把学生的学习嵌入"项目",边学习边实践,用"项目"设计的成果进行考核,体现了一种"干中学"的教学设计。工程教育克服理科化倾向就要克服纯粹"知识课堂",在干中学习知识,积累知识,提升能力。目前,一些学校在努力改变原有的呆板课堂教学方法,有的在桌椅板凳怎么样摆放更有利于提高教学效果等方面进行了尝试。如浙江大学国际学院的教室设计着力体现"以学生为主体、以教师为主导"的理念,考虑教室的设计如何有利于提高教学的互动性、多样性、灵活性、先进性和舒适性。四川大学等高校也进行了积极的探索。但总体上说,我们在教学方法改革上依旧比较迟缓、落后,还要进一步深化。

教学方法改革最重要的是调动教师的积极性,因为教学方法的改革归根结底要落在课堂上,而不是作为点缀落在学校领导的讲话稿里。要发动更多教师研究教学方法,掌握现代教学方法,利用先进技术推进教学方法的革新。

(四)注重教师队伍建设。当前我国 154 万大学教师鲜明的特点是年轻,45 岁以下教师占全体教师的 70%,40 岁以下教师占全体教师的50% 还多。年轻,是特点,是优点,同时也难免有缺点。具体到高等工程教育,集中反映在工程经验积累不足。多数教师只是从书本到书本、从学校到学校,这对培养高质量工程教育专业的学生来说是有难度的。这方面有几点要强调:高校要重视青年教师师德水平和执教能力的提高,把提高青年教师对实践经验、工程经验的积累看作培养青年教师的重要环节;同时,要对青年教师多一份呵护、多一份关心,切实加强待遇保障,让教师在岗位上有幸福感。这样广大教师才能安心从教、热心从教、舒心从教、静心从教,才能把全身心的力量投入到教学改革和人才培养中去。

(五)注重培养学生健全人格、工程伦理、职业素养和人文艺术修养。高校的立身之本在立德树人。一流工程技术人员应具有健全的人格,具有工程伦理、行业操守和职业素养,具有关切环境、关怀生命的责任心,具有勇于开拓的创新创业精神,具有认真负责、扎实钻研的工匠精神,具有客观理性、明辨是非的价值观。总之,我们培养的工程技术人才,应该不仅会干、能干(how to do),而且懂得为什么而干(why to do)。因此,高校要始终坚持立德树人这一根本任务,积极探索通识教育与专业教育相结合的培养制度,把学生培养成全面发展的人、完整的人。要加强卓越工程师的内涵建设,不但要培养学生的工程专业技能、工程思维能力,还要加强学生工程价值观和工程伦理教育,增强学生的人文素养和情怀。工程伦理要与社会主义核心价值观相衔接,提高工科大学生的工程伦理素质,使其具有工程伦理意识、掌握工程伦理规范,提高他们的工程伦理决策能力。

高　考

高考应注重基础，考查能力，贴近现实[*]

　　高考是我国高等教育的入口，对上关乎高校培养人才的质量，对下关乎基础教育的导向，其过程中又关乎维护教育公平和社会公平问题。所以高考到底应该考什么？显然成为全社会广泛关注、日久弥新且又永无圆满答案的问题。

　　要说高考应该考什么，首先要说高考为什么？毫无疑问，高考的主要目的是为高校选拔人才，这决定了高考是一种竞争性考试，要求考试内容具有较高难度，考试结果具有足够区分度。考试是对平时学习的总结和检验，高考考什么必然对高中教学起引导即"指挥棒"的作用。因此，无论从科学公平人才选拔，还是从引导高中实施素质教育的视角看，解决好高考考什么的问题是整个高考改革诸环节中具有关键性意义的一个环节。

　　高考考什么，主要体现在考卷上。一张考卷至少要做到以下"三个坚持"才有可能是一张合格的考卷：一是坚持注重基础。"学似为山重始基"，高考必须科学考察学生对基础知识掌握的程度，这既是高校选拔人才的需要，同时也是引导基础教育全面推进素质教育的需要。唯有如此，才能使高校选拔到合适的人才，使基础教育安心完成规定的教学任务，为学生未来发展奠定坚实基础。二是坚持能力导向。有考试就有应试，应试现象古今皆然。坚持能力导向对于改变死记硬背的应试教育方式，培育创新意识和选拔优秀人才都具方向性。为此，高考命题方式应强调由知识立意向能力立意转变，重点考察学生以中学所学

　　* 原载《中国教育报》2014 年 6 月 12 日第 13 版。

基本知识和基本技能为依托的学习能力、分析和解决问题的能力。三是坚持贴近现实。高考试题要在适应高中毕业生心智发展水平的同时更加注重从现实生活中选材,与现实生活相结合,从而引导学校教育密切联系社会,引导学生在现实生活中健康成长。

坚持科学选才与促进公平的有机统一[*]

——对深化高考改革的几点认识

2014 年 8 月 18 日,习近平总书记主持召开中央全面深化改革领导小组第四次会议,审议了《关于全面深化考试招生制度改革的实施意见》(以下简称《实施意见》),经 8 月 29 日中央政治局会议讨论通过后,以国务院名义正式颁布实施。这是深化教育领域综合改革进程中迈出的重大一步,对推动教育改革发展的意义非同一般。

考试(包括笔试、面试等多种形式)是检查学生学习情况和教师教学效果的重要方法和基本手段,考试招生制度是教育的基本制度之一。各级各类教育都有考试和招生。在全面深化改革的背景下,《实施意见》所述的考试招生制度涵盖了义务教育的免试就近入学、高中学业水平考试和高中学生的综合素质评价、中职和高职的考试招生改革、普通高校的招生考试和录取体制以及拓宽社会成员终身学习通道等各个方面。因此,可以说,这一次考试招生制度改革是全面、系统的改革,它使各级各类教育的衔接通道更加清楚,也使处于不同学习阶段的人员更加清楚自己继续学习的可能选择。

当然,在各级各类考试招生制度中,高等学校的考试招生制度(以下简称高考制度)历来最为重要、最为瞩目,同时也是《实施意见》的重点。全面改革、系统设计与重点突破相结合,是《实施意见》的基本特点和突出优点,也是当前深化教育领域综合改革必须坚持的原则。

---

* 原载《中国高教研究》2014 年第 10 期。

一、高考制度的本体功能与社会功能

高考是为高校选拔新生而设置的,其本体功能是选拔人才,但在我国既定的社会条件下,高考产生了一系列的衍生功能,诸如对基础教育的引导、对中小学生的激励以及由此所形成的升学压力,进而促进个人社会地位变迁,促进社会阶层纵向流动、维护社会公正,等等。由于利益的驱动、竞争意识的强化和公平诉求的增长,高考衍生的一系列社会功能及其所形成的影响不断上升。它和高考的本体功能交织在一起,相互影响。因此,正确处理科学选才的教育功能与促进公平的社会功能的关系,已成为深化高考改革中必须处理好的一个基本问题。

二、对我国现行高考制度的基本分析

我国现行高考制度是在拨乱反正中恢复,在改革开放中逐步完善的,现已经初步形成了相对完整的体系。这个制度不仅在过去的 30 多年中为培养、造就社会主义事业的建设者和接班人作出了历史性贡献,而且在现实生活中得到了普通民众的总体认可。为纪念高考恢复 30 年,教育部考试中心、中国青年报联合进行的"纪念恢复高考 30 年大型公众调查"显示,约 95.7％的受访者对现行的高考制度给予充分肯定,同时 92％的人希望对高考制度进一步改革和完善。这反映出高考制度在选拔人才的公平性、权威性上得到了民众的普遍认可。正如习近平总书记在中央深改小组第四次会议上指出的:"总体上看,我国考试招生制度符合国情,同时也存在一些问题。必须通过深化改革,促进教育公平、提高人才选拔水平,适应培养德智体美全面发展的社会主义建设者和接班人的要求。"这里,对现行高考制度的基本认识很重要,因为它决定着我们将要实施的改革是颠覆性的制度重构式改革,还是完善性的渐进式改革。在有了充分的社会调查、了解民意和中央形成基本认识的基础上,答案是明确的。

在充分肯定现行高考制度的合理性的同时,不可否认的是,高考制度确实存在一些弊病。对此,众说不一,所言轻重差异巨大。所以,找准问题,准确"把脉",形成共识十分重要。找准问题,方能"对症下药";凝聚共识,才能形成合力。从各方面的意见看,以下五个问题比较集中:一是有违公平的事情时有发生,有些甚至很严重,诸如屡屡发生的考试作弊、高考加分违规、自主招生违法违纪等。二是由于受历史和经济社会发展水平差异等多种因素的影响,区域、城乡入学机会尚不公平。三是招生录取体制不完善,诸如,如何处理教育行政部门与高校之间的权力关系,即行政管理与高校自主招生的关系,既运用"看得见的手"保障规则公平、运转有序、节约成本,同时又能更好地发挥高校作为招生主体的自主选才的作用? 如何做到以高考成绩为主、参考学生平时表现、减少"偶然失误"的影响? 如何公开公正地甄别和录取少数富有创新特质的"怪才偏才"? 四是考试内容改革有待深化。要用更加科学的方法和创新性的命题测量学生对基础知识的掌握以及对所学知识灵活应用的能力。这是教育测量学的一大课题。目前,我们对它的研究还很不够。这个问题解决好了,既能满足高校科学选才的要求,又能让广大群众感受到公正公平,同时,还能引导基础教育的改革发展。五是优质教育资源供给不足与人民群众对优质教育资源日益增长的需求之间的矛盾突出。在人民群众能否上大学问题基本解决后,上好大学的需求更加迫切,而现行劳动人事制度存在的弊端又加剧了这一矛盾。在现有条件下,高考的制度设计如何引导民众的合理预期,减轻考生压力,成为非常现实的问题。

这些问题是科学选才与促进公平之间冲突的现实表现,矛盾错综复杂,有些是制度问题,有些是工作问题,在实践中,二者相互联系,很难截然分开。做好完善性、渐进式的改革就是要把完善制度与加强工作结合起来。

三、坚持科学选才与促进公平有机统一的举措

袁贵仁部长多次强调,深化高考改革要突出问题导向,把解决中央关心、社会关切、民众关注的热点和难点问题作为改革的突破口。《实施意见》坚持了这一原则,积极回应社会关切,努力解决群众迫切关注的现实问题,对解决上述突出问题,实现科学选才与促进公平的有机统一提出了具有实质性意义的改革措施。这些措施表述为"五大任务",笔者体会主要有三个方面:

改革招生计划分配方式　在现行全国统考、分省录取的体制下,招生计划在区域、省市间的相对公平是高等教育入学机会公平的起点。由于历史的原因,我国省(自治区、直辖市)之间高等教育资源分布不均,省际的高考录取差距较大。经过多年努力,这一差距正在逐步缩小。2013年全国高考平均录取率为76%,最高的省市为90%,最低的70%,最低的省比全国平均值低6个百分点;而2007年,全国平均录取率为56%,最低的仅39%,低17个百分点,可见进步相当明显。当前,需要通过改革解决的突出问题,一是要严格控制部属高校属地招生的比例,合理配置分省指标。部属高校是中央投资为主建设的高校,理应服务全国人民,而且这些高校多是国家优质教育资源集中地,是考生向往、首选的高校,更应注意公平配置生源计划,克服招生属地化倾向。至于省域之间的高等教育发展水平的差异,则需要长时间的努力才能逐步缩小。二是增加农村学生上重点高校的比例。目前,从高考录取的总比例看,农村考生与城市考生的机会大体相当,但农村考生上优质教育资源集中的高校的比例偏少。如2013年,全国农村高考报名人数占全国报名总人数的59.5%,录取人数占全国录取总人数的比例为58.8%,而录取到本科院校的比例为52.2%,第一批次录取的比例为44.8%,录取到"985工程""211工程"高校的比例37%。这固然与基础教育水平的差异有关,但在兼顾高校科学选才和促进公平的原则下,

还可对录取制度作适当调整。三是要继续提高中西部地区高考总录取率。《实施意见》提出"到2017年录取率最低省份与全国平均水平的差距从2013年的6个百分点缩小到4个百分点以内"的目标,令人鼓舞,这预示着高考改革将在促进教育公平上迈出新的一步。

改革高考的形式和内容　目前,我国高等教育规模已位居世界第一。据2013年教育统计公报显示,全国各类高等教育在学总规模达到3460万人,高等教育毛入学率达到34.5%。全国共有普通高等学校2491所(含独立学院292所),普通高校中本科院校1170所,高职院校1321所,普通高等教育本专科共招生699.83万人,其中本科生381.43万人,高职生318.40万人。在这种情况下,将普通本科与高职院校的考试招生相对分开,既适应不同层次、不同类型学校选才的基本要求,又满足不同学业水平和性向特征的学生的需求、让学生选择适合自己的教育。《实施意见》明确了这一改革方向,高职院校将重点探索"文化素质+职业技能"的考试评价办法,逐步增加以这一方法录取的学生比例,减少依据统一高考成绩录取的学生比例。这种探索,一定程度上可以让超过百万的学生从沉重的高考压力下解放出来。当然,处理好两类考试的关系,还需在实践中逐步完善。

考试内容对能否有效考核学生的知识、能力和素质水平起决定作用,犹如一把"量才"的尺子,其科学性决定着考试的成效。因此,不少专家学者认为,高考内容改革是深化高考制度改革的关键。20世纪80年代以来,我们对高考内容的改革进行了不断的探索,做了大量的工作,推出了标准化考试,主客观题并重,命题立意由知识立意为主向能力立意为主转变,能力考试日益受到重视。应当肯定这些探索的方向是正确的,但水平还待提高。当下,还出现了一些新的问题,如一些省市出现的"命题城市化"倾向,一定程度上影响了公平选才;分省命题方式也影响着命题质量的提高。《实施意见》明确要求,依据高校人才选拔要求和国家课程标准,科学设计命题内容,增强基础性、综合性、应用性,全面考察学生独立思考和运用所学知识分析问题、解决问题的能力;2015年起增加使用全国统一命题试卷的省份。这些都为深化高考内容改革指明了方向。

完善高中学业水平考试,提高高中学业水平考试的规范性、科学性和公信力,建立高中学生综合素质评价制度、记录学生全面发展、兴趣爱好、个性特长等成长过程,在一定程度上为高校科学选才提供了更加完整的信息,也使公平公正的理念在高考中得到更充分的体现。

考试科目、分数赋值、文理不分等方面的变动,不仅涉及考生备考,对中学教学影响很大,而且对高校选才、对大学教学尤其是基础课教学也会产生影响,对人才培养质量的影响更需要长时间的检测。这些改革需要先行试点,取得成效后再逐步推开。现在,中央选择条件比较成熟的上海市和浙江省开展试点,并且按照"三年早知道"的原则开展工作,说明中央对这一重大改革既是积极的,同时也是慎重的。

改革招生录取体制机制　核心是明确权责、完善规则、强化管理,以规则保障科学选才与促进公平的有机统一。当前,政府首先要对群众意见集中的问题作出回应。如要认真清理和规范高考加分政策,20世纪50年代开始实施的高考加分政策,初衷是根据国家需求,对工农干部、烈士子女、少数民族等考生给予教育补偿,这一措施也起到了积极作用。此后,不同利益相关者从不同的角度提出了高考加分的诉求,从初衷来说都是良好的,但从现实操作层面分析,存在两个突出问题:一是加分项目过多,目前,全国性加分11项,地区性加分95项(最多时达200多项),有的加分分值过大;二是加分资格造假,骗取加分。《实施意见》针对这些现实问题,明确规定要进一步规范高考加分项目,合理度量加分分值,同时要严格管理、强化监督。

招生录取运行及监管的体制机制建设,实际上是高校招生工作的治理体系建设问题。招生录取工作涉及政府、高校、考生及其家庭、中学和社会,它们都是利益相关者,都有利益诉求和参与治理的权力。要改变只运用行政权力或是只强调高校自主招生权力的思维方式和管理模式,建设各利益相关方责权对称、双向互动、运转高效、监督有力的治理关系,以制度保障科学选才与促进公平的统一。《实施意见》从高考志愿填报、招生录取批次、投档方式、信息公开、考试安全、诚信制度、法规建设和违纪的查处等方面做了系统设计,提出了相应的指导意见。这些需要在实施过程中加以细化。

高校作为招生主体要切实负起责任。科学选才的主要责任在高校。权力和责任是对称的,在扩大高校招生自主权的同时就增加了相应的责任。《实施意见》对高校的招生章程、重大事项处理,学校内外监督、回应考生申诉等都提出了要求,尤其是对规范和完善自主招生提出了更为明确、具体的要求。从明年(2015)起,将推广试点高校在全国统一高考后安排自主招生考核,以期减少考生负担、减少对正常教学活动的干扰而又能真正选拔具有学科特长和创新特质的优秀学生。

四、高考改革需要协同推进和广泛支持

高考承载着促进社会公平的社会责任,推进高考改革需要多方面改革的协同推进和社会的广泛支持。单靠高考改革单兵独进,很难取得大的成效,有些问题单靠教育部门也解决不了。教育中的不少问题本来就是社会矛盾的反映和转移,要像习近平总书记要求的那样,社会各方共同为高考改革想招,一起为高考改革发力。笔者认为,以下三个方面很重要。

加快劳动人事制度改革　逐步改变就业过分重视"学历"乃至"校历",收入分配过于悬殊等现象。如果一个人的就业、晋升、收入、流动等都与学历乃至校历挂钩而不重视能力,那么高考升学的过度竞争是无法解决的;如果技能型人才的地位和收入不能得到提高,职业教育也是不能真正发展起来的。所以,劳动人事制度的改革对高考改革、对国家教育乃至对整个社会风气的变化起着基础性、引领性的作用。在这个意义上说,加快劳动人事制度的改革,并且与教育制度的改革协同推进,显得尤为重要。

依法治招，强化社会风气建设　　不正之风、腐败之气对于高考招生的侵蚀十分注目，群众十分痛恨。当前，中央的治腐高压态势对净化高考招生环境产生了很大的正影响，让群众看到了希望，感到欣慰。要走依法治招之路，抓紧考试招生立法工作，加强规范管理的刚性和力度。对考试招生中的腐败问题，一定要依法查处；要更加充分地应用现代信息技术克服招生工作中的人情干扰。"网上录取"不仅大大提高了招生工作的效率、节约了招生工作的成本，而且对克服人情干扰、抵御不正之风起了重要作用，今后要进一步完善并拓展应用。

要大力加强诚信制度建设。无论考试、测试，还是学生在校成长记录都离不开诚信。没有诚信制度作保障，与高考相关的数据资料的可信度就可能有问题，在学生成长记录中就可能会有更多虚假的助人为乐、拾金不昧乃至见义勇为的"故事"。

继续大力发展和提高高等教育　　这是解决人民群众要求上好大学问题的治本之策。当前，人民群众"上大学难"的问题得到根本缓解，但"上好大学难"的矛盾凸显。优质教育资源供给不足是当前我国高等教育领域的主要矛盾，并由此引发了教育公平、招生就业等一系列社会高度关注的热点和难点问题。对此，我们要以"发展具有中国特色、世界水平的现代教育"的理念，规划和建设国家高等教育体系，包括进一步促进东中西部协调发展，以不断增长的优质高等教育资源，整体提升高等教育质量；以合理配置优质教育资源供给，大力促进教育公平，满足人民群众上好大学的期盼。

努力建设中国特色现代考试招生制度[*]

　　自 1977 年高考制度恢复至今已有 40 年的历史。面向未来,我们有必要认真回顾 40 年来高考改革发展的历程,系统思考 40 年来高考改革的成败得失,以加深对招生考试规律的认识,促进高校招生考试改革的不断深化和健康发展。

一、高考改革是开启高等教育体制改革的切入点和突破口

　　1977 年 8 月 8 日的科教座谈会上,邓小平同志提出:"今年就要下决心恢复从高中毕业生中直接招考学生,不要再搞群众推荐。"当年 10 月 12 日经国务院批转教育部颁布了《关于 1977 年高等学校招生工作的意见》。12 月 11 日起,全国有 570 万考生走进考场,27 万人有幸成为"文革"后的第一批大学生。恢复高考给当时的一代青年带来了希望,许多人的命运由此发生了转折;恢复高考也成为了当时教育战线拨乱反正的突破口,对社会震动极大。恢复高考,改变的不仅仅是一批人的个人命运,而且是人才的选拔机制,更重要的是改变了我们民族的风气,举国上下逐步形成了尊重知识、尊重人才的新风尚。从那时起,高考作为高等学校与社会直接衔接的环节,作为社会利益和民众的重大关切而备受关注,高考成为整个国家一年一度的盛大社会活动,高考的意义和价值远远超过了考试招生本身。

　　* 本文据作者在 2017 年 3 月 25 日中国高等教育学会招生考试研究分会成立大会上的讲话整理、完善而成。

1985年5月,中央召开第一次全国教育工作会议,决定启动教育体制改革。在《中共中央关于教育体制改革的决定》中,关于高等教育改革部分的标题就是:"改革高等学校的招生计划和毕业生分配制度,扩大高等学校办学自主权。"由此可以说,高等教育体制改革就是从招生就业制度的改革起步的。显然,这是针对政府对高等学校管得过多过死的实际而做出的决策,是冲破传统计划体制樊篱所做出的决策。高校招生就业制度改革由此成为高等教育体制改革的切入点、突破口,并引发了整个高等教育体制的改革。

二、40年来高校考试招生改革持续推进

40年来高校考试招生制度改革持续推进。从考试科目、考试内容、考试次数、考试方式、命题方式、计分方式、志愿填报方式、录取体制、高考时间、收费制度等涉及考试招生的所有环节,40年来都有过改革,几乎没有一个方面没试过、没有一个环节没动过。长期从事考试制度变革研究的刘海峰教授在恢复高考30年时曾撰文说:"30年来,高考在许多方面都实行了改革,高考科目、内容、次数、招生录取体制、命题方式(分省)以及技术环节等都经历了多次变革。但是,这些探索有的经受住了考验,有的则无疾而终。总体来看,与考试技术相关的改革,大部分比较容易取得成功,而制度性的改革往往历经反复,比较曲折。细节方面的高考时间调整,被普遍认为是高考更加人本化的努力,而考试标准化、网上录取、网上阅卷,都是依托于现代科技的改革,也普遍得到肯定。但改革一旦涉及高考次数、科目、内容、招生考试主体,争议和反复就不断出现。"[①]这一方面说明高考改革跌宕起伏,持续推进,但是这其中也有一条不变的规律:高考改革既是一个科学问题且高度专业化的问题,同时它更是重大的民生关切。高考改革既要满足高校

---

① 刘海峰:《高考改革的回顾与展望》,《教育研究》2007年第11期。

选人育人的要求,又要满足广大人民群众的利益诉求。只有这样,高考改革才会得到民众的拥护,才会成功,才会具有长久的生命力。

最近十年,高校考试招生改革频出重招,特别是阳光招生、严查严处高科技作弊、重点高校招生名额向中西部及贫困地区倾斜等,已经取得显著成效。党的十八大以来,中央把考试招生制度改革作为深化教育领域综合改革的一项重点内容。特别是经中央全面深化改革领导小组、中央政治局、国务院常务会议等最高决策层的审议,国务院于 2014 年 9 月 3 日由正式颁布了《关于深化考试招生制度改革的实施意见》。这个文件是恢复高考以来,第一次以国务院名义发布的关于考试招生制度改革的文件,也是审议决策层次最高的关于教育专项工作的文件,足见中央之重视、工作之重要!《意见》提出的五大改革任务——改进招生计划分配方式,改革考试形式和内容,改革招生录取机制,改革监督管理机制,启动高考综合改革试点,既回应了群众的重大关切,提出了切实可行的解决方案,努力以实际行动办人民满意的教育,又开启了前瞻性的改革试点,探索新路。因此,《意见》成为新时期深化高校考试招生制度的总遵循。

回顾 40 年来高校考试招生制度改革的历程,内容丰富,经验弥足珍贵;面向未来,考试招生制度改革如何促进教育公平、努力满足人民群众的利益诉求,如何为不断提高人才培养质量、为促进创新人才的不断涌现,提供坚实的制度基础,需要我们加深认识和把握考试招生工作的规律性,不断探索,不断实践,努力建设中国特色现代考试招生制度。

三、努力建设中国特色现代考试招生制度

（一）现行考试招生制度的评价与改革目标定位

考试招生制度是国家的基本教育制度。改革开放以来,我国考试招生制度不断改革完善,初步形成了相对完整的考试招生体系,为提高教育质量、提升国民素质、促进社会阶层纵向流动、服务国家现代化建

设发挥了重要作用,为学生成长、国家选才和促进社会公平作出了历史性贡献。习近平同志在 2014 年 8 月 18 日主持召开中央全面深化改革领导小组第四次会议,讨论招生考试改革文件时指出:"考试招生制度是国家基本教育制度。总体上看,我国考试招生制度符合国情,同时也存在一些问题。"这是对我国现行考试招生制度的总体性、根本性的评价。这一评价相当重要,从本质上肯定了考试招生制度的改革成就,明确了深化考试招生制度改革的大方向。

我国是一个考试文化历史悠久的国家。在中国古代,社会阶层纵向流动很大程度上是靠科举制度来实现的,正所谓"朝为田舍郎,暮登天子堂"。科举考试制度给社会实现阶层纵向流动提供了更多的机会。相对而言,社会底层民众能够通过个人努力而改变命运的机会并不是很多,而考试则是极为重要的一个途径。千百年来形成的考试文化植根于民众之中,民众认同考试的文化传统,这是高校考试招生制度的文化基础。现行的高校考试招生制度自 1977 年恢复至今,40 年来不断改进完善,初步形成了相对完整的考试招生制度体系,从总体上讲是与我们国家独特的文化传统相符合,与老百姓的现实愿望基本适应,但也存在一些问题。因此,高校考试招生制度的改革是完善性改革,而不是颠覆性改革,这就是我们讨论考试招生制度改革的基本前提和基本定位,改革的目标则是建立中国特色现代招生考试制度。

(二)促进公平和科学选才是考试招生制度的基本问题

促进公平和科学选才是考试招生制度的基本问题,目的是适应培养德智体美全面发展的社会主义建设者和接班人的要求。离开了这一根本目的谈改革,就会成为无的放矢的、盲目的"运动"。

考察我国古代考试制度,从诞生之刻就是为了在社会上选拔贤才,以此来弥补统治阶层单靠血缘传承权力,导致管理阶层"一代不如一代"的困境,因此,考试制度本身具有选才和事实上的影响社会阶层纵向流动的价值。发展到今天,高考通过选拔学生,培养社会需要的高层次人才,这是考试招生的基本职能。对于整个社会而言,目前,进入高校学习的机会仍是稀缺资源,尤其是进入"985 工程""211 工程"或"双一流"这类高水平的大学学习的机会更是稀缺资源。面对高校招生过程中的种种矛盾,乃至引发的种种乱象,本质上都是对这一社会稀缺资源的争夺,都是利益之间的冲突。从静态的角度看,促进公平和科学选才存在一定的矛盾,因此,要实现促进公平和科学选才的相互促进,必须有动态的视角。好的考试招生制度应该是促进公平和科学选才的"协奏曲",而不是以发展一个去牺牲另一个,促进公平和科学选才这两个主题必须始终坚持。

首先,促进公平是考试招生制度所承载的重要社会责任。无论是国家、省级招生考试机构、高校,还是中学,乃至全社会,都要把促进公平作为一项重大社会责任担当起来。教育公平是社会公平的重要组成部分,对社会公平起着重要的促进作用。教育公平是由经济基础决定的,又反作用于经济基础,深刻影响着社会公平。所以,做好教育公平,对一个社会来说,有着巨大的作用,要高度重视;对个人来说,拥有平等地接受教育的权力是基本人权,而且在基本人权中带有基础性。受教育权的实现,有利于劳动权的实现和劳动效益、个人收益的提升。

公平问题在现阶段、尤其是在我国正在跨越中等收入陷阱的关键时期显得格外重要。诺贝尔经济学奖获得者、美国哈佛大学教授阿玛蒂亚·森在 2017 年 3 月 18 日的一次演讲中认为,公平问题是全球问题。1998 年,全球收入不平等,有 73％可以归结为国家间的不平等,只有 27％是国内的不平等。同样的数据来源,2012 年国家间的不平等从 73％降到 50％,国内不平等从 27％增加到 50％,其中的主要原因是国家间的差异在大幅度减少。这一现象在中国、印度和其他发展中国家表现得尤为集中。从我们国家的情况来看,这个时期民众的收入大幅度增加,但同时,收入差距拉大、不平等的问题凸现;而且公平的内涵也大大拓展了,它已不仅仅体现在收入的公平、受教育权利的公平、医疗的公平,等等,公平因而也成为民众的重要诉求。在阿玛蒂亚·森教授看来,解决这一问题,需要各国政府提供更多公平的公共服务。当前,我国正处在跨越中等收入陷阱的关键期,妥善处理各种社会矛盾尤为重要。面对复杂的社会矛盾,稍有不当,往往会引发社会不安定,复杂系统中的"蝴蝶效应"则会引发严重的后果。当前高校考试招生制度所面对的正是这种复杂的社会矛盾。今天,教育公平受到全社会如此强烈的关注,是与我们所处的发展阶段、社会矛盾、群众需求联系在一起的。回顾 40 年的高考改革历程,就会更深切地感受到这一点,就会更深刻地认识到促进教育公平确实是一项重大的社会责任。

其次,科学选才是一项有待深入研究的课题。科学选才说来容易,操作起来相当复杂,这里有教育测量学的问题。考察人是很难的,从哲学层面讲,人是包含自然属性、社会属性、精神属性的完整的人,即使我们只是考察人的智力方面,要测得精准,也是很难的;更何况考察一个人的综合素质,对德智体美作出全面判断。因此,加强教育测量学的研究,建立起更加科学的教育测量体系,既是高校学科建设的任务,也应该是考试招生研究分会应该努力去做的工作。同时,承担选才和培养任务的高校,在学校定位、培养目标、培养方式等方面是各不相同的、各有特色的,因此在对考生的选择上也是有差异的。使考生与学校尽可能的匹配,是科学选才的理想目标。

(三)考试招生制度设计应符合人才成长规律

在我国,没有任何一种考试能够像高考这样受到全社会的关注。目前,高考虽然已不是通向人才成功之路的"独木桥",但受传统观念和诸多现实因素的影响,"阳关道"的作用依旧存在,高考"指挥棒"的作用不可漠视。这就涉及高考的制度安排,如何才能更符合人才成长规律。从小孩子,到中学生,再到大学生,各个年龄段到底有什么样的心理特征、具备怎样的认知水平和认知能力,都是需要研究的,特别需要教育测量学作出科学的解答。我们的教育不能脱离学生的实际认知水平去设计一些不切实际的方案、提出不合实际的要求;同时,还应注意到,孩子的成长是有早有晚的,发育是有先有后的,发展也不是线性的,有的还可能会犯点小错而变得更成熟,不能因为发育晚,或者有过某种"过失"就把他们看扁了,要用长远的、辩证的、发展的眼光看待每一个孩子的本质,注重学生的发展潜力。我们不能把学生看作是工业生产线上的工件,有一点瑕疵,就视为废品,就放弃了。

我记得上海市一位著名中学的校长说过,一个高中男孩子连打架都不会,我看是没出息的。当然这句话有一定的语境,讲话者的本意也不是鼓励学生打架,但仔细琢磨,确有道理。我们的教育不能把孩子训练成小绵羊。如果孩子们都"羊性太强,狼性不足",我们的民族可能是要出问题的。习近平总书记要求军人要有"血性","没有血性的人不配做军人,没有血性的军队注定要打败仗","引导官兵争做有灵魂、有本事、有血性、有品德的革命军人。"社会对人才的需求是多方面、多层次的,人的发展也是有差异的,教育的成功就在于培养学生会做人、会生存、会求知、会适应、会创造。所以,如何用系统的思维、发展的眼光,用真正符合学生成长规律的制度设计来保证教育方针在我们的校园里、在每一门课程中、在每一个考试的环节中的全面落实,是非常重要的。我们的考试招生的制度设计,一定要符合学生成长得更好,出更多高质量人才的初心。1985 年颁布的《中共中央关于教育体制改革的决定》的第一个标题就是,"教育体制改革的根本目的是提高民族素质,多出人才、出好人才"。考试招生制度改革的根本目的同样如此,甚至可以说,这是检验考试招生制度优劣的根本标准。

(四)要从现代社会治理体系的角度完善考试招生体制

要从现代社会治理体系的角度完善考试招生体制,目标是建立促进公平、科学选才、监督有力的体制机制。以现代治理体系的视角看问题,就要处理好政府、学校、考生、社会各自的权利和责任,协调好各利益相关主体之间的关系。高校是招生主体,是科学选才的主体,同时必须遵守招生规则,维护社会公平。政府为学校、考生服务,但同时,政府包括省市招办在维护区域教育公平上负有主责,要接受社会的监督。现在一些同志主张摆脱省市招办进行全国招生,从完善治理体系、推进治理体系现代化的视域来看,可谓"只见树木不见森林"。为什么省市招生委员会主任一般都由副省长、副市长兼任?其主要作用就是便于协调区域内的各方关系,便于统筹调配,同时也承担维护区域教育公平的重大责任。在地区差别、城乡差别还相当大的今天,这种区域统筹的职能不仅不能没有,而且相当重要!考生有参加考试的权力、有维护自身权益的权力,但同时又必须遵守考试纪律。社会可以参与监督,共同维护考试招生秩序。总之,我们应从治理体系的视角,处理好政府、学校、考生、社会各自的权利和责任,从而建设一个比较完善、行之有效的体制机制。

高校考试招生制度不是凝固不变的,而是不断发展、与时俱进的。目前,我们处于大众化高等教育阶段,很快将进入普及化高等教育阶段。当前,一些高等教育发达的省份已经进入普及化了,但这只是局部普及化,当我们国家高等教育进入整体普及化时,高校考试招生工作中的问题和矛盾就会呈现出新的形态。而且,随着经济的发展和社会的进步,对教育公平和科学选才的理解也会不断丰富,不断深化,高等教育自身的功能也必将更加丰富,更加多样。在高等教育自身发展和社会环境变化的双重推动下,高校考试招生制度的变革也就同样是必然的。我们要未雨绸缪,以更加宽广的视野,加大研究探索的力度,这也正是需要我们招生考试研究分会要努力去做好的工作。

四、坚持稳中求进,做好 2017 年高校考试招生工作

稳中求进是党中央确定的今年各项工作的总基调。今年是政治大年,将要召开党的十九大;今年也是教育大年,全国教育大会正在筹备中。在这种背景下,"稳"是大局,"稳"是基础,教育战线要为党的十九大召开,为贯彻十九大精神、筹备全国教育大会创造良好条件。稳中求

进作为总基调,不仅是对经济工作的要求,也是对教育工作的要求,当然也是对高校招生考试工作的要求。为此,应努力做到三方面的"稳"和三方面的"进"。

一是稳考试秩序,不要在考试秩序上出问题;二是稳招生秩序,严格遵守招生规矩;三是要稳社会情绪,不要出现群体性的不安定事端。但只"稳"不行,还要求"进",要主动作为,勇于担当。我认为应做好三个方面的"进"。一是在健全治理、维护秩序上有新进展。二是在试点工作上有新进展,尤其是浙江、上海的试点工作要平稳推进。试点后应当进行评估,进一步完善方案,使后续跟进者少走弯路。三是对考试招生工作规律的认识上有新进展,尤其是通过总结高考改革 40 年的历史经验,加深对考试招生工作规律的认识和把握,更加自觉有为地建设中国特色的现代考试招生制度。

高考改革的亲身经历与思考[*]

　　纪念恢复高考 40 周年是一件很有意义的事情,所以中国高等教育学会积极支持厦门大学考试研究中心等单位主办"恢复高考 40 周年暨高考改革学术研讨会"。我结合自己在教育部高校学生司的工作经历,来谈谈对高考改革的体会和思考。

一、我所经历的高考改革与体会

　　厦门大学刘海峰教授专门研究科举和考试,包括新中国的高考制度。他在高考改革 30 年时专门写过一篇论文《高考改革的回顾与展望》,对改革开放以后的所有高考改革举措进行了梳理,其中有这样的一段文字:"三十年来,高考在很多方面都实行了改革,高考科目、内容、次数、招生录取体制、命题方式以及技术环节等都经历了多次变革。但是这些探索有的经受住了考验,有的则无疾而终。总体来看,与考试技术有关的改革总体上比较容易取得成功,而制度性的改革历经反复,比较曲折。"^①他具体讲了从 20 世纪 80 年代以来高考所经历的 23 次变革,这中间能够留下来至今还特别有意义的事情,积淀下来可操作、现在还在用的有九项,分别是:第一项是 80 年代艺术类等特殊专业统考加单考,第二项是 1985 年高考标准化考试改革,第三项是 1994—1997

　　* 本文系作者 2017 年 5 月 27 日在厦门大学考试研究中心主办的"恢复高考 40 周年暨高考改革学术研讨会"上的致辞。
　　① 刘海峰:《高考改革的回顾与展望》,《教育研究》2007 年第 11 期。

年招生收费的并轨并开始实施缴费上学制度,第四项是1999年开始的网上录取,第五项是1999年的扩招,第六项是1999年开始探索3+X科目设置改革,第七项是1999年开始英语考试+听力考试,第八项是2000年开始取消年龄和婚姻限制,第九项是2003年高考时间由7月提前到6月。这九件改革我想大家都还会有印象。

我是在1998年开始任教育部高校学生司司长的。现在所列的九项改革中有六项是在我的任期里做的。我想,能够在我的任期内做成六项高考改革探索,且长期延续下来,还是蛮不错的。当然,能在当时做成这些事情,一是有长期探索的基础,不是一时冲动,而是许多同志长期的思考和实践;二是由于当时以陈至立部长领导的教育部党组以及分管领导周远清副部长(他是我们高等教育界深有影响的老部长)的正确领导。我只是作为一名"操作者"做具体工作。今天,和大家分享期间的一些小故事,也说说我的体会。

先说网上录取。用当今流行的语言来说,网上录取可以叫"互联网+招生"。在1998年开始了试点,1999年正式立项,经过三年试点后在全国铺开。这在当时的网络技术条件下确实非常艰难,但是做成功了。这件事情被大家称为"无争议改革"。现在,人们对这项改革的技术价值的肯定和经济价值的肯定,讲得比较充分,却低估了它的社会价值。回忆一下网上录取之前,我们的招生是怎么做的。各个学校都要派出招生工作组,三个人或五个人到一个省去做录取工作,招生人员走的时候可能就带着一堆"条子",说某某考生考多少分、是谁的什么亲戚、报考什么学校什么专业,请关照,等等。有的招生人员一下飞机、火车,很可能就被有钱有势有关系的人接走了。招生录取现场(至少我去过几个地方)门口是有警卫把守,不让外人进的。通过警卫送"条子"进去,也许这个"条子"里头是夹着钱的,这种情况确实存在。这说明,在网上录取之前我们的招生过程中,"不正之风"是相当严重的。当时我们党内也只说"不正之风",没用"腐败"这个词,但其实这里确实存在招生腐败的问题。我们的网上招生录取制度挡住了腐败,挡住了不正之风,招生工作领域因而被老百姓称为"公平公正""一方净土"。这就是网上录取所蕴含的重大的社会价值。如果那个时候听任不正之风蔓延,招生发生的问题就会更多,受到社会的诟病会更加严重,人民群众就会丧失对招生考试制度的基本信任。所以我说,对网上录取的社会价值要有充分的估量。

再讲高考时间提前一个月的改革。高考时间提前一个月,具体实施是在2003年,但是启动于2001年。此前,老百姓多有呼吁。大家知道7月天气炎热,被称为"黑色七月"。我到过一些考场,看到考场的过道中间放着冰块来降温。北京等地率先在考场里安装空调。但城区安装空调,郊区没安空调,郊区考生和家长意见很大,说考试环境不公平。安了空调的,教室是凉快了,但不能把考生安排在空调的出风口下坐,说吹感冒了谁负责? 所以在这些复杂的情况下,还是考虑加快高考提前的改革进程。当时,我们收集了许多资料,特别是历年各地的气象资料,平均气温、最高最低温度、降雨情况,等等,听取教育行政部门和一些高校、高中的意见,认真论证后报国务院。李岚清同志看了之后给了朱镕基总理。朱镕基总理在上面批示,是否充分征求了各地的意见。"充分"这两个字还是写在旁边画个圈拉进来,特别醒目。国务院办公厅转给我们,我们立刻向国务院报告说:"很充分,我们征求过各省市的意见,也征求过部分高校和中学的意见。"报国办后,国务院副秘书长高强说:"老瞿,你这个'充分'不就只充分征求了教育部门的意见吗? 你没有征求公安、交通、卫生和通信部门的意见。当然,你去跨部门征求意见也不方便,我来做吧!"于是,在2002年初,他召集各省级政府副秘书长、教育部门和公安、交通、通讯、卫生等多个部门在一起开会,听取意见。这个过程说明,高考确实复杂、涉及面广。我做高校学生司司长也仅是从教育内部来考虑,没有想那么复杂,不够周全。座谈会上,各省市和相关部门都表示同意,但有两个中学校长提出意见——我们已经准备好了复习计划,一旦提前,复习计划需要调整,因此能不能今年不动啊? 当时我想,大家都一样提前,很公平,应该没有什么问题啊。提前一个月不是针对某一个学校提前的，全国是一样的，很公平，可以做。但是领导们说还是要谨慎一点，听一下家长意见。于是，我们到北京四中进行调研，在校门口随机问考生家长，高考提前一个月，凉快了，好不好？家长说："好是好，但是你们拿别人的孩子试，别拿我的孩子试，行嘛？"群众的意见就是这样表达的。向国务院办公厅领导汇报之后决定，晚一年就晚一年吧，我们先预告出去，2003 年再开始实施。于是决定 2003 年开始提前高考。我说这件事情的决策过程，外界看起来很简单，实际在操作过程中不是那么简单，而是很有领导艺术的。

高考取消年龄限制是在 2001 年开始的。是在什么情况下做的？是在高等教育从精英化转向大众化的阶段实施的。在精英教育阶段，我们确实有年龄限制，规定考生年龄在 25 岁以下。当然，潘懋元先生刚刚说了，77 年和 78 年是没有年龄限制的，那是因为在特殊时期，后来规定 25 岁以下才可以报名。处于精英化教育阶段，又是以计划经济的思维考虑问题，认为国家投入要讲效率，不能随便放开年龄。比如，招收一个 20 岁的青年上大学，24 岁毕业，60 岁退休，可以工作 36 年；但招收一个 40 岁的人上大学，44 岁毕业，60 岁退休，就只能工作 16 年了。所以，从教育投入与产出的角度看，规定了年龄限制。当然也有学校管理方面的考虑，但主要的还是从教育的经济价值的角度考虑的，对教育的其他多方面的价值很少考虑。开始扩招后，高等教育走向大众化，也开始有了放开年龄限制的基础条件了，于是决定取消年龄和婚姻限制。当时，也有人担心一旦放开年龄限制，参加的人数一下子暴涨。我们也作了分析，认为也不会一下子增长很多，即使报名的考生多，真正上录取线的人不会太多。所以，我们对形势的估计还是比较乐观的。这件事情的背后，还有一个重要的理念问题，这就是受教育权的问题。过去我们很少讲接受高等教育的权利是平等的人权，是基本的人权，而且是比基本人权中的劳动权等是更重要、更基础的人权。接受了教育，就可以更好地实现劳动权，但是以前很少讲"人权"。取消年龄和婚姻限制的新闻一发布,受到社会的认可与欢迎。

讲这些故事,我的体会是:考试招生制度的改革要始终抓住促进公平和科学选材这两个基本点。如果将考试招生工作比作椭圆运动的话,那么,椭圆运动的两个焦点就是"促进公平"和"科学选材",离开了这两个焦点做的改革往往是不能成功的。科学选材当然有很多问题要探索,我也曾呼吁建立教育测量学,因为这个问题既很复杂,又很需要。但是我今天特别强调促进公平,在我们跨越中等收入陷阱的过程中,社会矛盾很多很复杂。在复杂体系中,小小的事情通过蝴蝶效应可能放大百倍,衍生出很大的事端,所以我们做招生考试工作要把促进社会公平这件事情作为重要社会责任,在现阶段尤其要加以注意。

关于公平问题,不仅要注意解决那些显性的不公平问题,如名目繁多的加分政策,还要注意解决隐性的不公平问题,比如在考试内容方面,有时候会从城里人的语境下命题,而没有考虑面向所有考生的问题。高考的作文题就有这种情况。有的题目看起来是很公平的,但实际上存在隐性的不公平。我记得,2009 年,有一个地方出的作文题目叫做"隐形的翅膀",会唱流行歌曲的考生一听"隐形的翅膀",会记得它的歌词,是很励志的。当年北大校长许智宏在学生新年联欢时唱了这首歌,成为新闻,但是乡下考生未必都知道这首歌,他就想不出来。这是一种城里人的语境。现在,一些学校自主招生的题目,也明显地存在这个问题,脱离了考生的生活环境和这个年龄段的认知水平。例如,有一个学校的题目是:请您设计一下我国养老制度。这就超出了高中生的认知水平,其实是不公平的,也是隐性不公平。

在刚才说的故事中间,我还有一个体会就是,改革也要注意工作方法,做好事也要讲技巧,其中最重要的就是要尊重群众意愿。比如,高考提前一个月的决策过程,我特别体会到,工作不能凭领导的主观愿望做,而要充分尊重群众意愿。

二、关于高考改革的思考

1977 年恢复高考制度是一个伟大的决策,不仅改变了很多人的命运,而且由此形成了尊重知识、尊重人才的社会氛围,这一点是极其重要的。我们今天纪念恢复高考 40 年,更重要的是做好当前的工作,迈好面向未来的步伐。当前考试招生工作,最重要的是认真、全面实施中央《关于深化考试招生制度改革的实施意见》,建立健全中国特色现代考试招生制度。在当前工作中,我觉得有几个问题需要深入思考、深入研究:

第一,考试招生制度如何更好体现立德树人的基本导向? 教育的根本任务是立德树人,考试招生制度是教育中一个重要环节,这个环节如何体现立德树人的基本导向,在考试招生环节中体现"为什么培养人""培养什么人""如何培养人"的问题,发挥考试招生工作对育人的导向作用,要求我们持续关注、研究。我记得《参考消息》上有一篇文章说,美国教育考试如托福等,要体现美国的宪法、美国精神、美国价值观,并且说以此加大对中国青年的影响,这是典型的通过考试输出意识形态。那么,我们的考试是否自觉地意识到要体现社会主义核心价值观呢? 如何在考试命题、考试方法等方面体现出我们为培养具有社会责任感、创新精神、创新思维和支撑终身发展、适应时代进步的关键能力的新一代服务的正确导向? 所以,不能说考试招生制度与立德树人根本任务没有关系,而是有紧密关系的,而且要把这种导向贯穿在考试招生制度的始终。

第二,考试招生制度如何与中国教育现代化进程相适应? 中国教育现代化尤其是高等教育现代化,正在稳步推进。高等教育将迅速走向普及化。高等教育普及化和大众化之所以能够划分两个阶段,是在教育的形态上,在考试招生上会有不一样的特殊表现。现在北京、上海、江苏、浙江等已经进入高等教育普及化阶段,但这是局部普及化,而且是初步普及化。根据预测,2018 年、2019 年我国高等教育将实现普及化,这种普及化是国家整体性的普及化,今后还会走向全面普及化。进入普及化阶段,大学生数量进一步增加,学生的学习方式将发生变化,特别是信息化带来的许多变化,必然会深刻影响学校的教学形态,学校一定会更分层次、分类型,学校的职能也会调整变化。考试招生制度如何与这种快速变化的高等教育相适应? 上高水平大学的竞争在近期内还是激烈的,长远看,我们如何提供更多的优质教育资源来满足人民群众的需求? 我们要用发展的办法解决这个难题。但是,上一般性的大学的竞争应当能够很快缓和下来,相应地,包括注册入学制度以及其他灵活的入学和学习制度应当加快建立、在更大范围实行。

第三,如何更好地利用现代信息技术、大数据技术、智能化技术来做好招生考试工作? 不只是更好地应用网上录取、网上阅卷等已经成熟的技术,而且要把更多的智能化技术应用到考试招生工作中。这方面的潜力很大,在现代信息技术迅猛发展的今天,尤其要加以注意。

第四,如何抓紧关键技术研究,使高考这个很复杂的事情变得简单一些? 复杂事情简单化,是很高的领导艺术。比如,多次考试的等值问题、不同科目难度的把握问题,等等,都需要研究;对学生的个性分析以及与专业匹配问题也需要探索,让学生接受“适合的教育”。抓住若干关键技术使复杂问题简单化,这种简单化也是科学化,让老百姓听得懂、看得清、走得通,使制度设计更好服务于民众,使考试招生工作做得更好。

总之,总结过去,做好当下,面向未来,高校考试招生改革有许多问题需要我们继续研究。这次“恢复高考 40 周年暨高考改革学术研讨会”有很多议题涉及这些问题,让我们一起把国务院的文件贯彻好,把今后的高考改革工作做得更好,为建设中国特色的考试招生制度作出我们的贡献。

汲取历史智慧，加快高考制度建设

——写在高考恢复 40 周年之际

今年是恢复高考制度 40 周年。自 1977 年恢复高考制度至今，通过高考选拔进入高等学校的学生已经超过 1.3 亿人，全国劳动年龄人口平均受教育年限从 5.7 年提高到 10.3 年，高考为国家建设和社会进步提供了强有力的人才保障，为提高民族素质作出了历史性贡献。今天，回顾 40 年来高考改革的历程，总结 40 年实践的丰富经验，从自身实践中汲取智慧，对于我们加深对招生考试规律的认识，促进高校招生考试改革不断深化，更好地培养社会主义建设者和接班人具有重要意义。

一、回眸：恢复高考制度 40 年来的历史性贡献

1977 年，党中央决定恢复高考制度。当年有 570 万考生走进考场，27 万人有幸成为"文革"后的第一批大学生，给一代青年带来希望，更成为当时教育战线冲破"两个凡是"的思想禁锢、开始拨乱反正的突破口。恢复高考，改变的不仅仅是一批人的个人命运，还是人才的选拔机制，更重要的是改变了我们民族的风气，逐步形成尊重知识、尊重人才的新风尚。高考作为高校与社会直接衔接的环节，作为民生重大关切，成为整个国家一年一度的盛大社会活动，其影响远远超过了考试招生本身。高考制度恢复之后，为适应经济社会发展和教育自身发展，进行了持续不断的改革，为推动教育制度进步、事业发展、国家人力资本素质提升作出了巨大的历史性贡献。

（一）高考改革促进国家选才和学生成才

高校招生制度改革是我国教育制度改革的一个缩影。1985 年，《中共中央关于教育体制改革的决定》的颁布，标志着我国教育体制改革的大幕由此开启。《决定》中关于高等教育体制改革的标题是"改革高等学校的招生计划和毕业生分配制度，扩大高等学校办学自主权"。这一改革的鲜明指向就是过分集中的计划体制，而高校招生就业制度改革是高等教育体制改革的切入点和突破口。

1993 年，中共中央、国务院印发《中国教育改革和发展纲要》，明确了要改变学生上大学由国家包下来的做法，逐步实行收费制度。从1994 年起，历经四年，平稳顺利完成。

1999 年，按照中央决策，普通高校开始扩招。这个历史性的决策迅速解决了我国高等教育规模长期偏小、不能满足经济社会发展需要、不能满足群众教育需求的问题。从此，我国高等教育迅速迈入大众化阶段，并以大基数、高速度、低成本为显著特征，只用了 18 年时间又迈入普及化阶段，成为世界公认的中国高等教育奇迹。

40 年来，高校考试招生制度改革不断迈步，从未停步。在考试科目、考试内容、录取体制、招考技术以及招考环境治理等方面持续探索。可以毫不夸张地说，考试招生制度中的每个方面都进行过改革探索，高考制度在改革中前进，在改革中完善。

考试科目的改革先后实行过高中会考基础上的高考科目改革、"3＋2"及"3＋X"改革，部分省市尝试探索过将学业水平测试与综合素质评价引入高校招生选拔评价体系。

考试内容改革一直是高考改革的重点。从以知识立意为主到强调能力立意，注重对考生能力和素质的考查，再到进一步强调贴近时代、贴近社会、贴近考生实际，积极发挥高考对中学素质教育的促进作用。1985 年启动的标准化考试改革试验，推动了命题乃至考试的科学化水平的提升。

录取体制改革中逐步扩大高校招生自主权，把中央政府的统一领导权和省级政府的省域统筹权、高校招生自主权协调起来。2003 年从上海开始的高校自主选拔录取试点一定程度上解决了只凭高考分数录取的问题，在对学生进行全面考核、综合评价、择优录取方面进行了有益尝试。

(二) 高考改革促进社会公平

40 年来，高校招生始终将维护社会公平作为最基本的社会责任，在综合整治考试环境、从严治理招生秩序、促进入学机会公平等方面成效显著。2004 年建立国家教育考试部际联系会议制度，开展了对考试环境的综合治理；2005 年建立国家教育考试诚信档案制度，实施高校招生"阳光工程"；2011 年启动国家教育考试标准化考点建设，国家和地方累计投入资金 75 亿，共建成标准化考场 53 万个，对防范打击考试舞弊、建设良好的考试环境发挥了积极作用；2000 年以来招生计划持续向西部省份倾斜，到 2016 年高考录取率最低省份与全国的平均水平差距已经缩小到 4 个百分点以内，同时，农村学生上重点大学的机会持续增加，自 2012 年开始实施面向贫困地区定向招生专项计划每年增加 1 万人，到 2016 年已达到 6 万人。

(三) 高考改革推动教育管理现代化

考试招生是教育领域应用现代信息技术最早、最广、最成功的领域之一。1999 年启动网上录取，2001 年开始网上阅卷，2003 年开始实行平行志愿填报和录取投档模式改革，都受到学校和社会的高度认可。"以人为本"的理念在考试招生管理过程中得到更多体现，在加强人文关怀、维护考生权益方面持续推出重大改革措施，如 2001 年取消考生年龄和婚姻限制，2003 年全国统考时间提前一个月，2014 年为视障考生命制盲文试卷，开启为残障考生提供合理便利服务的先河。

上述这些改革举措，有力地推动了考试招生制度和教育治理的进步，对完善高校科学选拔人才、促进社会公平、引导中学实施素质教育等方面发挥了积极作用,但同时也仍存在着与经济社会发展、教育自身发展及人民群众需求不相适应的诸多问题。

（四）考试招生制度改革步入新征程

党的十八大以来,中央把考试招生制度改革作为深化教育领域综合改革的一项重点内容。特别是经中央全面深化改革领导小组、中央政治局常委会、中央政治局会议、国务院常务会议等最高决策会议的审议,于 2014 年 9 月 4 日正式发布《关于深化考试招生制度改革的实施意见》。这个文件是恢复高考以来,第一次以国务院名义发布的关于考试招生制度改革的文件,也是审议决策层次最高的关于教育专项工作的文件,足见中央之重视、工作之重要、社会之期盼。《实施意见》提出的五大改革任务既回应了群众的重大关切,提出了切实可行的解决方案,努力以实际行动办人民满意的教育,又开启了考试招生制度前瞻性、探索性的改革新试点。

总体而言,40 年来,我国高考制度不断完善,现已形成相对完整的体系,为国家选才、学生成长、社会公平作出了历史性贡献,对提高教育质量、提升国民素质、促进社会纵向流动、服务国家现代化建设发挥了不可替代的重要作用。正因为如此,习近平同志在 2014 年 8 月 18 日主持召开中央全面深化改革领导小组第四次会议讨论招生考试改革文件时指出:"考试招生制度是国家基本教育制度。总体上看,我国考试招生制度符合国情,同时也存在一些问题。"[①]这是对我国现行考试招生制度的总体性、根本性的评价。这一评价相当重要,从根本上肯定了考试招生制度的改革成就,明确了深化考试招生制度改革是在现行制度基础上的"完善性改革",而不是"颠覆性改革"。这也正是我们到 2020 年基本建成中国特色现代考试招生制度的现实基础和推进深化改革的基本准则。

----

① 《习近平:促进教育公平　深化考试招生制度改革》,http://edu. china. com. cn/2014
—08/19/content_33274441. htm。

二、思索:从社会全局中认识高考

从恢复高考、拨乱反正,到启动招生计划改革并带动教育领域其他方面的改革,再到考试招生制度的各方面的改革,40年的历程很不平凡,经验弥足珍贵。从自身体验中学习是一种很重要的学习,是一种自信的表现。我们要以开放的心态学习一切国家的好经验,但不能忽视自身的体验,所谓"只想去西天取经,而不念自己的真经"。那么,40年的高考实践给了我们哪些重要启示呢?因为高考故事多,所以更是见仁见智。在这里,我也谈一点认识。

(一)从政治经济的视域认识高考改革

高校招生考试,是教育与社会直接连接的结合部。因此,不仅要从教育的视角认识高考,还要从社会全局的视域认识高考。我们长期从事教育工作,对教育相对熟悉,因此从教育的视角谈高考比较多,但是在很多情况下更要从社会全局的视域看高考,而且可能是更重要的视角。

1977年恢复高考,固然是教育自身发展的渴求,但从政治的角度看,这是在"文革"重灾区的教育领域中冲破"两个凡是"的思想禁锢的突破口,是拨乱反正的重大行动,其政治价值远高于教育价值。因此,讨论恢复高考的原因和意义,不能不谈社会全局特别是政治的意义与价值。

1985年,中央把招生计划和毕业生就业制度改革作为高等教育体制改革的突破口,其着眼点还是高等教育与社会的衔接问题,是高等教育如何适应经济体制改革等各个方面的改革的问题。众所周知,在此之前的1984年,中央已经作出了经济体制改革的决定,明确了经济体制改革的基本方向是改革权力过分集中的计划体制,建立社会主义商品经济(现在称为社会主义市场经济)体制。在召开全国教育工作会议之前,还召开了全国科技工作会议,启动了科技体制改革。经济要发展,科技是关键,人才是根本,教育是基础。在各个方面的改革启动的时候,教育的改革也就是必然的了,而改革的突破口就是处于教育与社会结合部的招生就业制度。

1994 年,开始探索的"学生上学自己缴纳部分培养费用、毕业生多数人自主择业"的招生收费并轨制改革,既改革了计划经济体制下国家统包、免费上学的制度,又改变了收费初期的不规范局面,建立起非义务教育成本分摊的规范管理新机制,使教育管理与社会主义市场经济体制相适应,以利于高等教育的可持续发展。

1999 年的扩招,也应当从社会全局的需要来理解。我国高等教育规模长期偏小,应当加快发展。1998 年,全国高校招生 108 万,毛入学率还不到 10%,不仅远低于发达国家,仅就我国教育内部的大中小学的比例而言,高等教育的规模也偏小,普通高中毕业生升学比例约 1/4,高等教育规模既不能满足经济社会快速发展的需求,也不能满足人民群众上大学的强烈愿望。其实,对教育发展不够的问题,邓小平同志早有明确意见。他在 1989 年 3 月说:"我们最近十年的发展是很好的。我们最大的失误是在教育方面,思想政治工作薄弱了,教育发展不够。"[1]教育发展不够,已是十年最大失误!鉴于当时的情况,在加强和改进思想政治工作方面做了大量工作,卓有成效,但在发展教育方面还是不够。所以,1999 年的扩招是人心所向,大势所趋,水到渠成。

现在进行的高考改革,是党的十八届三中全会作出的《中共中央关于全面深化改革若干重大问题的决定明确要求的。《决定》指出,全面深化改革的总目标是完善和发展中国特色社会主义制度,推进国家治理体系和治理能力现代化。考试招生制度事关多元利益主体之间的治理关系,同时也是群众最关心、最直接的、最现实的利益问题。通过深化考试招生制度改革,着力解决好人民最关心、最直接、最现实的利益问题,实现发展成果更多更公平惠及全体人民,更好满足人民需求。这

---

[1] 《邓小平文选》第三卷 163 页。

些都是教育工作中与社会治理体系治理能力相关的事情,是与全面深化改革的总目标密切联系的事情。中央提出的新一轮高考改革的五项任务(改革招生计划分配方式、考试形式和内容、招生录取机制、监督管理机制、启动高考综合改革试点),就是围绕这一改革总目标而布局的。

上述五次改革,可以说都是高考40年中具有制度性意义的重大改革,而不能简单地认为仅是操作层面的具体做法和变革(这种操作性变革是很多的)。制度性意义的重大改革,与社会政治、经济的发展具有强烈的关联性。我们不能仅局限于教育内部的视角,更要从教育与社会的关联性中,全面理解把握高考改革的内在意义。

(二)从历史文化传统的视域认识高考

要从社会全局视域中认识高考,就不仅要从与现实的政治、经济的联系中认识高考,还应当从历史文化传统的视域认识高考。我国是一个考试文化历史悠久的国家。在科举制废止之前,千余年来中国人实现社会阶层纵向流动很大程度上是靠科举的,正所谓"朝为田舍郎,暮登天子堂"。科举给社会实现阶层纵向流动提供了更多的机会。相对而言,社会底层民众能够通过个人努力而改变命运的机会并不是很多,而考试则是极为重要的一个。千余年来形成的考试文化植根于民众之中,民众认同考试的文化传统,这是高考制度的文化基础。高考制度与文化传统的相容性,是这一制度具有强劲生命力的重要原因。有的同志喜欢拿外国的考试招生制度与国内的作比较,倡导模仿西方发达国家的考试招生制度。其实,所谓外国的招生考试制度,也不是一样的。东方国家如韩国、日本等的考试招生制度与欧美国家的不同,反倒与我们有不少相似之处,一个很重要的原因就是文化。一切外国的好东西都要学,但又必须与本国国情相适应,包括与文化相适应。

(三)从教育内部联系的视域认识高考

高考是教育与社会连接的结合部,又是高等教育与基础教育的结合部。因此,我们还应当从教育的全局中认识高考。从一个人的成长的视角看,基础教育与高等教育是连续的过程,应当无缝对接。但是,由于受教育者的生理心理发展的阶段性特征,决定了教育应当具有的阶段性特征和各个阶段自身的特殊规律。高中教育要符合高中阶段学生的生理心理特点、遵循高中阶段的教育规律开展教育活动。一般来说,高中阶段是开始进行系统化的知识积累的关键阶段,伏案学习、按部就班地完成学习任务,是高中阶段学习的重要特点,不同于大学阶段的"站立起来,环顾四周,寻找知识之间的联系"①,但高考在一定程度上有选拔人才、分流人才的社会功能,所以高考对高中教育具有很强的导向作用。因此,高考既要满足高校选拔人才的要求,又要有利于中学实施素质教育,提高中学阶段的教育质量。应当明确,高中阶段的教育定位于基础教育。在高中阶段掌握比较系统的基础知识,培养思想道德、生理心理、科学文化等多方面的素质,对于一个人一生的成长发展特别重要。教育越发达,一个人可能接受的教育时间越长,高中阶段的教育显得越具基础性。高考的主体职能是为高校选拔适合的培养苗子服务,重点是考查考生对基础知识的掌握和建立在基础知识之上的基本能力和基本素质。对高考来说,考生是社会化的,在取消考生年龄限制和高等教育日益普及的今天,更是如此。尽管考生的主体是应届高中毕业生,但高中毕业生只是作为社会的一员,平等地参加高校的选拔考试。因此,高考要引导高中实施素质教育,但不宜直接介入高中教育。要创造高中安心进行素质教育、开展基础教育的氛围,不断提高高中教育质量;否则,高考介入高中教育越多,高中进行应试教育的劲头也越大,高中教育就更加成为应试教育;不仅如此,这种压力也愈加严重地向初中教育、小学教育传导,基础教育就成为全面应试教育了。

总之,高校考试招生制度,看似简单,其实相当复杂;看似教育界的事,其实是包括教育在内的社会诸多方面的事,是事关社会多利益主体

---

① 怀特海著,庄莲平、王立中译:《教育的目的》,文汇出版社 2012 年版。

相互作用的现象。只从教育内部认识高考不行,只从教育外部认识高考也不行,要从教育内部因素和教育外部因素的综合作用来认识高考。我们对教育内外部诸因素及其综合作用的规律认识越深透,越能主动有为地建设好中国特色现代招生考试制度。

三、展望:奋力建设中国特色现代考试招生制度

回顾历史,是为了做好当下,面向未来。我们要善于从历史中汲取智慧,在现实的基础上,实现中央确定的工作目标:到2020年基本建立中国特色现代教育考试招生制度,形成分类考试、综合评价、多元录取的考试招生模式,健全促进公平、科学选才、监督有力的体制机制,构建衔接沟通各级各类教育、认可多种学习成果的终身学习"立交桥"。

（一）考试招生制度改革要与推进国家治理体系和
　　治理能力现代化相适应

十八大以来的全面深化改革,总目标是发展和完善中国特色社会主义制度,推进治理体系和治理能力现代化。全会指出,为了实现发展成果更多、更公平地惠及全体人民,必须加快社会事业改革,解决好人民最关心最直接最现实的利益问题,努力为社会提供多样化服务,更好地满足人民需求。就教育而言,要在两个方面继续着力:一是继续着力解决有碍社会公平的实际问题,巩固和扩大近年来在改进招生计划分配方式、改革考试内容形式、完善招生录取规则、强化监督管理机制等方面已经取得的积极成果,使人民群众有更多的教育改革获得感;二是继续着力完善考试招生体制,目标是建立促进公平、科学选才、监督有力的长效机制,这是考试招生体制改革的核心。从推进国家治理体系和治理能力现代化的视角看问题,要处理好政府、学校、考生、社会各自的权利和责任,协调好各相关利益主体之间的关系。

高校是招生主体,是科学选才的主体,要以科学的眼光、科学的标

准、科学的方法识才选才,同时必须遵守招生规则,维护社会公平。政府为学校服务、为考生服务、为社会服务,但同时,政府包括省级招办在维护区域教育公平上负有主责,要接受社会的监督。现在,有的同志仍主张省级招办按考分派送考生,从"段段清"走到"分分清",似乎只有这样最公平。这种主张忽视了高校自主权,没有认识到识才选才的复杂性,只看分数的片面性。也有一些同志主张高校摆脱省级招办进行全国统一招生,似乎只有高校完全自主招生才能招到好学生。这种主张过分夸大了高校自主权,忽视了治理体系的利益主体的平等协商的"治理"关系,忽视了在今天国情下维护区域公平的重要性。为什么省级招生委员会主任一般都由副省长、副主席、副市长兼任?其主要作用不仅是便于协调区域内的各方关系,便于统筹调配,而且承担维护区域教育公平的重任。在地区差别、城乡差别还相当大的今天,这种区域统筹的职能不可或缺,而且还相当重要。现在,作为比较可行、比较认可的方法是扩大高校的提档数(比例),允许高校在一定范围内综合考量、自主选择,以此兼顾各方利益。不少高校忧虑难以退档,不敢贸然使用这一权力扩大提档数,进行扩大提档后的综合考量、自主选择,同时又埋怨没有自主权,或乐意超范围降分"点招",造成非常矛盾的现象和群众的质疑。这是需要我们继续研究解决的问题。在这里,"治理"的理念很重要,不能用"一元独大"的方法解决多元利益主体之间的关系。我们还要防止在高考改革试点的时候,又让前面已经解决的问题"死灰复燃"。譬如,刚刚对混乱的加分项目进行清理,变相加分的项目又穿着"改革"的外衣出现。事实上,产生招生秩序混乱的土壤依旧存在,如同产生腐败的土壤依旧存在一样,并且长期存在,一有机会就会滋生蔓延,扰乱招生秩序,使群众的教育获得感得而复失。对此,要有长期作战的思想准备,在扩大招生改革试点的过程中着力建设规范有序的长效机制。在考试招生治理关系中,不可忽视考生是重要的利益相关者。要明确考生的权利和义务。考生有参加考试的权力,有维护自身权益的权利,但同时又必须遵守考试纪律。非应届高中毕业生,具有同样的参加高考的权力。社会可以参与监督,共同维护考试招生秩序。总之,我们应从推进国家治理体系和治理能力现代化的视角,处理好政府、学校、考生、社会各自的权利和责任,建成一个更加完善、行之有效的体制机制。

(二)考试招生制度改革要与高等教育普及化发展阶段相适应

2020 年前,我国高等教育毛入学率将达到 50%,这意味着整体进入高等教育普及化阶段,以后还将向深度发展。随着我国高等教育普及化程度的提高,高校考试招生工作中的矛盾会呈现出新的形态。考试招生制度一定要与高等教育普及化的发展阶段相适应。随着经济发展和社会进步,对教育公平和科学选才的理解也会不断丰富,高等教育自身的功能也必将更加多样。在高等教育自身发展和社会环境变化的双重推动下,考试招生制度的变革同样也是必然的。譬如,对处于高中后教育体系低端的高校的升学竞争将大为降低,"文化+技能"的考试考核形式将更加广泛,乃至可能实行"注册入学"的制度,高校可以在申请入学的学生中进行自主选择,并且实行更加灵活的学习和学籍管理制度。这样可以解决相当一批学生的"应试"问题。又譬如,普及化阶段普通教育和职业教育、普通教育和成人教育、全日制教育和非全日制教育、网络教育和在校教育等多种教育形式的互联互通的高等教育"立交桥""学分银行"的建立等,也可以解决一批学生高中后的升学应试问题。升学竞争压力将集中在高水平大学入学机会的竞争上。对这种"高度稀缺资源"的竞争,单纯指望高考改革来解决是不可能的。高考的改革可以使选才更科学、更公平,但不可能解决竞争的强度问题。减缓竞争强度的唯一办法是发展。我们应当努力办更多的高水平大学来满足人民群众对上高水平大学的需求,满足社会对更多优秀人才的需求。也常听人说,过去上好多大学没感觉与北大、清华有多大差别,但是如今就感觉有很大的差距了。这一方面说明我国高校在追赶世界一流大学的过程中进步很快,但另一方面也说明重点扶持的政策等因素使高校校际间的差距拉大了。我们不能抑制高水平大学的发展,搞平均主义那一套做法是不行的,但应扶持更多的高校成为高水平的大学,以更多的各具特色的优质高等教育资源满足人民群众日益增长的多样化教育需求。当前我国正在实施的"双一流"建设,有望在这方面起到积极的作用。

(三)考试招生制度改革要把考试内容和方式的改革作为重头戏

考试工作的关键是解决好"考什么"和"怎么考"的问题。围绕这两个问题,不断深化考试内容和形式的改革,是年年考年年新的变幻无穷的永恒话题。在这方面,我认为有三个问题特别重要。

首先,高考要坚持以立德树人为根本任务。教育的根本任务是立德树人,考试招生作为教育工作的一个部分,理应担当这种责任。特别是在考试内容的设计上,要加强对社会主义核心价值观、依法治国理念、中华优秀传统文化的考查,不断强化高考的育人功能和积极导向作用,把好高校人才培养的入口关、起点关。对这一点,要理直气壮,旗帜鲜明。我记得,《参考消息》曾有一文说,美国的 SAT 等考试要在 2016 年实施改革,在阅读题中加入《独立宣言》《权利法案》等美国建国纲领性的内容①,以加强美国价值观的传导。美国的做法值得我们借鉴,加强考试中的价值观引导。

其次,注重对考生能力和潜质的考查。改革开放以来,我们一直在探索逐步改变以知识立意为主的命题方式,建立以知识为基础的能力导向的命题方式,已经取得了明显进展。今后要坚持这一正确方向,使考题贴近实际、贴近考生,用较少的题目就能较好地测量出考生的能力和潜质,并且有相当的区分度为高校选拔人才服务。这是一个很高的要求、很难的课题。所谓"教育测量学"就是专门研究这一课题的学问,

---

① 王健、杨春雪:《SAT 考试大改革,美国也要考"思想政治"了?》[EB/OL](2017−08/16)http://news.xinhuanet.com/world/2014−08/26/c_1112239919.htm。

既要综合的研究,又要分学科的研究,还要动态应变,因此也是一门相当复杂的学问。我们在这方面的研究还很不够,要抓紧补上,建议建立若干研究中心(包括分学科的题库和研究中心),从事长期的专门研究,以适应深化改革的需要。

第三,高考科目设置及赋分的变动要讲科学并极其谨慎。因为考试科目的变动,以及对不同科目赋分的变动,对高中的教学活动和学生的学习行为的影响最直接,因而也直接影响中学教学质量,容易引发社会争议。高中教学的课程设置和内容、标准和教学的基本要求等,在一定时期内具有相对的稳定性,这是由基础教育的性质和任务决定的,目的是培养适应现代社会要求的公民的基本思想道德素质和科学文化素质。高考要引导高中遵循高中教育教学规律,完整实现对学生全面素质培养的要求,而不是相反。由于这一问题相当复杂,在这里略微多说几句。

(1)考试科目设置调整的回顾[①]

1977年,分为文史和理工两类,文科考试科目为政治、语文、数学、史地(历史和地理),理科科目是政治、语文、数学、理化(物理和化学),报考外语专业的要加试外语。1981年,高考科目变为文科六门(政治、语文、数学、历史、地理、外语),理科七门(政治、语文、数学、物理、化学、生物、外语)。1991年,湖南、海南、云南三省在高中会考的基础上进行了高考改革实验,将原本的文科六门、理科七门改为"四组四门",称"三南方案",但因过于强调学生个性,而且录取太过复杂,仅实施了一年。1994年,在高中会考基础上,又推出了"高考3+2"科目改革,即文科"语数外+历史、政治",理科"语数外+物理、化学"。1997年,开始试行"3+X"方案,并于1999年在广东率先试行。所谓"3"是指语文、数学、外语为必考科目;"X"指由高校根据本校层次、特点的要求,从物理、化学、生物、政治、历史、地理六个科目或综合科目中自行确定一门或几门考试科目。2001年这一方案扩展到18个省、自治区、直辖市。

---

① 袁静伟:《回顾1977年以来的N次高考改革》,《新文化报》2015年6月7日。

2002年,全国全面实行。在改革之初,"X"有多种选择,但在实施过程中,大多数省份选择了"3+文科综合或理科综合"的模式。

2014年,国务院出台《关于深化考试招生改革的实施意见》,上海、浙江开始执行"3+3"科目模式(即集中统一考试的语数外三门和学生自主选择的在高中学业水平考试中成绩最好的三门),准备在沪浙试点后全国全面推开。

透过40年高考科目变化的过程,可以看出两个基本的着眼点:一个是通过考试科目调整以更好地了解学生对中学所学全部知识的掌握程度和灵活运用的能力,也希冀中学重视每一门课的教学,提高中学培养质量;另一个是通过科目调整来减轻学生的负担,包括考试的负担和备考应试的负担。前者是科目和内容范围扩张的趋势,后者则是缩小的趋势,而现实是两者的某种平衡。

事实上,高考的科目设置和高中开设科目的设置都是极其重要的事。高中开设的课程及课程内容和标准,体现着政府对这一层次学生教育的基本要求,具有国家意志的规定性。当然,这是底线性的要求,"下要保底,上不封顶"。学生的自主选择性学习是在完成规定性要求基础上的自主选择。不给学生一定的自主选择权,不利于学生的个性发展;但过分夸大学生的自主选择权,则是忽视青少年成长规律和高中教育规律的表现,也不利于学生的健康成长。学业水平考试是考查的是学生是否达到了规定性"底线"要求,合格者准予毕业;高考是在此基础上的选拔性考试,要有明确的区分度以满足选拔工作的需要。高考和学业水平考试是两种不同性质的考试,这是我们应当明确的。因为考试性质不同,考试命题的内容和难度要求则不同。浙江省经过三年一轮的试点,决定学业水平考试与学业等级考试及高考相分离,我认为是明智的。高考本应促进高中学生进行"系统化的知识积累",打好基础,但是高考的巨大的利益相关性,客观上直接造成了高中教育蜕变为考什么科目就教什么科目、学什么科目,投入精力也与科目赋分成正相关。因此,考得太少,可能连高中教育的一些基本要求都会不教不学;

考得太多考试负担和学业负担又会太重。这样,考试科目设置和科目赋分的科学性成为极为重要的事,这方面的改革要极其谨慎。

(2)对现行科目设置若干具体问题的探讨

在当前高考的必考科目设置和赋分方案中,对语文的看法相当一致,对数学和外语的看法基本一致,也有一些不同的认识。数学和外语必考,这是没有争议的。但数学要不要文理区分,是有不同认识的。上海进行合卷的实验,理科生嫌太容易,文科生嫌太难,专家认为合卷的实验一定程度上会导致考生数学水平的下降,特别是优秀生水平的下降和考试区分度的降低。因此,数学考试是否需要文理分卷或分级,仍然需要探讨。而考外语的不同意见集中在如何一年多次考试、多次考试的等值性、赋分多少以及如何使用考试成绩等问题上。据统计,从小学到高中,外语课内学时超过总课时的10%,课外时间比例更多一些,但我们的学生即使大学毕业,仍是"对内过剩、对外不足",即对大多数在国内工作的人,学了许多没用的"过剩"的东西,而对真正需要的人,所学的又不能满足需要。因此,如何考外语,使外语教学成为一种"适合的教育",满足考生的不同需要且提供随时学习的可能;不同类型学校和专业对外语的要求是不同的,如何给学校以这种自主选择的可能,这些都值得研究。

在当前的选考科目中,不少人关注物理科目的问题。物理在高中学生科学素质培养中的重要性是公认的。但由于在选考中的利益博弈,报名参加物理考试的人数下降了,因此担心高考改革导致高中学生物理素质的普遍下降。这种担心是有一定道理的。但我认为,在一些科目的考试选择权赋予学生的条件下,解决的办法应该是把握好面向全体学生的高中阶段的物理教学和相应的学业水平考试。我们关注考生的数量,更要关注考生的质量。关键在于,要按照高中阶段的教育是基础教育的定位,科学安排高中物理教学的内容和标准。中科院院士、清华大学物理教授朱邦芬认为,目前的高中物理的教学大纲就存在着欠缺。他说:

目前正在实施的高中物理新课标由共同必修和选修系列共十二个模块构成,其中十个选修模块又分为三个系列,学生可以根据"个人兴趣、发展潜力及今后的职业需求"进行选修,实际上是为文科生、技校就业生和理科生分别设计的。学生只要学完两个必修模块(主要是力学知识)和一个选修模块共六学分就算高中物理课程合格。新课标是有一些可取之处。表面看来,新课标减少了学生所要掌握的物理知识总量,同时似乎也赋予学生更多的选择自由。但事实上,学生对选修模块的选择仍然要服从高考指挥棒,服从于各个省市教育部门决定的高考方案。根据新课标,中学生所学的物理知识相当不系统和不完整(只有牛顿力学是必修的,其他部分,包括电磁学、光学、热学、近代物理等均为选修,特别是电磁学主要部分没有包含在必修内容中),导致了高中物理学科体系的"碎片化"和中学生物理学科知识的结构性欠缺。

　　……

物理成绩对高考总成绩的贡献率,浙江方案中只有 $60/750=8\%$,而外语的权重为 $150/750=20\%$。上海方案中相比于语、数、外每门 $150/660=22.5\%$ 的贡献,物理贡献仅为 $30/660=4.5\%$,即一门外语考试成绩对于升学的贡献,等于五门物理,远远超过物理、化学、生命等三门科学课程之和。[①]

我以为,朱邦芬院士的这些意见应当引起我们的重视,要抓紧找出正确的解决方案。实际上,其他科目也有类似争议,如不少专家认为,作为学生文科素养的重要基础科目——历史,存在着与物理科目相似的境遇,应该予以重视。对于这些意见,我们都应当认真听取,认真研究。总的来看,解决这些问题,主要是在高中教学过程中,诸如课程标准、内容和方法,特别是对高中生应当具备的作为现代人所必需的科学

---

① 朱邦芬:《"减负"及我国教育科学面临的挑战》,《物理与工程》2016年第4期。

素养的教育要求,应当都能达标、合格,同时要为拔尖人才的成长提供条件。

是否有利于提高高中学生的培养质量,是检验科目设置和科目赋分的科学性的一个重要尺度。我们必须牢记,改革的目的是提高民族素质,多出人才,出好人才。正如有人所说,我们不能以一代人的培养质量为代价进行某种实验。如果是这样,不管以什么名义,都是负不起的责任!现在,个别省市的高考科目设置改革几年后,中学教学也相应改革,出现了高中毕业生的质量下降的现象(清华大学连续几年的新生入学统测中,在分省市的对比时发现,江苏新生平均成绩排名后退 20 位左右),应当引起高度重视,认真分析和总结。

2014 年实施新一轮高考改革已有三年的实践,中央提出的"五项任务"已取得明显进展,在人民群众高度关切的高校考试招生工作的热点难点问题上实现了有效突破,人民群众的教育获得感有了提高;高校考试招生的治理体系和治理能力的现代化水平有了提高,考试招生制度各环节朝着推进素质教育方向协同发力;浙沪试点平稳落地、改革试点中出现的一些问题正在妥善解决、调整后的方案将更加完善,考试招生制度改革的成绩喜人。但是,距离"到 2020 年基本建立中国特色现代教育考试招生制度"的目标只有三年时间了,时间紧迫,而改革工作任务十分艰巨繁重。我们必须以奋发有为的精神状态、"踏石留印、抓铁有痕"的工作作风,按照中央要求做好各项工作;必须以更加宽广的视野,加大研究探索的力度,加深对考试招生工作规律的认识和把握,更加自觉有为地奋力建设中国特色现代考试招生制度。

信息化

促进信息技术与高等教育深度融合[*]

　　高等教育信息化的根本目的在于促进高等教育现代化,其关键在于将信息技术融入到高等教育的全过程,并运用信息技术改变传统的教育教学模式,把以知识传授为主的教学方式转变为以能力和素质培养为主的教学方式,从而提升高等教育质量。信息技术在高等教育领域的发展,不仅是新的教育技术的运用,更重要的是教育理念与教育技术的相互促进与协同发展,并由此促进教育方法的创新和教育质量的提高。因此,高等教育信息化也是高等教育现代化的重要内容和重要指标之一。

　　《国家中长期教育改革和发展规划纲要(2010—2020 年)》明确指出:"信息技术对教育发展具有革命性影响,必须予以高度重视。把教育信息化纳入国家信息化发展整体战略,超前部署教育信息网络。到2020 年,基本建成覆盖城乡各级各类学校的教育信息化体系,促进教育内容、教学手段和方法现代化。"2012 年 3 月 13 日,教育部发布的《教育信息化十年发展规划(2011—2020 年)》指出:"以教育信息化带动教育现代化,破解制约我国教育发展的难题,促进教育的创新与变革,是我国教育事业发展的战略选择。教育信息化充分发挥现代信息技术优势,注重信息技术与教育的全面深度融合,在促进教育公平和实现优质教育资源广泛共享、提高教育质量和建设学习型社会、推动教育理念变革和培养具有国际竞争力的创新人才等方面具有独特的重要作

---

　　* 原载《中国高教研究》2014 年第 6 期,原题《以 MOOC 发展为契机促进信息技术与高等教育深度融合》。

用,是实现我国教育现代化宏伟目标不可或缺的动力与支撑。"2012 年
9 月 5 日,教育部召开全国教育信息化工作电视电话会议,会议强调,
教育信息化是教育理念和教学模式的一场深刻革命;信息技术的深度
应用,迫切要求教与学的"双重革命",加快从以"教"为中心向以"学"为
中心转变,从"知识传授"为主向"能力培养"为主转变,从课堂学习为主
向多种学习方式转变;要着重推进信息技术与教育教学的全面深度融
合,使我国教育信息化整体上接近国际先进水平,为实现教育现代化、
建设学习型社会和人力资源强国提供坚实支撑。

一、信息技术与高等教育深度融合的时机

现代信息技术空前深刻地改变着世界:当它走进工业,改变了工业
生产过程;当它走进商业,改变了商业经营模式;当它走进军事,改变了
军事力量与战争形态。正是由于信息化对当今世界如此重要,十八大
报告明确把"信息化水平大幅提升"纳入全面建成小康社会的目标之
一,并提出走中国特色新型工业化、信息化、城镇化、农业现代化道路,
促进"四化"同步发展。这充分反映了在我国进入全面建成小康社会的
决定性阶段,党和国家对信息化的高度重视和认识的进一步深化。目
前,信息化本身已不再只是一种手段,而是成为了发展的目标和路径。
教育特别是高等教育为信息化的普及、发展、提升培养了大批人才,但
是,信息化对教育自身的改变在较长的时间内则相当微弱。近年出现
的 MOOC①,使我们看到了信息化对高等教育的影响来势汹涌,看到了
信息技术与高等教育的深度融合初显端倪。

信息技术与高等教育深度融合是以教育理念与教育技术的互动发
展为条件的。一方面是教育理论的不断发展。脑科学、认知科学、思维
科学、学习科学等领域的研究不断深入,催生了一大批有价值的成果,

---

① MOOC 也写做 MOOCs,本文统一用 MOOC。

提出了许多重要的观点,特别是关于自主学习、个性化学习等观点,同时也涌现了不少成功的教学实验案例。但是,新的教育理念在没有足够教育技术支撑的条件下,难以取得普遍性的重大成果。另一方面是教育技术的迅猛发展。科学技术的发展对高等教育的影响是重大而深刻的,它不仅体现为教育教学资源的不断丰富,同时它还改变着教育教学自身的形态。从最早出现的远程教育来看,有了邮政就有了函授大学,有了广播就有了广播大学,有了电视就有了电视大学,有了网络就有了网络大学(学院)。这些都对高等教育事业的发展带来了深刻的影响,特别是对扩大高等教育规模、丰富优质高等教育资源、使更多的人接受高等教育,起了非常大的作用。但是总体来看,这些都还处于远程教育的范畴,教育者和受教育者还无法做到面对面,他们的沟通在时间和空间上还有相当的距离。而且,教育技术的发展如果不与先进的教育理念相结合也很难真正发挥其应有的作用。

信息技术与高等教育的深度融合是高等教育信息化的本质要求。这种"融合"是一个双向融合的过程。如今各种信息技术设备越来越小型化、可移动化、人性化,价格越来越低廉,计算机设备从专业精英的工具,变成普通大众的玩具,这技术得以日益与物理环境、生存环境、学校的学习和生活环境融为一体,从而形成了虚实融合的智能环境。这种智能环境将促使以人为中心、感知人的需求、为人服务的新型的教学、管理、服务体系的形成。

大众化高等教育的发展、学习型社会的逐步形成,使学习者对知识更加渴求,学习方式更加灵活和自主。今天,教育理念的发展与教育技术的发展交汇在一起,教育理念为教育技术的应用提供了强有力的理论支持,而教育技术为教育理论的实际应用和发展提供了最为有效的平台。教育事业发展的需求和学习者的学习需求成为教育创新的直接动力,于是,MOOC 的影响就空前广泛、深刻。它改变"教",改变"学",改变教师和学生的双重关系,抑或改变学校的形态和教育的版图。

二、信息技术与高等教育深度融合的新模式：MOOC

（一）国际、国内 MOOC 的发展现状

近年来，从美国高校兴起的 MOOC 是信息技术与高等教育融合的突出代表。MOOC 是 2011 年以来出现的一种新型的课程模式，是面向社会公众免费开放式的网络课程。MOOC 挑战了传统的教育模式，使得学生的学习自主性更强、个性化更鲜明。目前，MOOC 已成为世界众多高校研究和应对的新生事物。

2011 年秋，斯坦福大学的塞巴斯蒂安·图伦（Sebastian Thrun）与大卫·斯塔文斯（David Stavens）、迈克·索科尔斯基（Mike Sokolsky）联合创办了以营利为目的的在线课程供应平台 Udacity（在线大学）。2012 年 4 月，达芙妮·科勒（Daphne Koller）和安德鲁·恩格（Andrew Ng）推出了名为 Coursera 的网站，包括哥伦比亚大学、杜克大学和普林斯顿大学等 87 所名校都先后成为该网站的合作伙伴。目前，已有超过 473 万人注册学习 440 余门课程。2012 年 5 月，麻省理工学院和哈佛大学联合推出了 edX。在很短的时间内，已有超过 100 万人次的学习者加入 Coursera、Udacity、edX 美国三大 MOOC 课程平台学习免费的在线课程。这些数据在快速不断的更新中。《纽约时报》曾将 2012 年称为"慕课元年"，也有一些人认为 MOOC 是"自印刷术发明以来教育最大的革新"。

随着美国 MOOC 的不断发展，欧盟和英国也不甘落后。2012 年 12 月，英国开放大学联合英国 12 所高校建立名为"未来学习"（Future Learn）的 MOOC 平台，并得到英国文化委员会的支持。目前，该项目已有来自全球的 26 个组织成员和合作伙伴。2013 年 4 月 25 日，由欧洲 11 个国家联合推出的 MOOC 网站 OpenupED 正式上线，该计划得到了欧洲委员会的支持。

我国高校也纷纷启动了 MOOC 进程。2013 年 1 月，香港中文大学加入 Coursera 平台。香港科技大学 Naubahar Sharif 所讲授的"中国的科学、科技与社会"课程 2013 年 4 月在 Coursera 平台上开课,这是亚洲的首个 MOOC。台湾大学机电系叶丙成教授 2013 年 8 月开讲的"几率课"是全球第一门以中文讲授的 MOOC。2013 年 5 月 21 日,北京大学、清华大学同时加入 edX。此后,北京大学又加入 Coursera,并在两个平台分别投放课程,目前已经投放的十余门中文课程受到不少关注,学校计划在未来五年内建设 100 门网络开放课程。清华大学则利用本校的技术优势,校长挂帅,秉持学校精神,开发了基于 edX 开放源代码的共享课平台"学堂在线",已投放了 23 门课程,吸引了 24 万学习者注册学习。学校在平台建设、课程建设以及运行机制建设等三个方面进行了富有成效的探索。上海交通大学、复旦大学于 2013 年 7 月 8 日同时加入 Coursera。由上海交通大学主导的"好大学在线"已有十多门课程上线,上海市西南片的 19 所高校在这个平台上可以"跨校选修",学分互认,使长期以来人们向往的"跨校选修"成为现实,也使广大的社会公众能够根据兴趣体验大学课堂。

高等教育出版社则利用面向全国出版教材的传统优势及多年来累积的视频公开课建设的大量课件、资料和丰富的经验,积极应对挑战,开发分层次、多类型的 MOOC。

除此之外,一些高科技企业也大力推出一系列 MOOC,如网易公开课、新浪、果壳网等纷纷推出开放式网络课程。优酷与 Udacity 达成独家官方合作,成为目前我国唯一的 Udacity 课程发布平台。

(二) MOOC 对高等教育教学改革所产生的主要影响

MOOC 不仅把优质课程资源通过网络实现了世界范围内的共享,而且还通过信息技术改进了高校的课程设计和课堂教学,变革了传统的教学形态和组织方式,激发了学生学习的热情。MOOC 较好地实现了教师与学生之间、学生与学生之间的互动和质量控制,使学习者的学习变得更加自主和个性化。从 MOOC 的发展可以看出,信息技术与高等教育的融合不是简单的技术或方法的改进,而是一场深刻的"教"与"学"的"双重革命"。

MOOC 作为没有围墙的大学,对它的评价也是见仁见智,有人简单地概括为"三名一免",即名校、名师和名课,而且免费。我认为MOOC 具有如下五个方面的突出优势:(1)MOOC 以大规模在线学习而著称,具有开放性的特点。MOOC 每门课程的学习者可以遍布全球,容量巨大。以斯坦福大学的《人工智能导论》课为例,有来自 190 多个国家的 16 万人同时注册了这门课程;同时,MOOC 可以超越时空限制,凡是想学习的,都可以进来学习。(2)MOOC 使全球各国不同人群共享优质教育资源成为可能。截至 2012 年,仅在 Coursera 平台上就有 100 多个国家的高校开设的 564 门网络公开课供学习者自由选择。(3)MOOC 允许各种年龄、收入和教育背景的学习者参与广泛的课程学习,具有强大的自主选择性,学习内容、学习时间、学习进度可以完全实现由学习者自我把控,反映的是以"学"为本的教学价值取向。(4)MOOC 面向全世界的学习者免费或低学费开放,每个学习者足不出户就可以免费或低学费享受世界著名大学的一流课程或其他自己喜欢的课程。"免费"或费用低廉在 MOOC 的兴起中发挥了重要作用。(5)MOOC 的产生、传播、兴起,有力地促进了不同国家之间的文化交流与传播,使高等教育国际化的进程大大加快。

在看到 MOOC 冲击传统课堂教学模式,推动大学优质教育资源共享,扩大公民接受优质教育的机会,促进教育公平等等优势的同时,也需要我们冷静、辨证地看到 MOOC 所伴生的问题。首先,MOOC 主要的教学手段是人机对话,它缺少师生间的人际交流、教学相长,特别是教师的言传身教、校园文化的熏陶、同伴的交流浸染,而这些因素在学习者成长中所具备的独特价值是在线课程难以替代的。其次,MOOC 这种近乎充分自由的学习方式,要求学习者有更强的自主性和自我控制能力。达不到这一点,有可能造成学习效果不尽如人意。如2012 年秋,杜克大学开设了一门"生物电学"课程,起初有 12725 名学生注册,但只有 7761 名学生观看了教学录像,到最后考试时,仅剩 345 人了,而通过考试者只有 313 人。从长远看,经费、知识产权保护和意识形态等都是绕不过去的问题,需要妥善解决。

三、MOOC 在我国未来发展中需要处理好的几个关系

MOOC 是国际性的,不是一个国家的。美国最先抓住了这个潮流,欧洲也不甘落后且保持着它的自主性。那么中国应该怎么办?毫无疑问,对我们来说,这既是一个重要的机遇,也是一个艰巨的挑战:抓住了它,我们的高等教育就能够快速发展,并且在世界上发挥重要影响;失去了它,我们的国家利益、文化安全、教育安全都可能受到威胁,所以抓住当前这个机遇极其重要、极为紧迫。就 MOOC 在我国未来的发展来说,需要处理好以下关系:

(一)请进来和走出去的关系

MOOC 的出现真正体现了高等教育的国际化。MOOC 意味着高校校园的界限被打破,共享优质教育资源已是时代发展的必然,大学传统的教学形态必将发生深刻变化,高等教育将会成为国家文化交流和相互影响的重要载体。"请进来"就是要求我们以自信的心态清除障碍,积极引进国外优秀的 MOOC,让我国高校能够学习、借鉴国外先进经验,从而推进我国 MOOC 的本土化建设。在"请进来"的同时,我们也要思考 MOOC 根植于美国的教育土壤,带有鲜明的美国价值观。许多西方国家就是通过教育机构等来实现国家意图,其中,课程的国际化、教育的国际化,在不同程度上隐含着国家战略安排。在这方面,我们要头脑清醒,在学习、借鉴、吸纳国外先进教育技术的同时,绝不能忽视国家利益和教育主权问题,因为任何教育都有意识形态的属性,任何教育输出都附有价值理念的输出。MOOC 带有强大的自主选择性,对此,我们要引导学生有所甄别、有所选择、有所判断。同时,我们也要

"走出去"，把具有中国文化特色的 MOOC 推向国际，让国际社会看到中国 MOOC 的发展，感受中国的优秀文化。如何推动我国的课程上网，让外国人学习，从而使中国的文化走向国际，这是一个战略问题。为此，我们要增强教育自信，借助现代教育技术，将我国优秀的教育传统、教育文化、教育思想传播出去，使其走向世界。我们的高等教育要自觉地承担起对国家核心价值的守望和创新的使命，在高等教育国际化的棋局上，我们需要价值引领，而不仅仅是技术跟随。

（二）向外看和向内看的关系

对高校来说，首先要"向外看"。向外看就要开放，就是既要看到世界一流大学的探索，也要看到国内兄弟院校的实践，同时，还要关注社会需求。只有开放才能有进步。没有"open"，哪有"massive"，哪有大规模的学习者？所以一定要以开放的心态面向世界、面向社会、面向兄弟院校，不仅把自己优秀的教育资源送出去，而且要看到国际上、兄弟院校和社会上还有许多优秀的教育资源可以利用。"向外看"是我们工作的起点，但是作为学校工作的同仁还要"向内看"，MOOC 就是以现代的各种信息技术应用于学校教学的各个环节，打破现在比较呆板的传统教育方式。这就需要我们学校的管理者和所有教师都要积极参与，把它嵌入到教学的每一环节中。正是在这个意义上我们说，只有当技术的主要目的是解决教学教育问题时，它才称得上是教育技术；而且它只有被广大教师、教育管理者和广大学习者普遍认同与接受，它才能发挥其价值、彰显其影响力，MOOC 也是如此。"向外看"是前提，是起点，对学校工作的同仁来说工作重点要放在"向内看"，从而使得我们通过 MOOC 来改变教、改变学、改变教师和学生的相互关系。为了解决"向外看"和"向内看"的关系，我们要建立本土化的 MOOC 标准、网络技术标准，还要建立学分互认、学分银行等规范和促进 MOOC 发展的机制。

（三）线上和线下的关系

利用 MOOC 在"线上"学习，还必须加强"线下"的教育，毕竟"线上"的教育是人和机器的对话，"线下"的教育才更多地体现人和人之间的对话。在某种意义上说，"线上"的教育改变了我们的传统教育，但是"线下"的教育更能体现教育的本质。因为教育的过程毕竟是有灵魂、有情感的，是进行人格培养的，是人的社会化过程。只有通过人和人之间的交流，处理人和人之间的联系，学生才能在人对人、面对面、心贴心的教育环境中得到更加全面的成长。

（四）当下和未来的关系

今天，我们研究现代信息技术环境下的教育教学改革问题，不仅要把"当下"的工作做好，还要面向"未来"，研究更新的教育手段、方法对教育教学的影响，否则，我们总是亦步亦趋地跟在别人后面模仿。如新的技术发展引发了不少"人类增强技术"，科学技术使人类的体力在增强，使人类的寿命在延长，也使人类的智能在拓展。这些科技当然会涉及伦理学、社会学的诸多问题。但作为教育来说，特别要关注"人类智能增强技术"，关注人体外的思维技术和人脑的思维如何结合的问题，这是一个面向未来的课题，需要教育工作者和科技工作者密切关注。我们的教育工作者和科技工作者要努力有所创新，要努力从"跟随者"变成"同行者"，再变成"领跑者"。

信息技术是一种革命的力量。面向未来，信息技术与高等教育的深度融合任重道远。我们既要学习借鉴，也要改革创新，要按照构建教育治理体系和治理能力现代化的总要求，真正发挥好政府宏观管理的作用，进一步调动高校、社会的积极性，共同推进信息技术与高等教育的深度融合，实现高等教育现代化。

发展在线教育应有理性思考[*]

当前，"互联网＋"是个热词。"互联网＋"正影响并改变着各行各业，越来越多的传统产业在与互联网技术的融合中发生了新变化，形成了新格局，出现了新业态。同样，"互联网＋"也为教育发展带来了新契机。当前席卷全球的慕课作为一种在线课程开发模式，就是互联网技术与教育教学深度融合的产物。在线教育模式到底能给传统教育模式带来什么改变，又会产生哪些问题？如何兴利除弊？对这些问题我们要有清醒认识。

首先要看到，在短短的四五年时间里，以慕课为代表的在线教育席卷全球、蓬勃发展，正在深刻改变着人们的学习方式。慕课借助技术的力量、资本的助推和市场的机制获得迅速发展，它与现实的大学课堂、社区培训体系尤其是与各类网络学习平台以及支撑这些网络平台的互联网运营商联盟，共同推出了丰富多彩的在线课程。慕课使那些原本属于全球顶尖大学的优质课程，通过互联网一下子向全社会免费开放。这种历史性的转变，颠覆了传统大学课堂教与学的方式，也为大众提供了更多的学习机会，开启了学习革命的新纪元。同时，它对于实现优质教育资源共享、促进教育公平、提高教育质量也有着重要作用。不过，在肯定在线教育积极作用的同时，对其发展中存在的一些问题也应引起高度重视。在"互联网＋"的大背景下，教育领域如何抓住转型升级的新机遇，做好"互联网＋教育"的跨界融合，发展中国特色在线教育，需要我们理性思考，做到满腔热情、头脑冷静、蹄疾步稳。

＊　原载《人民日报》2015 年 4 月 20 日第 7 版。

发展在线教育必须重视教育的本质。当前,有些在线教育过度关注技术而忽视课程本身,特别是对学生综合素质的提升、创新能力的培养重视不够。这其实是在线教育发展的一个误区。任何教育技术的运用,最终都要回归教育的本质。联合国教科文组织的一份报告认为:"只有当教育技术真正统一到整个教育体系中去的时候,只有当教育技术促使我们重新考虑和革新这个教育体系的时候,教育技术才具有价值。"①在线教育的发展,应以满足学习者需求、提升学习者素质为宗旨,也就是要从技术思维走向人文思维。换言之,发展在线教育必须从更多关注信息技术应用,转到更多关注人的素质的全面提高、关注教学内容的选择与优化,让受教育者在虚拟空间达成学习愿望,使其能力达到新的高度。进一步说,信息技术只有促进教育观念更新、教育体制改革和人才培养模式创新,促进教学思想、教学内容和教学方法手段优化,才能真正与教育深度融合。当前,在线教育要走得更好更远,必须重视教育的本质。

发展在线教育必须重视政府的引导。目前,推动在线教育快速发展的主要是三种力量:教育创新的力量、技术革新的力量和市场运作的力量。这三种力量在发展在线教育时有着不同的利益诉求,相互之间的关系错综复杂。协调好三者之间的关系,政府的引导非常重要。发展在线教育既需要发挥好学校、社会、市场的积极作用,又需要政府承担相应的责任,从而提高资源配置的有效性,确保正确的发展方向。对我国在线教育的发展来说,政府尤其要通过引导,防止各方面力量一哄而上,各搞一套,自成体系,生长出一批"小土豆"而形不成大规模,最终在与国外在线教育的竞争中被"一网打尽"。

发展在线教育必须重视价值观的差异。任何教育都有意识形态属性,任何教育输出都伴有价值理念输出。以慕课为例,它从诞生之日起

---

①　联合国教科文组织:《学会生存:教育世界的今天和明天》,教育科学出版社 2000 年版。

就是开放的,其课程总是或隐或显地包含着文化和价值的基因。现实生活中,一些西方国家就是通过教育渗透和输出来实现其国家意图的。因此,我们在发展在线教育时,应引导学生学会甄别,学会选择,学会判断。我们的大学也不能因简单地加入某些慕课联盟而忘记自己价值守望的使命。在高等教育国际化的棋局上,我们需要价值引领,而不仅仅是技术跟随。

大学怎样应对慕课[*]

MOOCs 是"大规模在线开放课程"的英文简称，发端于美国，中文译为"慕课"。"慕课"根植于学校教育，并由信息技术催化衍生而成，被一些人称为"自印刷术发明以来教育最大的革新"。毫无疑问，"慕课"正以信息化和网络化的全新的教学形态对世界高等教育的发展产生深刻的影响。

"慕课"植根于教育理念与教育技术的发展交汇：一方面是脑科学、认知科学、思维科学、学习科学等领域的新成果，另一方面是教育技术的迅猛发展。教育与技术从来密不可分——有了邮政就有了函授大学，有了广播就有了广播大学，有了电视就有了电视大学，有了网络就有了网络大学。这些都给教育事业的发展带来了深刻的影响。

记者（董洪亮）：如何看待"慕课"的优势？

瞿振元："慕课"作为没有围墙的大学，对它的评价也是见仁见智，有人简单地概括为"三名一免"，即名校、名师和名课，而且免费。"慕课"的兴起，有力地促进了不同国家之间的文化交流与传播，使高等教育国际化的进程大大加快。

我个人认为"慕课"具有如下几个方面的突出优势：第一，"慕课"以大规模在线学习著称，具有开放性的特点。"慕课"的学习者可以遍布全球，容量巨大，且不受时空限制，凡是想学习的，都可以进来学习。例如，斯坦福大学的"人工智能导论"课，就有来自 190 多个国家的 16 万人同时注册。第二，"慕课"使全球各国不同人群共享优质教育资源成

* 原载《人民日报》2014 年 5 月 22 日第 18 版。

为可能。第三,"慕课"允许各种年龄、收入和教育背景的学习者参与广泛的课程学习,具有强大的自主选择性,学习内容、学习时间、学习进度可以完全实现由学习者自我把控,反映的是以"学"为本的教学价值取向。第四,目前,"慕课"面向全世界的学习者免费或低学费开放,每个学习者足不出户就可以免费或低学费享受世界著名大学的一流课程或其他自己喜欢的课程。

记者:"慕课"所伴生的问题有哪些?

瞿振元:"慕课"的产生主要是基于美国的文化背景和价值体系。在看到"慕课"推动大学优质教育资源共享、提升公民接受优质教育的机会、促进教育公平等优势的同时,也需要我们冷静地、辩证地看到"慕课"所伴生的问题。

首先,"慕课"主要的教学手段是"人机对话",它缺少师生间的"人际交流"、教学相长,特别是教师的言传身教、校园文化的熏陶、同伴的交流浸染,这些因素在学习者成长中所具备的独特价值是在线课程难以替代的。其次,"慕课"这种近乎充分自由的学习方式,要求学习者有更强的自主性和自我控制能力。达不到这一点,有可能造成学习效果不尽如人意。如 2012 年秋,美国杜克大学开设了一门"生物电学",当时有 12725 名学生注册,但只有 7761 名学生观看了教学录像,到最后考试时,仅剩 345 人了,而通过考试者只有 313 人。从长远看,经费、知识产权保护和意识形态等都是需要解决的问题。

记者:"慕课"所引发的教育变革是国际性的,美国和欧洲一些国家抢得先机,中国怎么办? 如何使"慕课"本土化?

瞿振元:"慕课"对我们来说无疑是一个重要的机遇,也是一个重要的挑战。抓住当前这个机遇需要处理好几个关系。

要处理好"向外看"和"向内看"的关系。对大学来说,向外看就要看到世界一流大学的探索,要看到国内兄弟院校的实践,还关注社会的需求。向内看就是将"慕课"以及现代的各种信息技术应用于学校教学的各个环节,打破现在比较呆板的传统教育方式。因此,我们要建立

"慕课"课程标准、网络技术标准,还要建立学分互认、学分银行等促进和规范"慕课"发展的机制。

要处理好"线上"和"线下"的关系。在某种意义上说,"线上"的教育改变了我们的传统教育,但是"线下"的教育更能体现教育的本质。因为教育的过程毕竟是有灵魂的、是有情感的,是进行人格培养的,是人的社会化过程。

目前,我国高校在"慕课"本土化的探索中不断取得新的进展。北京大学推出的十余门中文全球共享课程引起不少关注;清华大学研发了"慕课"平台"学堂在线",已面向全球提供 23 门在线课程,14 万人注册学习;上海交通大学主导的慕课平台"好大学在线"已有十多门课程上线,联合了上海市 19 所高校网上跨校选课。

"慕课"的本土化还任重道远。做好当下工作的同时,我们还要面向未来,研究更新的教育手段、方法对教育教学的影响。按照构建教育治理体系和治理能力现代化的总要求,发挥政府、高校、社会各方的积极性,坚持中国的价值守望,共同建设好中国的"慕课",努力从"跟随者"变成"同行者",再变成"领跑者"。

慕课对传统课堂教学方式的挑战[*]

在线教育模式到底能给传统教育模式带来什么改变，伴生着哪些问题？如何兴利除弊？现代信息技术如何做到与教育的真正融合？在线课程的建设、使用和管理又如何进行？为此，《中国传媒科技》杂志采访了中国高等教育学会会长瞿振元，为我们进行深入解读。

记者（曹素妨、司曼）：在您看来，MOOC 到底是什么？是"互联网＋教育"吗？

瞿振元：MOOC 发端于美国，2011 年秋，斯坦福大学塞巴斯蒂安·图伦（Sebastian Thrun）与大卫·斯塔文斯（David Stavens）、迈克·索科尔斯基（Mike Sokolsky）联合创办了以营利为目的的在线课程供应平台 Udacity（在线大学）。2012 年 4 月，达芙妮·科勒（Daphne Koller）和安德鲁·恩格（Andrew Ng）推出了名为 Coursera 的网站，包括哥伦比亚大学、杜克和普林斯顿大学等 87 所名校都先后成为该网站的合作伙伴。2012 年 5 月，麻省理工学院和哈佛大学联合推出了 edX。在很短的时间内，数以百万人次的学习者加入 Coursera、Udacity、edX 美国三大 MOOC 课程平台学习免费的在线课程。《纽约时报》曾将 2012 年称为"慕课元年"，也有一些人认为 MOOC 是"自印刷术发明以来教育最大的革新"。

MOOC 应该说是信息传播技术发展到一定阶段的产物。看一下教育发展的历史就能发现，人们总是在积极地利用信息传播技术来推进教育的发展，使人们从中受益。当邮政出现的时候，就有了函授教

＊ 原载《中国传媒科技》2015 年第 7 期，原题《慕课颠覆了传统大学课堂教与学的方式》。

育;当广播利用无线电开始兴起和发展的时候,就出现了以广播为基础的教育;当电视成为大众消费品的时候,就有了专门的广播电视大学。当互联网、移动互联网技术风生水起的时候,大规模在线开放课程MOOC也应运而生,从而逐步实现"人人可学、时时可学、处处可学",可以说,是教育自身利用信息传播技术推动了教育的发展。"互联网+"是一个时代背景,正影响并改变着各行各业,也为教育发展带来了新的契机,所以,说 MOOC 是"互联网+教育",更确切地说是"教育+互联网"。

记者:MOOC 这种在线教育模式到底能给传统教育模式带来了什么改变?

瞿振元:在短短的三四年时间里,以 MOOC 为代表的在线教育席卷全球,蓬勃发展,正在深刻改变着人们的学习方式。MOOC 借助技术的力量、资本的助推和市场的机制获得迅速发展,它与现实的大学课堂、社区培训体系,尤其是与各类网络学习平台以及支撑这些网络平台的互联网运营商联盟,共同推出了丰富多彩的在线课程。

MOOC 使那些原本只属于全球顶尖大学的优质课程,通过互联网一下子向全社会免费开放。这种历史性的转变,颠覆了传统大学课堂教与学的方式,也为大众提供了更多的学习机会,开启了学习革命的新纪元。同时,它对于实现优质教育资源共享、促进教育公平、提高教育质量也有着重要作用。

记者:如同一枚硬币的两面属性,MOOC 作为新兴产业,在蓬勃发展中发挥积极作用的同时,又会伴生着哪些主要问题? 如何兴利除弊?

瞿振元:的确,在肯定 MOOC 的积极作用的同时,其发展中存在的一些问题也应引起高度重视。

在"互联网+"的大背景下,教育领域如何抓住转型升级的新机遇,做好"互联网+教育"的跨界融合,发展中国特色在线教育,这恐怕是我们所面临的最为浩大的一项工程,需要我们理性思考,既做到满腔热情,又要保持头脑冷静、蹄疾步稳。

其次,有些在线教育机构过度关注技术而忽视课程本身,特别是对学生综合素质的提升、创新能力的培养重视不够。这其实是在线教育发展的一个误区。发展 MOOC 必须从更多关注信息技术应用,转到更多关注人的素质的全面提高、更多关注教学内容的选择与优化,让受教育者在虚拟空间达成学习愿望,使其能力达到新的高度。

另外,教育是一个教书育人的过程,MOOC 的主要教学手段是人机对话,缺少教师与学生之间的人际交流,特别是教师的言传身教、校园文化的熏陶、同学的交流浸染,这些情感类的因素在学生的学习生涯中所特有的价值,也是 MOOC 难以取代的。这也是现代信息技术另一方面的一个弱点。还有,碎片化的学习方式有灵活便捷、直观易学等优点,但在逻辑性、系统性和深入思维等方面存在不足,对培养学生的持久专注力等方面也有欠缺。

所以,对 MOOC 的教学模式也要兴利除弊,发展线上线下结合的混合式教学模式,把两方面的优点都利用起来是很有必要的。

记者:那么,您认为如何做到技术与教育的深度融合?

瞿振元:任何教育技术的运用,最终都要回归教育的本质,MOOC 当然也不例外。

信息技术是一个主体,教育也是一个主体,但教育主动利用信息技术改进教育,在过去一段时间是做得不够,通常是用一些多媒体教学手段和技术,还未真正做与教育的深度融合。

联合国教科文组织的一份报告认为:"只有当教育技术真正统一到整个教育体系中去的时候,只有当教育技术促使我们重新考虑和革新这个教育体系的时候,教育技术才具有价值。"[①]

在线教育的发展,应以满足学习者需求、提升学习者素质为宗旨,也就是应从技术思维走向人文思维。进一步说,既利用信息技术扩大优质教育的覆盖面,推动和实现教育公平,又运用信息技术促进教育观

---

① 联合国教科文组织:《学会生存:教育世界的今天和明天》,教育科学出版社 2000 年版。

念更新、教育体制改革和人才培养模式创新,促进教学思想、教学内容和教学方法手段优化,只有这样才能真正与教育深度融合。

当然,另一个重要的方面也不能忽视,即更充分地利用信息技术做好教育管理,更加注意利用大数据研究教育教学规律,更好地为生师服务。

记者:如何看待政府在 MOOC 发展过程中所发挥的作用?

瞿振元:国际上已经形成一种利用信息技术手段发展多样化的在线教育潮流,在英国、法国等国家,推动教育的发展成为一项国家行为,毋庸置疑,政府在发展在线教育中有重要的引导和调控作用。

目前,推动在线教育快速发展的主要是三种力量:教育创新的力量、技术革新的力量和市场运作的力量。这三种力量在发展在线教育时有着不同的利益诉求,相互之间的关系错综复杂。协调好三者之间的关系,政府的引导非常重要。发展在线教育既需要发挥好学校、社会、市场的积极作用,又需要政府承担相应的责任,从而提高资源配置的有效性,保证正确发展方向。对我国在线教育的发展来说,政府尤其要通过引导,防止各方面力量一哄而上,各搞一套,自成体系,生长出一批"小土豆"而形不成大规模,最终在与国外在线教育的竞争中被"一网打尽"。

目前,在教育部的积极引导下,我国高水平大学率先开展大规模在线开放课程建设,更多高校积极参与探索和创新适合我国国情的多种类型在线开放课程应用,"爱课程网"的"中国大学 MOOC"、清华大学"学堂在线"、上海交通大学"好大学在线"以及多个高校、互联网企业开发的各种类型大规模在线开放课程平台已纷纷上线。

记者:MOOC 作为大型的开放式在线课程,是一种打破国界的新型教学模式,在这种国际化棋局上,我们必须要坚守的原则是什么?

瞿振元:发展在线教育,尤其是在高等教育的国际化棋局上,我们必须要重视价值观的引领,而不仅仅是技术上的跟随。

任何教育都有意识形态属性,任何教育输出都伴有价值理念输出。

以 MOOC 为例,它从诞生之日起就是开放的,其课程总是或隐或显地包含着文化和价值的基因。现实生活中,一些西方国家就是通过教育渗透和输出来实现其国家意图的。因此,我们在发展在线教育时,应引导学生学会甄别,学会选择,学会判断。

我们的大学也不能因简单地加入某些 MOOC 联盟而忘记自己价值守望的使命,要始终坚持中国的价值守望,共同建设好中国本土化的 MOOC,在一些国际平台上去积极展示中国的优质资源,比如现代技术、教学方式等,让我们自己的优势资源走出去,努力从跟随者变成同行者,再变成领跑者。

这一点是我们在发展在线教育时必须要加以重视的。

记者:关于在线开放教育课程的建设、使用和管理,您有何建议?

瞿振元:为了促进 MOOC 教学内容、方法、模式和教学管理体制机制的变革,教育部前不久专门出台了《关于加强高等学校在线开放课程建设应用与管理的意见》。《意见》着眼于遵循教育教学规律,推动信息技术与教育教学深度融合,主动适应学习者个性化发展和多样化终身学习需求,围绕立足自主建设、注重应用共享和加强规范管理三条主线,指导大规模开放课程建设。

在课程建设方面,要满足多样化的个性需求,这就要求课程的多样化,同时也要精。与此同时,平台建设也非常重要,其中的关键就是开放,包括学校本身要开放,视野要宽广,教育资源要开放。这种开放是双向的开放,既支持自己的教师走出去,又欢迎外面的教师走进来。

管理问题,涉及建设的问题、制度的问题,我们要在保证教学质量的前提下,推进在线开放课程学分认定和学分管理制度创新。

"互联网+教师"和"互联网+学生"中的教师和学生,是两个主体,单独讲任何一个主体都是片面的,所以,教师中心论、学生中心论在 MOOC 时代都有片面性,在 MOOC 的教与学过程中"双主体互动"更显重要。如何调动教与学的主动性,便是互联网条件下的教学管理问题。

MOOC 的建设、使用和管理，是一项浩大的工程，从一开始就应该加强顶层设计，规范 MOOC 运营方、学校、政府之间的权限关系，调动大家的积极性一起来做这件事。所以，我们需要一种大的格局观，推动我国 MOOC 建设走上"高校主体、政府支持、社会参与"的创新道路。

记者：您认为，MOOC 的发展对于传媒教育会有哪些影响？

瞿振元：传媒教育应该是最有优势和条件利用好 MOOC 的领域，因为传媒本来就在这个概念中间，而且有很多形象化的东西。媒体是我们每天都离不开的东西，比如电视，早期 MOOC 的教学手段就是电视，20 世纪 80 年风靡一时的"FOLLOW ME"（跟我学）就是很典型的一种 MOOC 的教学方式，虽然那时候技术手段远不如今天先进，不能在线，互动也没办法做到今天这样生动，但基本的教学理念是差不多的。所以，在思维、思想、技术、环境等方面，传媒在线教育更具优势，应该带个好头。

高校信息化需要顶层设计[*]

　　2015年"两会"期间,李克强总理在政府工作报告中首次提出"互联网+"行动计划。"互联网+"已影响并改变着今日中国的各行各业,越来越多的传统产业在与互联网技术的融合中发生了新的变化,形成了新的格局,诞生了新的业态。同样,"互联网+"也为教育的发展带来了全新的契机。始于2011年的慕课,作为一种在线课程开发模式,就是互联网技术与教育教学深度融合的产物。在短短的几年时间里,慕课席卷全球,蓬勃发展,深刻地改变着人们的学习生活和学习方式,对促进优质教育资源共享、促进教育公平、提高教育质量发挥了重要作用。

　　目前,在"互联网+"的大背景下,教育领域如何抓住转型升级的新机遇,做好"互联网+教育"的跨界融合,建设好中国特色的慕课,需要我们做一些理性的思考,做到满腔热情,头脑冷静,蹄疾步稳。

　　一是任何教育技术的运用,最终都要回归教育的本质。近年来,以慕课为标志的现代教育技术融入大学的变革高潮迭起,慕课借助技术的力量、资本的助推和市场的机制获得了迅速发展,在全世界风起云涌,迅速生长,并与现实的大学课堂、社区培训体系尤其是各类网络学习平台,以及支撑这些网络平台的互联网运营商联盟,共同推出了丰富多彩的网络课程。它使那些只属于全球顶尖大学的令人仰视的优质课程,突然之间在互联网中向全社会免费开放。这种历史性的转变,"颠覆"了传统大学课堂教与学的方式,为大众提供了更多的学习机会,开

　　* 本文系作者为蒋东兴等编著的《信息化顶层设计》(清华大学出版社2015年10月版)一书所做的序。

启了学习革命的新纪元。

在各种力量的助推下,慕课的制作水准、技术含量也在不断攀升,课程的主讲教师由一人变成了团队,课程开发者投入了更多的时间、精力,为使以视频为主的知识点的呈现更精准、更吸引学习者,不惜斥资几乎像拍电影一样制作课程,而日新月异的信息技术则不断地变换着课程的设计和场景。此时,我们是不是要追问:我们已走得太远,以至于我们忘了为什么而出发? 其实,任何教育技术的运用,乃至大学的一切变革,最终都要回归教育的本质。联合国教科文组织的一份报告认为:"只有当教育技术真正统一到整个教育体系中去的时候,只有当教育技术促使我们重新考虑和革新这个教育体系的时候,教育技术才具有价值。"①因此,在慕课热潮涌动且渐成澎湃之势时,有必要重新思考教育的本质,重新思考学习的本质,重新思考大学的使命与责任。

慕课的诞生、发展、完善,终究要以满足学习者需求、提升学习者素质为要旨,这就使得技术思维必须走向教育思维,必须把关注信息技术的广泛应用转到更加关注人的社会化过程和人的全面素质的提高、更加关注教学内容的选择与优化,让受教育者在虚拟的空间中达成学习愿望,使其做人和做事的能力达到新的高度。当然,信息技术也必然深刻地作用于教育观念更新、教育教学制度改革和人才培养模式创新,以及教学思想、教学内容和教学方法、手段的变化。这种指归于教育本质的信息技术,才能与教学深度融合,慕课才能走得更好、更远。

二是慕课的发展需要有为政府的力量。目前,推动慕课快速发展的主要是三种力量:大学创新的力量、技术革新的力量和市场运作的力量。这三种力量反映了不同的诉求、动机和利益,同时三者之间的关系错综复杂,决定和影响了慕课发展的多元价值导向和多样化的利益诉求,同时,也使得慕课不可避免地成为一个多元文化碰撞交融的舞台。

在中国,推进慕课健康发展,政府的力量十分重要,因为这与慕课

---

① 　联合国教科文组织:《学会生存:教育世界的今天和明天》,教育科学出版社2000年版。

的"大规模性"和"开放性"直接相关。慕课的这种秉性既要求发挥学校、社会、市场的积极性,政府又要承担应尽的责任,从而提高资源配置的有效性、保证发展方向的正确。对我国在线教育的发展来说,政府尤其要加强引导,防止各方面力量一哄而上,各搞一套,自成体系,生长出一批"小土豆"而形不成大规模,最终导致在与国外在线教育的竞争中被"一网打尽"。

三是发展慕课必须注重价值观的差异。任何教育都有意识形态的属性,任何教育输出都伴有价值理念的输出。慕课的产生主要是基于美国的文化背景和价值体系。我们在看到慕课在推动大学优质教育资源共享、提升学习者接受便捷教育的机会、促进教育公平等优势的同时,也要理性地辨析慕课所伴生的问题。慕课从诞生之日就是"开放"的,其课程总是或隐或显地包含着文化和价值的基因。现实中,一些西方国家就是通过教育渗透来实现国家意图的。因为任何教育都有意识形态的属性,任何教育输出都附有价值观的输出。慕课带有强大的自主选择性,为此,我们要引导学生学会甄别,学会选择,学会判断;我们的一流大学也不能因简单地加入某些联盟而忘却自己的价值守望和创新使命。在高等教育国际化的棋局上,我们需要价值引领,而不仅仅是技术跟随;我们需要走向世界,而不仅仅是模仿学习。这些都需要高校的自觉参与,同时也需要政府的制度安排。

四是慕课的繁荣,需要分层分类,各领风骚。当前的慕课平台,无论是国际还是国内,几乎都是被顶尖大学或一流大学所垄断。学习者不出家门、校门就能享受国内一流乃至世界一流的优质教学资源,这固然是好事,但这种由金字塔塔尖的 1% 的大学向塔底的 99% 的大学提供课程,这些课程对于处于塔底的大学和受众,从内容到方法未必都是适切的。从目前来看,慕课没有很好地解决不同高校分层分类的细分需求,没有充分考虑不同学习者的认知水平和个性特征。就慕课目前的发展趋势而言,好像只是一流大学的课程超市。

因此,慕课在中国大学的本土化实践,需要建立一种适应教育规律和特点的互联网应用模式,打破由一流大学名师提供课程的单一路径,要根据不同类型、不同层次的院校特点,根据受众的认知能力、实际需求,分层分类推出各具特色、各具水平的慕课课程,从而形成百花齐放、各领风骚的真正的繁荣发展的局面。

由蒋东兴等专家学者撰写的高等教育信息化系列学术专著,针对高校信息化建设进入统一信息系统建设后所面临的诸多现实问题,理论联系实际,在高校信息化顶层设计、理论体系建构、实践创新,以及现代信息技术与高等教育教学深度融合等方面进行了系统研究,形成了系列研究成果。这些研究成果,在"互联网+"大背景下,将对推进高校教育信息化建设,促进现代信息技术与教育教学的深度融合,提升高等教育质量发挥重要的作用。

大视野·大格局·大繁荣[*]

在"互联网＋"的大背景下,我国教育如何在前些年已经开展的在线开放课程和平台建设的基础上,做好"互联网＋教育"这篇大文章,时不我待。近日,教育部下发了《关于加强高等学校在线开放课程建设应用与管理的意见》(教高[2015]3号,2015年4月),明确了"高校主体、政府支持、社会参与"的工作方针,提出了建设一批优质在线开放课程、认定一批国家精品在线开放课程、建设在线开放课程公共服务平台、推进在线开放课程学分认定和学分管理制度创新等七项重点任务。相信这一文件的贯彻实施,对更加充分地利用现代信息技术、促进更新教育观念、优化教学方式、提高教育质量必将发挥积极的作用。当前落实《意见》精神,建设好在线开放课程,一定要有大视野、大胸怀,开放包容、互利共赢;一定要立足大格局、大谋略,统分结合、分类推进。由此,形成既是中国的又是世界的在线课程大繁荣的发展局面。

建设好在线开放课程,必须有大视野。现代信息技术的高速发展,使课程等教育资源可以在学校之间乃至国家之间自由流动,不仅打破了学科、学校的边界,也冲破了国家的疆域,大大拓展了教学时空,给学习者带来了莫大便捷,促进了教与学的内容、方法及管理方式的变革。技术的进步是非常革命的力量,顺应潮流则事业兴旺。学校、教师和学生都要以这种大视野审视现代信息技术发展的浩大潮流,以大胸怀迎接这种变革的到来。这种大视野首先表现为开放的态度。对学校来

  ＊ 原载《中国高等教育》2015年第24期,原题《在线开放课程建设需要大视野大格局大繁荣》。

说,开放的态度表现为对内与对外的双向开放,既支持本校优秀教师登上网络,走出校门,也欢迎外校优秀教师通过网络走进学校,让学生尽享校内外优质教育资源;对教师来说,开放意味竞争,大胸怀意味着拥抱竞争,意味着在竞争中学习和重新定位;对学生来说,开放意味着更自觉、更主动的学习,太任性则可能虚度年华。其次,是开放基础上的精细管理。高等学校的"主体作用"在很大程度上表现为个性化、精细化、人性化的管理,诸如在"互联网＋"条件下的学分认证机制、学生学习人机交流和人人交流的结合、个性化培养与人际沟通的结合等,都要以大胸怀加以设计,建立崭新的机制。

建设好在线开放课程,必须有大格局。从本质上说,在线开放课程从诞生的第一天起就是立足于大格局的,因为如果只是为了满足一个学校、一个专业的几十个、几百个乃至几千个学生的某门课的学习需要,是用不着费那么大的精力、搞那么复杂的课程建设的。可以说,一些大公司大投入搞在线开放课程建设,从一开始就是奔着"大规模"和"大格局"的,就是准备"走遍全球"的;一些名校把精力投入在线开放课程,就是为了"占领教育制高点"。今天,我们这样一个拥有 2500 多所高校、3500 多万在校大学生的国家,本来就具有组织起来统筹建设在线开放课程和平台的天然优势和制度优势,这也正是我们所需要的建设在线开放课程和平台的"大格局"。在这种大格局下,推进在线开放课程的健康发展,政府的力量十分重要。因为这与在线开放课程的"大规模性"和"开放性"直接相关。在线开放课程的这种秉性既要求发挥学校、社会及市场参与的积极性,又需要发挥政府有效组织的积极性,从而提高资源配置的有效性。当前,既要支持和鼓励学校、社会以及市场力量的参与,又要避免一哄而上、各搞一套、自成体系,犹如生长一批"小土豆",而形不成"大规模",直至在与国外在线开放课程的竞争中被"一网打尽"。至于政府参与的方式,既可以学习西方一些国家支持以大学联合为基础的公司或以大学为背景的教育公司,更可以根据国情建设自己的"统分结合"的支持模式。

建设好在线开放课程,必须有大繁荣。当前的在线开放课程平台,无论是国际还是国内,几乎都是被顶尖大学或一流大学所垄断。学习者不出家门、校门就能享受国内一流乃至世界一流的优质教学资源,这固然是好事,但这种由金字塔塔尖的 1％ 的大学向下面的 99％ 的大学提供课程,这些课程对于处于塔底的大学和受众,从内容到方法未必都是适切的。从目前来看,在线开放课程并没有很好地解决不同高校分层分类的细分需求,没有充分考虑不同学习者的认知水平和个性特征。就在线开放课程目前的发展趋势而言,好像只是一流大学的"课程超市"。当前,中国的在线开放课程和平台建设,更需要建立一种适应中国国情、遵循教育规律的互联网应用模式,打破由一流大学名师提供课程的单一路径,要根据不同类型、不同层次的院校特点,根据受众的认知能力和实际需求,分层分类推出各具特色、各具水平的在线开放课程,从而形成百花齐放、各领风骚的真正的大繁荣的发展局面。

国际化

中外合作办学的根本任务 [*]

尊敬的各位领导、各位嘉宾、各位老师,女士们、先生们:

我首先代表中国高等教育学会对第五届全国中外合作办学年会的召开表示热烈的祝贺! 对为成功举办本届年会各个方面所做的努力表示衷心的感谢!

本届年会主要的议题就是进一步加强中外合作办学质量建设,培养高素质国际化人才。我想选择这样的主题来开会,在当前情况下,是非常重要的。从第三届开始,全国中外合作办学年会就围绕质量建设这一主题展开讨论;今年又集中研讨如何培养高素质国际化人才,这是对主题的进一步深化。中外合作办学的质量建设,不是一朝一夕的事情,而是必须长期抓紧的"永恒主题",要"深挖几年",持续下去,才能抓出大的成效来;也只有抓好质量建设,提高人才培养质量,才能对得起学生,对得起学生家长,对得起社会。

刚才,中国教育国际交流协会生建学秘书长对人才培养质量问题提出了他的思考,特别强调要培养学生有中国心、国际化、创新型、实用型,我想这些认识是非常正确的。我主要讲两点。

一、中外合作办学要坚持把立德树人作为根本任务

立德树人是学校教育的根本任务。学会做人是国际教育界的共

---

* 本文系作者在 2014 年 11 月 10 日第五届全国中外合作办学年会开幕式上的讲话。原载林金辉:《中外合作办学与国际化人才培养》,厦门大学出版社 2015 版第 13—15 页。

识,联合国教科文组织的有关文件也把学生学会做人作为教育的主要任务之一。培养学生学会做人,从小学、中学到大学是一个连续的过程。当然,中外合作办学也不能回避这个问题,也要坚持把培养人作为根本任务,特别是教育学生具备健全的人格、高尚的品德、创新的思维、优雅的表达,等等。中外合作办学培养的学生都应该具备这样的基本素养。

如果在培养年轻人,尤其是在 18 岁到 22 岁这个年龄段的学生,在人格培养上、在品格培养上产生了偏差,就会对他们人生的轨迹产生非常不好的影响,所以抓好这方面的教育是非常重要的。如果不重视这一点,就像哈佛大学哈佛学院前院长刘易斯(Harry Lewis)说的那样,"学问再好也还是一个失去灵魂的卓越"。我们很多中外合作办学的机构、项目,都在加深对这一重要问题的认识,并且进行着很多富有成效的探索,有的经验还比较系统。我们应该总结我们的经验,推广先进典型,进一步把立德树人这一工作落到实处。

这一段时间,我也走访过一些学校,看到了一些学校非常好的做法。例如,有的中外合作办学机构在课程设置、教学过程中都十分注意学生的全面成长。他们在课程设置中,专门设置了"中国文化与学生成才"和"思想修养与学生成长"课程,用这些课程把中国优秀文化的基因植入学生的头脑,取得了非常好的效果。又比如在开设的课程中融入了不同文化的学生如何相互尊重、相互包容、互学互鉴,使学生在中外合作办学的环境中学习不同文化之间互相尊重、互相学习,从而开阔学生的国际视野,提高学生的文化自信、民族自信。应该说中外合作办学的学生,同样是我们国家的建设者、我们事业的接班人,只是教育的途径、方法不同而已。因此,这些方面的工作我们要进一步做好,坚持把立德树人作为根本任务,从而使得我们的中外合作办学成为有灵魂的卓越。

二、中外合作办学应进一步加强创新创业教育

关于创新创业,过去也许我们的理解有一些狭隘,认为大学生就业

困难,需要大学生有创新创业的精神,一时找不到工作,摆一个地摊也可以。但是这样的认识可能跟时代的要求已经不相符了,已经显得层次太低了。

从我们国家发展的阶段看,要素驱动型、资本驱动型的发展方式在中国可以说走到了尽头,我们必须走创新驱动之路,以创新驱动作为国家发展的基本战略。大家一定注意到,最近以来,特别是十八大以来,我们把创新驱动战略提到空前的高度。昨天,习近平同志在 APEC 会议上发表讲话,把创新驱动作为当前我国经济发展的三大特点之一。教育如何与创新驱动相衔接?应该把创新创业教育和国家的创新发展战略更紧密地结合起来。

习近平同志曾经讲过,我们要推动创新发展战略,抓好教育才是根本大计。这就不止是学生毕业的时候要有创业的精神,而在我们的课程体系中,就要嵌入式地培养学生的创新精神、创业精神。在西方,有些大学被称为具有企业家精神的大学,我们翻译成创新型大学,其实更准确的是具有创业家精神的大学。我想中外合作的办学过程中,要充分利用国际资源,无论在国内上课还是在海外实习,都应该进一步推动创新创业教育,培育学生的创新精神、创业的胆魄和本领。当前,创新创业被称为"第三本教育护照",即不仅要有学历,有技能证书,还要有创新创业的能力,才能适应未来社会竞争的需要。我想,中外合作办学过程中做好创新创业教育更有条件,我们的家长能够让孩子进入中外合作办学的学校,应该说比我们一般的收入水平要高一些,家长对中外合作办学在创新创业方面的期待也更高。所以说,这方面工作我们应该进一步做好。

毫无疑问,我们的中外合作办学已经从数量扩展进入了质量建设的新阶段,质量提升已经成为更紧迫的任务。我相信通过一次次的年会,从不同侧面的讨论,一定能够提升我们的认识,并在此基础上促使中外合作办学的水平达到新的高度!

祝本次会议圆满成功!

谢谢!

中外合作办学的社会责任[*]

厦门大学中外合作办学研究中心是全国第一家以中外合作办学为研究对象的专门研究机构,是教育部中外合作办学发展研究中心所在机构,发挥着国家中外合作办学智库的作用。2012年起,我出席教育部国际司为会议支持机构、该研究中心发起并联合省级教育行政部门主办的每年一届的全国中外合作办学年会;2013年起,担任中心国际顾问委员会主席。几年来,见证了中心的发展历程。值此为新近出炉的《中外合作办学发展报告(2010—2015)》写序之际,我对厦门大学中外合作办学研究中心取得的成绩表示祝贺,并希望中心在已有基础上进一步做好各项工作,更多地出思想、出成果、出人才。

中外合作办学是经济全球化、教育国际化的必然趋势。《中华人民共和国中外合作办学条例》指出,中外合作办学是中国教育事业的组成部分。截至2016年3月,全国经审批机关批准设立或举办的中外合作办学机构和项目已达2403家(个);其中,高等教育中外合作办学机构和项目约占总数的90%。全国中外合作办学在校生规模约56万人,其中高等教育中外合作办学在校生规模约46万人,毕业生则已超过160万人。目前,我国在世界上已成为跨境教育大国。《国家中长期教育改革和发展规划纲要(2010—2020年)》颁布实施以来,尤其是党的十八大以来,中外合作办学以提高质量和效益为中心,主动服务党和国家工作大局,立德树人,致力于培养高素质国际化人才,致力于满足社

---

[*] 本文系作者2016年3月为《中外合作办学发展报告(2010—2015)》(林金辉主编,厦门大学出版社2016年6月出版)一书所作的序。

会多样化多层次的教育需求,致力于促进高等学校体制机制创新、助推世界一流大学和一流学科建设,这些方面的进展很大,值得充分肯定。

面临新的历史机遇和挑战,中外合作办学必须主动适应经济发展新常态,更加主动服务党和国家工作大局;必须全面统筹中外合作办学规模、质量、效益这一发展中的重大关系,实现理论创新和政策创新,协调推进中外合作办学质量建设,发展更高质量更加公平的中外合作办学;必须增强服务中心工作能力,自觉服务"一带一路"建设等重大战略;必须进一步加强党对中外合作办学工作的领导,着力建设长效的爱国主义教育体系和运行机制,践行社会主义核心价值观,培养和造就中国特色社会主义的合格建设者和可靠接班人。

《中外合作办学发展报告(2010—2015)》课题组在林金辉教授带领下,依托厦门大学教育研究院丰富的高等教育研究资源,依托研究中心编辑的每月 8 万余字的《中外合作办学月报》和大量的实地调研资料,耗时两年半,完成了国内第一份中外合作办学发展报告。这份报告以国家中外合作办学政策需求为导向,立意新,站位高。报告共分七个部分,分别对本科及以上中外合作办学项目、法人设置高等教育中外合作办学机构、非法人设置中外合作办学机构、高职高专中外合作办学、高中阶段中外合作办学、高等学校境外办学等进行深入调研,获得了大量第一手材料,涵盖了中外合作办学的主要形式。《报告》的每一部分的分析贯穿了中外合作办学质量建设这一主线,具有系统性;用数据和事实说话,本着实事求是的科学态度,对五年来中外合作办学的发展情况做了详尽的梳理,具有客观性;对原始材料去粗存精,去伪存真,由此及彼,由表及里,把案例的述评上升到原则性的把握,具有普遍性;以第三方的视角审视中外合作办学,不同于中外合作办学机构、项目等利益相关者发布的自评报告,具有独立性;充分肯定了中外合作办学取得的成就,同时正视发展中存在的问题,并提出解决问题的原则、路径和方法,传递了足够的正能量,具有前瞻性;报告的每一部分以发展概况、主要进展和若干建议为基本框架,力求提出务实的对策建议,具有创新性。

　　这份发展报告的出版和发布,是我国教育对外开放领域的一件好事。她的问世,对于国家和地方教育行政部门决策的参考,对于社会舆论的引导和积极健康中外合作办学主流话语体系的形成,对于中外合作办学机构、项目办学实践的指导,都有重要的、积极的意义。

　　中外合作办学在向前发展,还会出现各种新情况、新问题。完成这份发展报告,不是终点,而是新的起点。相信厦门大学中外合作办学研究中心一定能够秉承"咨政育人、服务社会"的优良传统,在新的起点上更加努力工作,团结全国中外合作办学战线上的广大理论工作者和实际工作者,共同破解发展难题,进一步推动理论创新和实践创新,更好地担当起中外合作办学科学研究和智库建设的社会责任。

中国教育国际化要注重提高质量[*]

教育国际化是经济全球化的必然结果,是教育的能动选择,也是国家意志的体现。考察世界发达国家教育国际化的发展进程,在各种跨国教育机构的背后,无不体现着国家的意志和价值预设。《国家中长期教育改革和发展规划纲要(2010—2020 年)》明确提出,"坚持以开放促改革、促发展。开展多层次、宽领域的教育交流与合作,提高我国教育国际化水平";同时,强调"提升我国教育的国际地位、影响力和竞争力。适应国家经济社会对外开放的要求,培养大批具有国际视野、通晓国际规则、能够参与国际事务与国际竞争的国际化人才"。当前,我国教育国际化进程正处于加快发展的阶段,贯彻实施《教育规划纲要》,推进教育国际化进程,最为重要的是科学审视我国教育国际化现状,把提高我国教育国际化质量作为工作之要。

首先,我们要以更宽广的视野认识中国教育国际化问题。

当前,研究与探索中国教育国际化问题,有两个关键词十分重要:一个是"人类命运共同体",另一个是"一带一路"。

"人类命运共同体"是中国政府近年来反复强调的关于人类社会发展的新理念。到目前为止,习近平同志已经在不同场合 60 余次谈到"人类命运共同体"这个概念,尤其是在国际交往领域中使用得更为频繁。党的十八大报告首次明确提出:"要倡导人类命运共同体意识,在

———————
    * 本文根据作者在 2015 年 5 月 24 日召开的在第五届中国教育国际化研讨会上的主旨发言整理而成,原载《高校教育管理》2015 年第 5 期。

追求本国利益时兼顾他国合理关切,在谋求本国发展中促进各国共同发展。"2013 年 4 月,习近平同志致信祝贺清华大学苏世民学者项目启动,在信中,他对"人类命运共同体"作了进一步的阐释:"今天的世界是各国共同组成的命运共同体,战胜人类发展面临的各种挑战,需要各国人民同舟共济、携手努力。"针对教育,他特别强调:"教育应该顺此大势,通过更加密切的互动、交流,促进对人类各种知识和文化的认知,对各民族现实奋斗和未来愿景的体认,以促进各国学生增强相互了解,树立世界眼光,激发创新灵感,确立为人类和平与发展贡献智慧和力量的远大志向。"①与此相呼应,美国总统奥巴马也表达了同样的意向。奥巴马在贺信中表示,"教育交流对于塑造学生全面人格、推动国家间的深入理解和相互尊重,发挥着重要作用。在当前复杂多变的世界环境下,我们所面临的挑战更需要国家之间、人民之间加强合作,建立起富有活力的联系。"②这从一个方面表明,建设"人类命运共同体"已成为世界主要国家领导人的共识。所以,我们理解今天的教育国际化,要放在建设"人类命运共同体",促进世界和平发展、共同发展的这一大格局下,研究探讨中国教育国际化的责任与担当。

"一带一路"倡议是中国在建设"人类命运共同体"进程中,从国家利益视角出发,提出的具有操作性的倡议。这一倡议一经提出,即在世界上引起强烈共鸣。当然,也有遏制这个倡议的,矛盾和冲突是必然的。但是从中国发展的角度来说,这个倡议极为重要。在推进"一带一路"建设过程中,教育如何更好地促进相关国家之间的教育交流,尤其是高等教育的交流合作,以人才、科技和人文来支持和推动"一带一路"建设? 对此,我们要有足够的重视。在这方面,有的高校抓住了机遇,如西安交通大学倡导并发起成立"新丝绸之路大学联盟",22 个国家和

---

① 赵婀娜:《清华大学苏世民学者项目启动仪式在京举行　习近平和奥巴马致贺信　刘延东出席仪式》,《人民日报》2013 年 4 月 22 日。

② 同上。

地区的近百所学校加入。在成立大会上，联盟共同发布了《西安宣言》。宣言称，联盟将弘扬"和平合作、开放包容、互学互鉴、互利共赢"的丝绸之路精神，共建教育合作平台，推进区域开放发展。所以，"一带一路"倡议为教育提供了前所未有的广阔空间和发展机遇，我们要用更宽广的视野认识和把握中国教育国际化的丰富内涵和责任担当。

其次，推进中国教育国际化要着重抓好三个主要问题。

从高等教育的角度来讲，推进中国教育国际化，以下三个方面特别重要：一是中外合作办学要更加注重质量，二是扩大来华留学要迈出新步伐，三是要提高我国高等教育自身的国际性。

首先，中外合作办学要更加注重提高质量。

从我国中外合作办学的发展态势来说，中外合作办学的项目已经有 2056 项，在校生超过 55 万人，其中本科以上的项目有 1052 个。中外合作办学规模位居第一的是黑龙江省，有 175 个项目；第二是上海市，有 106 个项目；江苏位居第三，有 95 个项目；北京位居第四，有 92 个项目。总体上讲，东北地区相对发展较快，黑龙江、吉林、辽宁三省都位居中外合作办学机构项目数的前十位。单纯从数量规模角度讲，中外合作办学项目已经不少了。在已经具备一定规模的基础上，提高质量更显重要。

目前，中外合作办学的合作方主要集中在美、英、澳等国的学校。这种地域结构的分布，与国家正在推进的"一带一路"倡议的适应度显然不够。因此，在今后的中外合作办学工作中，我们要在区域分布上更多地考虑更好地适应"一带一路"倡议的需要；在具体办学过程中、在人才培养中要更加注重提高质量。

第一，要注重中外合作办学项目中学生思想道德素质的养成，培育核心价值观。2003 年颁布的《中华人民共和国中外合作办学条例》明确指出："中外合作办学应当符合中国教育事业发展的需要，保证教育教学质量，致力于培养中国社会主义建设事业的各类人才。"因此，无论我们与哪个国家合作办学,其学生都是中国的学生,他们毕业后大都是中国特色社会主义事业的建设者和接班人,我们应该也必须对这部分学生加强中国文明以及世界文明的教育。在他们的思想当中,要牢固树立中国文化的基因。强调这一点,不是中国大学的独特要求,而是世界大学的通行做法。国外的大学在他们的对外开放办学过程中,同样也有国家意识的体现,也有贯穿实施国家意识的具体要求。相比之下,我们在这方面的要求明显不够。对此,我们可以集中建设一批关于中国文明、世界文明,以及"世界文明中的中国"这样的系列课程,让学生了解中华优秀传统文化,了解世界文明发展历史。同时,我们也应该设置必要的中文课程。任何国家的教育都把对母语的精准理解和优雅表达,作为本国学生的基本素质来要求。对在合作办学机构的学生而言,强化外语学习,当然是必要的,也是必须的,但同时仍然需要在母语的精准理解和优雅表达上有明确的要求。这一点不能马虎,更不能虚化。事实上,这也是我们行使教育主权的体现,在课程的设置上体现我们的话语权和决策权。

第二,提高中外合作办学机构的人才培养质量,应该坚持不懈抓教学过程。我们已经提出过在中外合作办学机构当中"四个1/3"的要求。就是说在中国所举行的教育教学活动中,引进外国课程应当占全部课程的1/3,引进的专业核心课程占全部核心课程的1/3,在所有的任教老师中,外教担任专业核心课程的门数应该占总课程门数的1/3,课时数也应该在1/3。这些要求从当前的实际看,总体上是合理的,还不能认为太高。厦门大学教育研究院的林金辉教授在他的相关研究报告中指出,在"四个1/3"问题上,不是所有的办学机构都做到了。如在引进外方课程上,有的学校高达100%,但有的学校只有8.1%。8.1%距离1/3的标准差得太远,就很难说是中外合作办学了。当然,100%也不一定就是好事。正如我刚才说的,还要有母语的教育、中国文明的教育,等等。100%的外语和外方课程意味着完全放弃了上述要求。在中外合作办学中,中方的意志和要求必须体现在教育教学过程中,同时,要严格、规范教育教学管理,加大评估力度。一般来说,中外合作办学的学生交的学费比较高,期待的就是好的教育质量。中外合作办学的同仁一定要努力提高教育质量,唯有这样,才对得起学生、对得起家长、对得起自己的良心。"四个1/3"就是很具体的抓手,我们要以此来规范教学过程,提高中外合作办学的教学质量。

其次,扩大来华留学要迈出新步伐。

冷战结束后国际形势最明显、最深刻的变化,就是中国国际地位和作用突出增强,我国高等教育的地位也在不断上升。新的形势下,吸引更多的外国留学生到中国来接受教育是大势所趋。近年来,来华留学规模发展较快,几乎是每四年翻一番,现在已经有40多万来华留学生,在数量增加的同时,来华留学生的学习层次还需要进一步提高,不能只是停留在学语言的层次上,正式的学历、学位这一层次也需要随之提高。据我所知,现在不少学校虽具备了师资条件、专业水平,但是缺乏硬件支撑,特别是住宿等条件的支持。所以,教育管理部门应该加大资金投入和硬件建设,制定支持和鼓励来华留学的教育政策,使得这些学校能够在相应领域代表中国教育吸引更多的留学生,使得中国高等教育在走向世界的进程中有足够数量和质量的留学生作为支撑。

再次,提高我国高等教育自身的国际性。

经济全球化必然影响到文化和教育的国际化。在经济全球化背景下,任何国家的教育都不可能脱离全球化进程而独立生存和发展。一国的教育,必然会受到他国的影响,同时,也必须融入到全球化的发展进程中去。因此,其自身教育在全球化环境的浸染、交融中必然呈现出国际性的特征。这种国际性必然是在继承和固守本民族优秀教育传统的基础上,不断吸收其他民族优秀教育文化而逐渐形成的、符合时代要求并为世界教育所认可、吸收和借鉴的。因此,这种教育的国际性是教育的一种性质,既带有鲜明的民族性,同时也是属于整个人类文明的。教育的国际性的突出特征首先是超越了狭隘的民族国家观念的国际视野和国际意识。

　　当前,我国正处在教育国际化的加速发展阶段。如果说在刚刚打开国门的时候,我们在国际交流合作中有不少的迎来送往,以后又发展了不少的合作项目,等等,这些都是合理的、必要的,但在今天我们建设"人类命运共同体",实施"一带一路"倡议,建设"中国特色、世界水平的现代教育"的新的发展阶段,我们必须有大的进步,要特别注意培育、强化我们自身教育的国际性。

　　教育的国际性体现在人才培养、科学研究以至教育的全过程。在中国成为世界第二大经济实体的时候,代表国家软实力的教育,特别需要对我们自己的学生加强国际理解教育,增进学生对不同国家、不同文化的认识和理解。在此基础上,培养一批具有国际视野、通晓国际规则、能够参与国际事务和国际竞争的国际化人才。正如习近平同志所讲的,要培养我们的学生具有世界眼光,有创新灵感,要有为人类的和平与发展作贡献的远大志向。

　　2014年11月,我曾到美国访问,在考察哈佛大学、马里兰大学的教学改革时,有两点印象很深刻:第一点是跨学科,让学生学习跨学科的知识,走进当今科技前沿;第二点是跨文化、跨国界,他们把讲授世界文明以及世界文明中的美国作为学生通识教育的一个重要版块,其他一些大学也都在做同样的改革,包括让学生利用暑期到世界各地去获取一定的国际经验。

　　高等学校要进一步加强与国外高水平大学的合作,建立教学科研合作平台,联合推进高水平基础研究和高新技术研究。携手应对人类共同问题,提升我国参与国际教育治理的能力和话语权,这也是教育国际性的一个非常重要的表现。

　　提高教育教学质量要具备国际视野、强化国际意识,逐步达到国际水准,即我们培养的学生在学业水平上要与发达国家的同类型同层次的学生达到实质性等效。这是检验我国高等教育国际性的最重要和最集中的标志,也是我们应当着力的方面。

　　"十三五"期间,我们应该探索建立测评学校国际性和国际竞争能力的指标体系,尤其是在建设世界一流大学的过程中,应该率先在提高教育国际性上迈出实质性的步伐,有实质性的提高。无论是教师构成、学生活动、留学生比例,以及相关人员在国际组织和国际机构中任职,在国际学术领域产生重要学术成果,毕业生学业水平实质性等效,等等,都应该作为评价高水平大学国际性程度的重要内容。只有在这些方面都取得了显著成效,使中国的大学才能在世界上赢得更多的国际理解、国际认同乃至国际声望,中国的大学才能真正走向世界。

"一带一路"建设与国家教育新使命[*]

　　"一带一路"倡议旨在通过经济政策协调、要素自由流动、资源高效配置和市场深度融合,以共同利益推动沿线各国经济繁荣与区域经济合作,加强不同文明交流互鉴,促进世界和平发展。在这一世纪性系统大工程中,我国教育特别是高等教育如何担当起应该担当的使命,以更加主动的姿态推动"一带一路"沿线国家的教育合作发展,培养出宏大的人才队伍,适应和引领"一带一路"建设,并且在这一伟大进程中做强自身,建成高等教育强国,需要我们认真思考、持续实践。

　　"一带一路"建设是国家重大战略

　　"一带一路"建设是以经济贸易为主要载体、以互联互通为核心概念、以互利共赢为基本目的的跨国战略合作倡议,是对古丝绸之路的传承和提升。它东接亚太经济圈,西进欧洲经济圈,沿途连通中亚、东南亚、南亚、西亚和东非等 64 个国家,是开放、包容、普惠的经济合作倡议,不限国别范围,不是一个实体,不搞封闭机制,有意愿的国家和经济体均可参与进来,共同发展、合作发展。"一带一路"倡议打破原来点状、块状的区域发展模式,将成为一种新的发展模式。"一带一路"沿线大多是新兴经济体和发展中国家,目前总人口约 44 亿人,经济总量约21 万亿美元,分别约占全球的 63％和 29％。这些国家普遍处于经济发展的上升期,资源禀赋各异,经济互补性较强,彼此合作潜力和空间很大。

---

　　* 原载《光明日报》2015 年 8 月 13 日第 11 版。

　　"一带一路"建设主要包含经济贸易、区域秩序、人文交流三方面的内涵,以政策沟通、设施联通、贸易畅通、资金融通、民心相通"五通"为主要内容。

　　"一带一路"是促进共同发展、实现共同繁荣的合作共赢之路,是增进理解信任、加强交流合作的和平友谊之路,是战略性、长期性、高层次、全方位的宏大战略。它承载着全面开放、统筹发展、民族复兴的伟大目标和崇高使命。要实现这一目标的空间范围广、时间跨度大、实施周期长,不是一年两年或十年八年能立见成效的,要把眼光放到 2020 年、2030 年、2050 年几个时段,在实现中华民族伟大复兴中国梦的历史进程中进行思考和把握,确定近中远期目标和重点,先易后难,分阶段分步骤实施推进。对其长期性、艰巨性、复杂性始终保持清醒认识。无动于衷不行,急躁冒进也不行。在过去的 20 多年中,以金砖国家为代表的新兴国家的经济增长速度超过发达工业国家的一倍,改变了国际经济政治格局,而"一带一路"建设必将进一步改变国际经济政治格局。

　　为教育对外开放提出新使命

　　"人类命运共同体"是中国政府近年来反复强调的关于人类社会发展的新理念。党的十八大报告首次明确提出:"要倡导人类命运共同体意识,在追求本国利益时兼顾他国合理关切,在谋求本国发展中促进各国共同发展。"

　　穷则独善其身,达则兼济天下,是中国自古以来就有的以天下为己任的担当。在今天中国即将全面建成小康社会、步入中等发达国家行列之际,"一带一路"倡议的推出和亚投行的组建,都体现了这种情怀。"一带一路"沿线国家多半遭受过旧殖民统治体系的剥削和压制,由于历史与自身情况的制约,很多国家至今无法摆脱贫困、饥饿、动乱的困扰,而在其现代化进程中,又不得不面对"二战"以来依据"丛林法则"形成的世界政治、经济格局,但其发展策略和发展道路又不可能走以往发达国家的老路,因而在世界多极化、经济全球化、文化多样化和社会信息化持续推进的世界潮流中,迫切需要在更加公正合理的国际体系中发展自己。中国倡议的"一带一路"建设和设立亚投行,就是着力于欧亚大陆互利共赢一体化发展和利益共同体及命运共同体的意识,是兼济天下的使命担当。

在推进"一带一路"建设、促进"人类命运共同体"建设的进程中,教育承担着独特的使命。中华人民共和国成立以来,特别是改革开放以来,我国教育顺势而为,逐步形成全方位、多层次、宽领域的对外开放格局,建成了世界最大留学输出国和亚洲最大留学目的地国。加入WTO以来,我国教育开放承诺水平在世界主要国家中已相对较高,有的方面高于一些发达国家,更是高于一批尚未承诺开放本国教育的重要参照国。新形势下教育如何顺应新形势、抓住机遇,承担好"一带一路"建设提出的新使命与新要求是摆在我们面前的重要任务。

服务于"一带一路"建设,教育特别是高等教育,首先和主要的任务是人才培养。"一带一路"建设需要什么样的人才呢?"一带一路"建设的浩大内容,可以分为三个方面:一是交通、信息、能源基础设施,贸易与投资,能源资源,货币金融互联互通,可以理解为工程建设和经济贸易;二是区域性的生态环境保护、海上合作领域、政策的互联互通,可以理解为区域政治和秩序;三是区域性的语言文化、科技人文、卫生和旅游等人文领域的互联互通,可以理解为人文交流与合作。这些战略所涵盖的建设内容,包括基础设施建设、技术、资本、货币、贸易、文化、政策、民族、宗教,无一不需要教育特别是高等教育提供人才支撑。

第一,大量的基础设施建设,需要宏大的不同领域的工程技术、项目设计与管理等专业人才。据亚洲开发银行的评估报告显示,2010—2020年,亚洲各国累计需要投入 7.97 万亿美元用于基础设施的建设与维护,涉及 989 个交通运输和 88 个能源跨境项目。这些项目的建设完成,需要数以十万乃至百万计的铁路、管道、电力、公路、港口与通信等产业的工程建设、设计施工、质量控制与保障、经济管理人才,要加强工程、政治、经济、管理等各领域的专家协作。

第二,随着众多的企业落地,急需大量通晓当地语言,熟知当地政治、经济、文化、风俗和人文地理的人才,特别是东南亚、南亚、中亚、东北亚乃至西亚国家政治、经济及风土民情的人才。"一带一路"沿线有64个国家,还不断有国家和地区参与进来,可是我们奇缺通晓亚洲小语种的人才,遭遇"小语种危机",小语种教学和小语种人才培养任务很重。而且,我国大众观念中的外语几乎就相当于英语,国外就几乎相当于发达国家,这些观念与我国日益深入和多元开放的国际化进程很不适应,亟需改变。

第三,区域性经贸往来和良好秩序的形成,需要大量的国际贸易人才。"一带一路"正在形成除大西洋贸易轴心和太平洋贸易轴心之外、新的以亚欧为核心的全球第三大贸易轴心。目前"一带一路"国家GDP总量达20万亿美元(约占全球1/3)。区域国家经济增长对跨境贸易的依赖程度较高,2000年各国平均外贸依存度为32.6%;2010年提高到33.9%;2012年达到34.5%,远高于同期24.3%的全球平均水平。根据世界银行数据计算,1990—2013年期间,全球贸易、跨境直接投资年均增长速度为7.8%和9.7%,而"一带一路"沿线国家同期的年均增长速度分别为13.1%和16.5%;尤其是国际金融危机后的2010—2013年期间,"一带一路"国家对外贸易、外资净流入年均增长速度分别为13.9%和6.2%,比全球平均水平高出4.6个百分点和3.4个百分点。预计未来十年,"一带一路"国家出口规模占比有望提升至1/3左右。亚投行成立后的首个项目即是"丝绸之路经济带"的建设,这就急需大量懂得资本运作、货币流通、贸易规则制定、通晓国际规则的人才。

服务于"一带一路"建设,需要加强多元文化教育,力促民心互通。民心互通说到底是文化的交融。文化是全人类共通的精神产品。"一带一路"战略的顺利实施,互利互惠是根本,民心相通是社会根基。沿线国家普遍国情复杂,宗教信仰、地缘政治、民心社情等比较复杂,地区、阶层、宗教派系差异性大,只有全面了解民间需求与广泛民意,消除误解误判,才能促进合作;只有沿线国家的学者、企业家、政府部门、民间组织和民众充分理解历史文化背景与民心社情,才可能更好地实施这一战略,而这正是目前非常缺乏的,需要加强多元文化教育。需要为"一带一路"政策制定者、传播者和从事实际工作的政府官员、企业家、民间人士等提供全面、深入的历史、地理、语言、文化、宗教、政治等方面的知识培训,才能有效实现政策沟通;需要培养一批具有较好的国际交往能力,具有较好社会影响力与社会声誉,能经常往来于各国间的民间人士、文化使者,他们通过 NGO 志愿者、学术研究、文化交流等方式进入到整个社会的肌体中,才能达到民心相通。

　　服务于"一带一路"建设,教育特别是高等教育要努力提供智力支持、贡献宝贵智慧。世界历史发展表明,各个国家在全球格局中的经济、政治地位并非不可改变,世界存在于动态变化之中。亚太国家要想在新一轮的世界格局变化中占据更重要的席位,就要顺应地区和全球合作潮流。斯塔夫里阿诺斯曾说:"如果其他地理因素相同,那么人类取得进步的关键就在于各民族之间的可接近性。最有机会与其他民族相互影响的那些民族,最有可能得到突飞猛进的发展。实际上,环境也迫使他们非迅速发展不可,因为他们面临的不仅仅是发展的机会,还有被淘汰的压力。"[①]"一带一路"建设正是既承认沿线国家各自发展独特性,又结成互为中心和源头的共同发展体系。这种共同的发展体系决定了必须加强对人类命运共同体共同面对的重大课题的研究,提出可行的解决方案。

　　第一,要为建设和谐区域治理体系贡献智慧。"一带一路"沿线大都为新兴国家,随着新兴国家的发展,他们在国际事务中影响力不断上升,但国际政治经济秩序不公平不合理的状况依然存在,不同国家和地区经济社会发展不平衡现象十分普遍,贫富差距日益扩大,地区冲突与

---

　　① 斯塔夫里阿诺斯著、吴象婴等译:《全球通史:从史前到 21 世纪》,北京大学出版社 2006 年版。

暴力依然存在。这些都是困扰"一带一路"沿线各国治理的难题,也是"一带一路"建设成共同发展体系需要共同面对的挑战和问题。

第二,要为人类社会和区域的可持续发展贡献智慧。全球气候变化、能源短缺、水资源危机、森林资源保护、土地荒漠化、生物多样性保护、环境严重污染,重大传染病防治、突发公共安全事件,新兴国家高速城市化、人口膨胀、资源缺乏等问题给人类社会和区域的可持续发展带来严峻挑战,需要共同面对,协调解决。由于现存的国际体系规则或明或暗都由欧美发达国家主导,因而完全指望他们来公正地代表全球的公共利益,特别是新兴国家的利益显然是不现实的。研究如何在参与全球治理时对发展中国家更有利,如何面对和解决这些问题,"一带一路"沿线国家具有更多的一致性和共通性,应携起手来,共同研究调整战略对策,为人类社会和区域的可持续发展有所作为,其中中国高等教育要发挥更重要的作用。

第三,要为解决实际应用导向的现实问题贡献智慧。"一带一路"建设中会出现大量需要解决的各种现实问题,从宏观到微观,从文化到社会,从政策到工程,从人力资源到技术"瓶颈"。需要开展区域与沿线各国社会发展研究,国别国情科学研判,经贸与文化交流、国际商务合作研究,人才需求调查与培养研究。开展前瞻性、针对性、储备性政策研究,对"一带一路"建设未来 5 年、15 年、50 年的发展作出科学研判、战略思考和超前谋划。加强国家之间、国家部委、相关区域政府、高等学校、产业、行业之间的合作研究,围绕决策需求,提出专业化、建设性、切实管用的政策建议。

沿线国家教育合作如何良性推动

"一带一路"建设不仅要求我们要积极对接沿线国家经济发展和区域合作规划,要求我国的高等教育对内把脉,找准适合"一带一路"战略发展的契合点和着力点。同时,也要向世界高等教育体系问诊,从重建世界秩序的高度,谋划我国高等教育在"一带一路"建设中的战略布局和行动策略,为沿线国家共建"一带一路"提供人才支撑和智力支持,促进"一带一路"沿线国家之间的经济、文化、教育的合作与交流,让沿线国家的人民共享"一带一路"的建设成果,从而实现合作共赢。这是中国作为一个负责任大国的担当,更是中国高等教育应有的行动。

服务"一带一路"建设,要扩大来华留学教育,培养适需的境外人才。留学生教育已经成为一个国家提升国际影响力、拓展教育市场的重要工具。改革开放以来,我国高度重视来华留学教育工作,来华留学教育的规模与质量稳步提升。据《2014 年度来华留学调查报告》统计,2014 年共有来自 203 个国家和地区的约 37.7 万名各类外国留学人员在我国 31 个省、自治区、直辖市的 775 所高等学校、科研院所和其他教学机构中学习。就来华留学生规模而言,已占全球留学生份额的 8%,成为世界第三大留学生输入国。但在国际教育市场上,与美国、澳大利亚、英国这些最大受益国相比,我国仍处于"逆差"状态。

长期以来,来华留学生教育的重心是少数发达国家,一些高校认为只有招收欧美学生才能体现教育国际化的水平与实力。但从服务国家"一带一路"重大战略布局和教育的长远目标来看,我们的教育要为人类命运共同体建设、为造福整个人类社会作出贡献,这就要求我们要在国家战略的引导下,扩大来华留学规模,优化来华留学结构,继续积极接受来自发达国家的留学生,重点扩大"一带一路"沿线国家来华留学生;政府奖学金要进一步扩大并向"一带一路"沿线国家倾斜,增量部分主要用于沿线国家的来华留学生,把雪中送炭的工作做实做好。

如何在满足留学生个体需求的同时,更加着眼于服务"一带一路"建设需求,提高来华留学教育质量,也是需要我们研究的一个重要问题。目前,就不同地区留学生的个体留学服务需求而言,发达国家学生更偏重语言学习;欠发达国家学生更倾向于攻读学位课程,如医学、工程等。而"一带一路"建设的合作重点"设施联通、贸易畅通、资金融通"中所涉及的学科专业在来华留学生教育中有不少尚属空白。为此,国家要从战略高度,统筹规划我国高校吸纳"一带一路"沿线国家来华留学生的学科专业,集中优势资源,做强与"一带一路"重大战略密切相关的特色学科专业,吸纳他们在这些学科专业学习,使他们来华学得好,回国用得上,发挥好作用。

提高来华留学教育质量的关键是提供质优量足的课程。为此,高校应充分利用现代信息技术,线上线下结合,开发出服务"一带一路"建设的、多种语言教授的课程体系和学位课程,以优质的教育资源和优质的教育服务,满足国家"一带一路"建设需求,打造来华留学生教育品牌课程、品牌专业。

服务"一带一路"建设,要通过教育与产业同步、学校与企业结合,培养高素质技能人才。"一带一路"建设是一项宏大的系统工程,只有在高等教育的全方位支持下,才能确保有力、有序、有效地推进。就人才培养而言,要坚持"分层分类",既要培养通晓国际规则、承载国家使命的高端人才、青年才俊、未来领袖,同时也要培养一大批适应"一带一路"基础项目建设的高素质技能人才;要区分"一带一路"建设推进工作的轻重缓急,对那些大通道、大动脉、主航线、重要节点、关键环节所急需的技能人才要优先部署,重点培养。要以产教融合实现教育与产业同步发展,支持各类高校与我国高铁、电信运营等"走出去"的行业企业实行合作办学。目前,"一带一路"沿线的中国企业有1万多家,但企业和高校合作办学的还不多。同时,还要加大培训的灵活性,方便选择。要做到培训围着项目走,项目建在哪儿,培训做到哪儿,紧跟并适度超前"一带一路"重大基础性建设项目,在项目建设所在国办学,把高素质技能人才培养与项目建设密切结合起来。

从人力资源构成上看,沿线国家大多尚未出现人口老龄化现象。2013年,"一带一路"沿线国家15—64岁人数占比平均为67.5%,其中有21个国家的劳动力人数占全国总人口的70%以上,劳动力资源极为充裕。而这些国家的基础设施水平在全球则位于中下程度。"一带一路"沿线国家充沛的劳动力资源、亟待开发的基础设施建设,与我国高端制造业的雄厚实力和近十年高等教育（特别是高等职业教育）国际合作办学所积累的丰富经验，形成了供需十分旺盛的教育服务市场。近年来，宁波职业技术学院在贝宁建立了贝宁国际培训中心，培养培训中资企业发展所需的当地员工，带动企业所在国的经济发展；桂林旅游高等专科学校为印尼和文莱等东盟国家培训旅游人才。这些成功经验，值得在"一带一路"战略推进中进一步借鉴和推广。

总之，"招进来"与"走出去"协同推进，应成为"一带一路"建设人才支撑的基本路径。

服务"一带一路"建设，要有选择地在沿线国家建立境外大学和教育基地。近年来，我国高等教育质量越来越得到国际社会的认可。实施十余年的"创建世界一流大学"计划成绩显著，培养了一批拔尖创新人才，形成了一批世界一流学科，产生了一批国际领先的原创性成果，为提升我国综合国力贡献了力量。特别是在高等教育体系中"三分天下有其一"的高等工程教育，自 2006 年开始构建具有国际实质等效、与工程师制度相衔接的工程教育专业认证体系，并于 2013 年 6 月加入《华盛顿协议》，工程教育质量保障体系获得了国际较好认可。目前，本科层次的工科专业布点数已达 15733 个，几乎覆盖了当前"一带一路"建设的所有重大工程项目。因此，我国的高等教育已经具备了"走出去"在"一带一路"沿线国家建立境外大学和教育基地的良好基础。与此同时，我们也积累了可资借鉴的经验。目前，我国高校赴境外办学已粗具规模。经教育部批准的境外办学有厦门大学马来西亚分校、老挝苏州大学、云南财经大学曼谷商学院和北京语言大学东京学院；同时，还有 90 多个项目，涉及 14 个国家和地区，主要分布在东南亚国家；与180 多个国家和地区建立了双边和多边教育交流合作关系，与 41 个国家和地区签署了学历学位互认协定。而且，"一带一路"沿线国家已有巴基斯坦、哈萨克斯坦、约旦等 10 多个国家向我国发出境外办学邀请。可以说，在"一带一路"建设中适度增加教育投入，有步骤地开发面向"一带一路"沿线国家的教育项目，将创建境外大学或其他形式的教育机构作为重点项目予以支持,既可为"一带一路"沿线国家的经济社会发展培育人才,也可为我国在世界格局的发展中积累广泛的人脉,发现培养一批以中青年为主的"知华""亲华""友华"力量,争取有利的国际舆论环境,扩大国际影响。同时,这也是推动中国教育走向世界的战略举措,是中国睦邻、安邻、富邻,为沿线国家共谋福祉的责任担当。

服务"一带一路"建设,要提升自身的国际性,做强中国高等教育。为了满足"一带一路"建设的需要,我们要加强薄弱学科专业的建设。比如,要加快培养非通用语种人才。要深入研究"一带一路"建设的语言需求,制定专门的语言发展规划,增加战略性外语人才的储备,加快培育一批既熟悉"一带一路"国家语言,又了解其国情和文化的高端人才。"一带一路"沿线国家的官方语言有 40 余种,而我国高校能够教授的仅有 20 种。发达国家能够教授的语言大都达到上百种,但我国进入教育部本科专业目录的外语语种还不到 70 种。目前,非通用语种覆盖范围不足,语种专业布局不够合理,关键国家和地区的语言人才匮乏的问题已成为制约推进"一带一路"建设的"瓶颈",这就迫切需要我们把关键语言人才的培养上升为国家战略的一部分,抓实落细。要把我国已有的具有良好基础的若干所语言类大学和进行非通用语言教学的大学重点建设好,使其成为语言教学的中心、文化研究和国别研究的重要基地,为"一带一路"建设培养更多的语言和文化类人才。

实施"一带一路"战略,倒逼我们以更广阔的国际视野,全面审视和提升我国高等教育质量。我们唯有在专业、课程、教学、实践及师资等可比的核心要素方面,达到国际认同的标准且具备一流水平,培养的学生在学业水平上与发达国家的同类型、同层次的学生达到实质性等效,我们的高等教育才能在"一带一路"沿线国家乃至世界范围内脱颖而出,才会有吸引力和竞争力。有的学校到境外办学,更是直接在国际舞台上进行教育质量的比拼。为此,我们要把全面提高质量作为重点,提升我国高等教育的国际性,做强各类高等学校。要通过"一带一路"建设需求的倒逼机制,触动各类高校转变人才培养模式,调整专业结构,扎实推进教学改革,用国际视野审视我们的人才培养质量。

我们还要以"一带一路"建设为契机,调整高等教育结构,加大中西部地区高等教育的政策扶持力度,解决高等教育过度"东高西低"的问题,这既有利于全国高等教育的区域协调发展,又有利于和"一带一路"建设相衔接。

在推进"一带一路"建设中,要加强"一带一路"国家高校间的合作,携手应对人类共同问题,如政治、经济、文化、安全等问题的研究,提升我国参与国际教育治理的能力。

教育是人类可持续发展的关键[*]

尊敬的各位领导、各位来宾、女士们、先生们：

大家上午好！

很高兴参加第九届中国—东盟教育交流周的重要活动之一——中国—东盟工科大学校长论坛。首先请允许我代表中国高等教育学会对本次大会的召开表示热烈的祝贺！向参会的东盟及国内大学的校长们致以敬意和问候！

今年是中国与东盟建立对话关系25周年，也是中国—东盟教育交流年。25年来，中国与东盟各国在政治、经济、文化、教育等领域广泛合作，成效显著；特别是在高等教育领域，双方以"教育交流周"为平台，在平等、互利、共赢的基础上，采取多种形式不断扩大国家之间的教育、科研、人员的交流与合作，实现了中国和东盟国家实质性和机制化的教育合作与交流，有效地促进了双方的共同进步和社会繁荣。

中国和东盟各国都有着重视教育的好传统，在高等教育体制、人才培养模式和优势学科专业方面各有特色、各有所长。伴随着经济社会发展和广大民众接受高等教育的双重需求，积极发展高等教育是我们的共同任务。去年11月召开的联合国教科文组织第38次大会在总结历史经验的基础上，提出了教育面向2030年的行动框架，以七大目标勾画未来教育蓝图；贯穿其中的核心理念是：教育是人类共同利益，是可持续发展的关键。这也是我们的共识，是我们深入合作的思想基础。

---

* 本文系作者在2016年8月2日召开的第九届中国—东盟教育交流周：中国—东盟工科大学校长论坛上的致辞。

中国政府正在积极谋划面向 2030 年的教育现代化进程,2015 年 10 月,颁布了《统筹推进世界一流大学和一流学科建设总体方案》,旨在加快教育现代化进程,提升中国高等教育的综合实力,力争到 2050 年建成高等教育强国。

中国有着世界上规模最大的高等教育,我们有三千多万大学生,其中三分之一是理工科学生。理工科教育质量在很大程度上代表着中国高等教育的水平。因此,我们一直高度重视理工科教育质量建设。近年来,推出了"卓越工程师"教育改革计划等举措,取得了一定成效。今年 6 月,中国正式成为"华盛顿协议"成员国,标志着中国工程教育质量在国际实质性等效上取得了具有标志性意义的成果。当然,提高教育质量没有休止符,永远在路上。

中国和东盟国家山水相连、血脉相亲,我们是同舟共济的好邻居、好朋友、好伙伴。今天,中国和东盟国家工科大学校长汇聚一堂,就大家共同关心的工科教育改革发展、工科人才培养等话题分享经验、磋商交流,必将对提升中国—东盟各国的工科教育质量和国际竞争力发挥积极的推动作用。

民心相通,教育先行,中国与东盟国家的教育合作,对增进中国与东盟国家人民,特别是青年一代的了解、友谊与合作发挥着基础性、先导性、广泛性和持久性的作用,必将为推动中国—东盟战略伙伴关系的持续发展,为"一带一路"沿线国家的共同繁荣,作出积极的贡献。

预祝本次论坛在各位与会嘉宾的共同努力下圆满成功!

谢谢大家!

谋求世界高等教育新发展*

各位领导、各位嘉宾，女士们、先生们：

大家上午好！

首先，请允许我代表中国高等教育学会在北京交通大学 120 华诞之际，向老师们、同学们和海内外的校友们表示衷心的、热烈的节日祝贺！向来自海内外的大学校长们表示热烈的欢迎！

北京交通大学和其他四所交通大学始建于 1896 年，那是在 1840 年鸦片战争后、1911 年辛亥革命前，先进的中国人，为了救亡图存而进行的一个探索。这些大学的建立，犹如在黑夜里点起的一盏盏小小的寄托着民族希望的灯。120 年来，数代交大人励精图治、坚持不懈、艰苦奋斗，悉心育人、发展科技、服务社会，取得了令人骄傲的成就！我在这里特别要说两件事：一是北京交通大学由于长期在高铁和城市轨道交通领域的卓有成效的科学研究，成为我国第一批进入 2011 协同创新中心的牵头高校，重要的是开创了一个高校与企业、科研单位等协同创新、发展先进生产力、解决国家重大需求的成功范例！二是今年 6 月 2 日，我国成为国际工程教育认证的"华盛顿协议"组织的正式成员国。开会前考察的两所高校就有北京交通大学。由于北京交通大学长期以来重视本科教育教学改革，在教育理念、内容、方法等方面进行了实质性的改革，其成效得到"华盛顿协议"成员国专家的一致肯定。这一方面说明，北京交通大学的本科工程教育的质量达到了国际实质性等效

---

* 本文系作者 2016 年 9 月 9 日在北京交通大学 120 年校庆暨 2016 全球大学校长高峰论坛上的致辞。

的水平;另一方面也说明,北京交通大学的本科教学改革工作对推动我国高校的工程教育的改革起着示范作用,这个作用今后会更加明显。我用这两件事说明北京交通大学在我国 2560 所高校中的独特地位。我想,如果说 120 年前点起的是一盏小小的希望之灯,那么,今天北京交通大学已经成为我国高校之林中的一盏璀璨明灯,而且世界都可以看到她的光芒! 我提议,我们一起以掌声对北京交通大学的发展成就表示最热烈的祝贺!

本次全球大学校长高峰论坛是在 G20 领导人杭州峰会刚刚闭幕之时召开的。共建共享共赢、创新驱动、绿色发展、包容增长等成为共同理念,构建创新、活力、联动、包容的世界经济征程正从杭州出发。高等教育如何顺应大势,为世界经济发展作新贡献,为世界高等教育谋新发展,成为我们的新使命。历史告诉我们:一个国家一时的经济增长,可以依靠引进资金、引进技术、引进人才、引进管理;但是,这些都不能解决一个国家持续的经济发展和社会进步,因为国民素质是不能引进的! 国民素质的提高必须依靠教育。只有国民素质的提高和基于国民素质的国家创新力的提升,才能支撑一个国家经济的可持续发展和社会的不断进步。据统计,在 20 世纪 60 年代的 101 个中等收入经济体中,到 2008 年仅有 13 个成为高收入经济体,其余的国家和地区继续停留在中等收入阶段,有的甚至降为低收入经济体。个中原因相当复杂,但成功者有一个共同的经验,就是重视教育、加大教育投入、提高国民素质,将人口数量红利转变为人口质量红利。正如 2015 年 11 月联合国教科文组织第 38 次大会所说的那样,教育是全球共同财富,是可持续发展的关键。本次高峰论坛将就新形势下促进一带一路建设、促进应用大数据技术,提高人才培养质量和科技创新等议题进行深入研讨,相信一定会取得丰硕成果!

最后,再次祝贺北京交通大学 120 华诞! 祝愿本次论坛圆满成功!

高等教育发展的重要增长极 [*]

各位代表：

首先，请允许我以中国高等教育学会的名义对第七届全国中外合作办学年会的召开表示最热烈的祝贺！对各位代表的积极参与表示最衷心的感谢！

昨天晚上，我们正式成立了中国高等教育学会中外合作办学研究分会。成立大会暨第一次会员代表大会选举产生了研究分会理事会、常务理事会、理事长、副理事长、秘书长、监事，聘请了顾问；大家一致选举了厦门大学中外合作办学研究中心主任林金辉教授为研究分会理事长。我提议大家一起以热烈的掌声对林金辉教授表示祝贺！向所有副理事长、秘书长、监事、常务理事、理事和顾问表示祝贺！

中外合作办学研究分会的成立，对于我们更有系统地组织全国的有关力量一起搞好中外合作办学理论研究、推动中外合作办学的实际工作具有重要意义。昨天，林金辉同志已经在会员代表大会上提出了对未来工作的设想，他讲得很好。中外合作办学研究分会成立后，可以更多更好地开展研究工作和服务工作。研究分会将组织会员共同学习中外合作办学方面的国家的方针政策和有关法规，有效开展经验交流和中外合作办学培训等多方面的工作，使各项工作更有系统，更有成效；根据昨天林金辉同志提出的工作规划，研究分会把本届年会作为成立后的第一届学术年会，而且还将努力把全国中外合作办学年会办得一届比一届好！对此，我充满信心！

＊ 本文系作者 2016 年 11 月 11 日在第七届全国中外合作办学年会开幕式上的讲话。

前六届年会办得都很成功。第七届年会面临着许多新的情况和新的要求，我们要主动认识和适应这些新的情况和新的要求，共同做好新时期中外合作办学工作。这些新的情况主要有：

首先，本届年会的举办，适逢党的十八届六中全会胜利闭幕不久。六中全会对进一步加强党的建设，有了新的全面部署，是全面从严治党的再动员、再部署。中组部的领导同志也莅临本届中外合作办学年会，将召开专题座谈会，听取有关代表的意见，研究新时期怎样做好中外合作办学领域党的建设工作。我特别想起 2008 年 7 月习近平同志的一次批示。那时，《人民日报》的一份内参，介绍了中国农业大学在留学生中做好党的建设工作的做法。他在这份内参上批示说，做好留学生中党的建设工作，有利于扩大党的工作的覆盖面，适应新时期党的建设的要求。我想，扩大党的工作的覆盖面，适应新时期党的建设的要求，也是今天我们面临的重要任务。本届中外合作办学年会，500 多位代表走到一起，共同学习、贯彻和落实六中全会精神，研究如何进一步做好中外合作办学中党的建设工作，具有非常重要的意义。

其次，本届年会把主题定为"中外合作办学：提质增效、服务大局、增强能力"，无疑是非常合适的。提质增效、服务大局、增强能力是《关于做好新时期教育对外开放工作的若干意见》提出的要求。这个文件是由习近平同志主持的中央全面深化改革领导小组第十九次会议审议通过的，它对于在新的历史条件下进一步做好教育对外开放工作具有重要指导意义。关于这个文件的内容，教育部国际司李奇勇副司长一会儿将在他的报告中结合当前的中外合作办学工作专门给大家作权威解读。我相信李司长的解读对我们正确地理解中央精神，做好实际工作具有重要意义。

在以上两个重要背景下，我们对中外合作办学会有一些新的认识。比如，关于中外合作办学地位和作用的认识，我觉得应该讲"两个重要"。第一个"重要"是，中外合作办学是中国高等教育或者说是中国教育事业的重要组成部分。它不是我们以前说的"补充"，或者"必要补充""重要补充",而是"有机组成部分",是不可或缺的重要组成部分。这一点,我想我们已经讲过很多。第二个"重要"是,中外合作办学是我国高等教育发展的重要增长极。我们的高等教育事业还要继续向前发展。在规模上,高等教育毛入学率将从现在的40%提高到2020年的50%。有的专家估计到2019年或者2018年就可能使高等教育毛入学率达到50%,接受高等教育的人数将从现在的3560万到4000万左右。规模的发展将使我国高等教育在2020年前后进入普及化阶段。我们国家用一百多年的时间进行"精英教育",后来又用很短的时间实现大众化高等教育,用十七八年的时间走过了许多国家需要花四五十年走的大众化历程。未来不到五年时间,我们的高等教育将进入普及化,在这种情况下,我们的高等教育发展要用增长极来支撑。其中,中外合作办学是一个重要的增长极。中外合作办学这个增长极,对满足人民群众的要求,培养更多的建设者和接班人非常重要。

今天,我们在想问题的时候,不只是想到马上就要普及化了,而且要想到普及化作为一个发展阶段,高等教育面对的矛盾将会发生什么变化。我们需要超前研究的问题是,高等教育进入普及化阶段后中外合作办学如何发展,如何做好。到那时,教育和经济社会的结合将会变得更加紧密,这是发展的重要趋势;在普及化阶段,几乎人人都可以上大学,人民群众对教育的需求将更加多样。我们必须研究如何以多样化的教育供给来满足人民群众多样化的教育需求和灵活多样的学习方式。

关于如何做好新时期中外合作办学,我觉得还要讲"两个一样"。第一个"一样"是,中外合作办学作为中国教育事业的重要组成部分,一样肩负着立德树人、培养社会主义建设者和接班人的根本任务。立德树人是学校的根本任务,这是常识。教育要回归常识,这是陈宝生部长最近强调的。如果说我们办学不是为了立德树人,那我们办学干什么呢?为了搞科研?那办研究院就行了!为了赚钱?那跟"学店"就没有什么差别,就应该到工商部门去登记注册。我们搞中外合作办学,是办学,立德树人是根本任务,这是常识,应当回归。中外合作办学培养的人,同样是我们中国特色社会主义事业的建设者和接班人。还有一个"一样",那就是我们都面临着以提高质量为中心的教育改革发展任务。公办学校要以提高教育质量为中心,深化教育教学改革,中外合作办学也一样,以提高质量为中心。只有这样,才能赢得人民群众的信任,才能让大学生和他们的家长有获得感。轻视质量、放松质量,老百姓终究是不欢迎的。所以,我们一定要把提高教育教学质量作为中外合作办学的中心任务,进一步抓紧抓实抓好。

当然,中外合作办学也有特殊性,办学条件不同,合作对象不同,影响办学的因素更为复杂,受教育者的特征、特点也不完全相同。怎样有针对性地做好教育教学工作,做好中外合作办学工作,确实需要各位一起来研究。

做好新时期中外合作办学工作,要考虑怎样更好地适应世界大势和国内发展大局,还要研究如何更好地综合利用国际国内两个资源来一起做好教育教学改革。要把中外合作双方的资源更好地整合起来,培养优秀的人才,让他们学到真本事,在今后为社会作贡献、自己也过上美好生活。这些方面,具体做法会有很多,相信在座的同志们手上就有很多很好的经验,可以在年会上进行交流、分享。我们要建立经验共享机制,共同推动中外合作办学的健康发展、可持续发展。

治　理

建设中国特色高等教育治理体系，
推进治理能力现代化[*]

党的十八届三中全会通过的《中共中央关于全面深化改革若干重大问题的决定》（以下简称《决定》）提出，"全面深化改革的总目标是完善和发展中国特色社会主义制度，推进国家治理体系和治理能力现代化"。这个总目标既是国家的治理学说，也是我国下一步改革的目标。长期以来，我们的话语体系中出现的大多是"管理"二字，《决定》则突出了"治理"二字，而且还强调治理体系、治理能力要实现现代化，这标志着党在执政理念与治国方略上实现了新的重大思想解放。国家的治理是一个系统工程，各方面制度的相互协调，才能构建一个科学合理的国家治理体系，全面提高国家的治理能力和治理绩效。实现这一总目标，要"加强顶层设计和摸着石头过河相结合，整体推进和重点突破相促进"；同时要在法治的基础上，正确处理国家与社会、政府与市场、中央与地方、政府行政与公众参与、经济效率与社会公平等关系。

随着我国市场经济中行为主体、利益主体日益多元化，政府与民众、社会、企业、学校的关系也因此逐渐趋向平等、双向、互动、协同。在从管理向治理转变、推进国家治理体系和治理能力现代化的大背景下，作为国家教育体系的最高阶段，担负着人才培养、科学研究、社会服务使命的高等教育，实现治理体系和治理能力的现代化就已成为当前一个迫切需要解决的重要课题、紧迫的现实任务。

＊ 原载《中国高教研究》2014年第1期。

一、中国特色高等教育治理体系的提出

中国特色高等教育治理体系的提出，代表着我国在新的时代背景下高等教育管理体制与时俱进的变革。联合国全球治理委员会是这样界定治理的：治理是各种公共的或私人的个人和机构管理其共同事务的诸多方式的总和。它是使相互冲突或不同的利益得以调和，并且采取联合行动的持续的过程。这既包括有权迫使人们服从的正式制度安排和规则，也包括各种人们认同的、符合其利益的非正式的制度安排。[①] 自 20 世纪 80 年代以来，世界高等教育改革的重点之一即在于治理政策的调整，主要趋势表现为减少国家的管控，强化大学的自主，引进更多的市场力量，讲求绩效责任，并且期待大学与社会有更多的合作。

当前，我国高等教育已经进入中等程度大众化阶段。1998 年，我国共有高等院校 1022 所，本专科在校生 340.87 万人；到 2012 年，我国高等院校已达 2442 所，本专科在校生 2391.32 万人。1998 年普通高校本专科全日制在校生平均规模为 3335 人，2012 年达到 9675 人[②]。当然，我们不能只看到高等教育规模的扩张，还应认识到高等教育组织的复杂化、结构的多样化、水平的差异化、权益的多样化和民主诉求的不断增加。解决我国高等教育各利益相关方在共同发展中的矛盾和冲突，既需要正式的制度安排，也需要非正式的制度设计。

除了高等教育自身的复杂变化，我国高等教育的外部环境也已发生巨大变化。首先，高等教育规模扩大后，高等教育的利益相关方显著

[①]　Commission on Global Governance, *Our Global Neighborhood*: *The Report of the Commission on Global Governance*, Oxford University Press, 1995.（全球治理委员会：《我们的全球伙伴关系》，第 2 页。）

[②]　教育部《1998 年全国教育事业发展统计公报》和《2012 年全国教育事业发展统计公报》。

增加。过去,我国高等院校学生人数少,很多人不了解高等教育,因此,对高等教育的评价相对较少。时至今日,读大学已经是一件很平常的事情,利益相关方显著增加,整个社会有更多的人能够感受、了解高等教育,也就更容易看到问题,这也是为什么当前我国社会各阶层都能对高等教育品头论足的一个重要原因。其次,市场经济体制的建立要求我国高等教育体制要与之相适应。当前我国很多高校的经费来源多元化,筹资集资的数量不断增加,有的高校总体办学经费中的国家拨款已不足 1/5。再次,完成高等教育阶段学习的学生走向社会的渠道也进一步变化,市场在就业中发挥着决定作用。另外,高等教育国际交流合作的广度和深度也前所未有。这些情况都表明我国高等教育的外部环境发生了重大变化。

我国高等教育的自身发展和其所处外部环境的变化告诉我们,如果还停留在传统的"管理"的概念下来发展高等教育事业,显然已经落伍了。现实情况要求我国要从高等教育管理向高等教育治理转变,要由微观管理转向宏观管理,由直接管理转向间接管理,由办教育转向管教育,由管理转向服务。过去,我们也认识到管理能力不足的问题,今天我们更应认识到治理能力不足和治理能力不够现代化的问题。也就是说,不只是从上到下管理的能力不足,而且是多元、平等、协调的治理能力不足。

在"完善和发展中国特色社会主义制度,推进国家治理体系和治理能力现代化"总目标的要求下,在加快转变政府职能的具体部署中,《决定》对深化教育领域综合改革进行了全面部署,提出了要"深入推进管办评分离",并提出若干具体实施办法:"扩大省级政府教育统筹权和学校办学自主权,完善学校内部治理结构。强化国家教育督导,委托社会组织开展教育评估监测。健全政府补贴、政府购买服务、助学贷款、基金奖励、捐资激励等制度,鼓励社会力量兴办教育"。因此可以说,"管办评分离"是深化高等教育管理体制改革、建设高等教育治理体系的突破口。当然,从高等教育治理体系来看,管办评分离是一种相对的分离,准确的理解应该是管办评的分立、分工、互动与协同。建设高等教育治理体系是一个复杂的系统工程,以下仅从"管办评分离"的角度谈一些认识。

二、治理理念下政府对高等教育管理模式的转变

"治理"是指市场在资源配置中起决定作用的条件下,多元利益主体围绕共同的目标协调与互动的过程。区别于传统的统治、管理,治理强调公共事务的管理主体不仅包括公共机构和行为者,还包括非公共机构和行为者;在行为方式方面,不仅包括权力或权威,还包括参与、协商、谈判。治理的要点在于多元主体的合作共治,在于所有治理主体通过平等协商达成一致的公共目标及行动方案,这就改变了原有的自上而下、一元单向的"管理"模式。要推动高等教育治理体系建设,起点和主导力量在政府,没有政府的职能转变,就谈不上高等教育治理体系的建设。在政府对高等教育治理方面,应主要实现以下三个"转向":

一是在工作理念上实现从以管理为中心转向以服务为中心。各级教育行政主管部门首先应该改变长期以来形成的"管"字当头的思维方式和工作模式,树立公共服务的意识与理念,将"为高校服务"落实到政府的各项工作之中。政府对高校的服务既包括为高校提供经费支持、国内外教育信息、学生奖贷资助等直接服务形式,也包括制定规则、维护秩序以及营造公平竞争的外部环境等间接服务。政府与高校之间不仅有自上而下的指令性控制关系,还要有平等协商式关系。

二是在工作方式上实现由单纯的行政管理转向综合运用法律、规划、政策、公共财政、信息服务等积极引导和支持学校发展。在运用政策和运用法律的关系上,更要善于运用法律进行管理。因为教育政策不等于教育法律,与教育法律相比,教育政策具有灵活性、针对性和时效性强等特点,政府通过政策引导、管理高校,具有很强的优势。但是,教育政策有时会根据领导者的意志而更改,稳定性、连贯性差,一旦政

策有问题，后果也会很严重。因此，政府在服务高校的基础上，要更加注意运用法律进行"管理"。

　　三是调整行政行为空间，政府简政放权，给高校更大自主权，激发基层活力。首先，中央要向地方放权，进一步健全完善高等教育由中央与地方两级管理，以地方政府为主的体制。"两级管理、三级办学"的理念在 1985 年《中共中央关于教育体制改革的决定》中就已经提出了，现在还需继续深化，办学还需向基层延伸。其次，政府要向高校放权。这不仅是对中央政府的要求，也是对地方政府的要求。笔者在多年工作中对此感受很深切的一点是：权力过分集中的问题在省级政府层面更突出，地方高校的自主权更小。地方高校的人事、干部、经费等的决定权大都在省级政府相关部门。无论是学校人才招聘，还是教师职称晋升、处级干部任免，都要省级政府的有关部门审批。一些高校虽有抱怨但又怕得罪权力部门而不愿多言。因此，在这一问题上应该十分明确，政府特别是地方政府要把更多的权力下放给高校，以激发高校的办学活力。

　　需要注意的是，放权的主要对象是高校，而不是由另外的某些社会组织来直接承接政府转移的职能，从而让它们成为"第二政府"。同时，政府还要下决心克服立项过多、审批过多的弊端，真正成为责任政府、法制政府、服务政府。

三、健全高校内部治理结构，提升高校治理能力

　　高校是政府放权的主要对象，要让高校真正享有独立事业法人组织的各项应有权利。改革开放以来，我国高等学校的办学自主权逐步扩大，已经基本走出了原有的计划经济体制的传统管理模式，但仍有很多问题需要改革，一些方面已经进行的改革也还有待深化。应该说，进一步扩大办学自主权、提高高校内部治理能力是改革的基本方向。

　　高校作为国家、社会大系统中的一个子系统，在"外接内治"过程中必须处理好多方面的关系。《高等教育法》第十一条规定："高等学校应

该面向社会,依法自主办学,实施民主管理。"这三方面是一个整体,指明了高校行使自主权的基本内容。自主权不是自说自话,想怎么做就怎么做,正确行使自主权,正如袁贵仁部长在讲话中所要求的那样,必须做好"面向""依法""民主"三方面的文章。邓小平提出"教育要面向现代化,面向世界,面向未来",其实就是面向社会:面向现代化的社会、面向世界的社会、面向未来的社会。高校要面向社会确立学校定位、面向社会设置专业、面向社会进行教学改革,要善于利用市场和非市场的机制吸纳各种社会资源,还要接受社会监督;所谓"依法",就是要依据教育法、高等教育法、学位条例等有关法律法规正确处理学校事务;所谓"民主",就是要依靠师生员工,发挥党的基层组织、教代会、民主党派、学术委员会等各方面的积极作用,把一切积极因素调动起来。这种民主也包括学校向院系放权,发挥基层积极性。

做好上述三个方面的文章,需要健全校内治理结构,使校内各利益相关方的积极性都发挥出来,并且相互协调。同时,要进一步完善"党委领导、校长负责、教授治学、民主管理"的具体实现形式,这既是我们的经验,也是现实的最佳选择。

在当前我国高等教育治理中,高校缺乏自主权与自身用权不当的问题是同时存在的。高校在呼吁放权的同时,也要学会用权,要提高学校自我约束、自主发展的能力,切实行使好办学自主权。不仅要把行政权力关进制度的笼子里,学校的办学自主权也要关进制度的笼子里。高校中屡屡出现的问题,都与高校不会用权以及权力监督体系不健全有关。因此,在政府放权的同时,完善高校内部治理结构、培育和提高高校自主办学能力,是建设中国特色高等教育治理体系的一个重点。

高校内部治理结构的完善、治理能力的成长体现了我国高等教育发展中尊重教育规律、遵循教育逻辑办学的良性生态。政府搭台,高校走向舞台中央"表演"。要唱好这台"戏",高校自身需要从内到外进行全系统的改变,创建起一套为自己量身打造、适合国家需要与本校特色的治理结构。这是一个逐步实现的过程。在这个过程中,我们要善于借助来自外部的压力，更要激发高校内部自觉的动力。高校内部治理结构的建设应当制度化，包括加快学校章程的制定和校内规章制度体系的完善。在校内也要有规必依，使依法治校成为常态。学校的基本工作制度不能因为校领导的变更而改变，而应让制度决定运行，让合乎教育逻辑成为主旋律。

四、创新高等教育评估机制

促进高等教育的"管办评"分离，要按照政事分开的原则，将"评"的任务主要交给社会组织来完成，建立起"政府管、学校办、社会评"三方协同格局。

西方发达国家在建立高等教育质量保障体系时，普遍重视、支持社会组织机构开展教育评估检测。这些社会组织机构受政府委托，在某种程度上担当了政府、高校、社会三者之间相互关系的桥梁角色，同时又表现出明显的中立性、专业性和非营利性。当前，我国的社会组织建设尚属起步阶段，这与我国高等教育评估事业的发展需求极不相称。这样的现状一方面与我国社会组织自身发展缓慢、影响力小有关，也与我国高等教育评估长期以来由政府直接操作、社会组织难以介入，专业评估机构的生存与发展受到制约有关。

目前，随着高等教育大众化的实现，高校发展多样化，社会需求多样化，质量标准也应多样化。因此，高等教育评价也应是多样化的，是多元主体参与的。在高等教育大众化时代，政府、家长、学生、用人单位乃至中学等社会各方面都是高等教育的利益相关方，都有评价权和话语权，所以社会对高校的评价一定是多元多样的，其中主要包括必要的政府评估、社会评估和学校自我评估。

以我国高校本科教学质量评估为例。首先，必要的政府评估还是需要的。对基本的办学条件、教学管理、教学质量，国家不能不管。政府用人民的钱办教育，就要对人民负责，要有质量交代。教学质量要有底线,合格评估就是为了保住质量的底线。其次,要强调发挥社会评估的作用,加强中立性、专业性和非营利性的专业化教育评估机构的建设,确保社会评估的相对独立性,这既是质量保障的手段,也是我国高等教育治理体系中的重要环节。开展对高校的审核评估,就是高校要根据社会需求和学校自身条件首先进行自我定位,专业评估机构着重审核学校的实际工作状况、工作结果与学校的目标定位的符合程度,诊断问题、提出咨询意见,以更好地实现学校的定位目标,从而改变"拿一把尺子衡量所有高校"的弊端,鼓励高校办出特色,满足社会多样化的需求。第三,要分层分类开展评估。不能把评估都集中在中央,各个省、自治区、直辖市都应该有自己的专业评估机构。当前,全国半数左右的省、自治区、直辖市已经建立了评估机构,伴随着《决定》的新要求,应该普遍建立省级专业评估机构,并使之真正专业化。第四,要实现开放评估,引进社会力量参与评估,在条件成熟的地方,可以引入与国际教育机构的合作评估,鼓励开展工程认证、国际合作评估等多种方式的评估。第五,在进行外部评估的同时,更要强调质量建设和质量保障的主体是学校。学校的自我评估和质量保障体系建设是非常重要的。现在,有的学校已经建立了教学发展中心、教学质量监控中心一类的机构,监控本校教学质量,形成对本科教学质量的"闭环控制"。笔者认为这是很有意义的。好的教学质量不是评出来的,而是靠学校实实在在的工作干出来的。

在推进高等教育治理体系建设的过程中,要特别强调积极、稳妥。实现高等教育治理体系和治理能力的现代化,涉及的利益相关方很多,有不少利益相关方还是教育系统之外的。我们既要积极,又要稳妥,不能不作为,但是如果没有规划好、没有经过缜密的论证,就盲目地去改也是不对的,而且也是不能成功的。在建设中国特色高等教育治理体系,推进治理能力现代化的过程中,一定要切实加强和改善党的领导,这是保障我国高等教育改革取得成功的关键所在。

推进高等教育治理现代化：
目标、价值与制度[*]

  党的十八届三中全会通过的《中共中央关于全面深化改革若干重大问题的决定》（以下简称《决定》）指出，"全面深化改革的总目标是完善和发展中国特色社会主义制度，推进国家治理体系和治理能力现代化"，将"国家治理体系和治理能力现代化"提高到了国家战略高度。《决定》中 24 次明确使用"治理"概念，涉及国家治理、政府治理、社会治理体制、公司法人治理结构、事业单位法人治理结构、学校内部治理结构等多个方面，这是对我国治理理论的一次系统诠释，形成了中国特色治理体系的完整框架。从我们过去习惯的"管理"到今天的"治理"，虽然只有一字之变，但却有着极为深刻的内涵，标志着党在执政理念与治国方略上实现了新的重大思想解放。

  在推进国家治理现代化进程中，教育治理体系现代化是国家治理体系现代化的重要组成部分。高等教育作为教育体系的最高层次，担负着人才培养、科学研究、社会服务的重要使命。大学与社会的关联度极高，这就使其在社会公共治理中承担着不同于其他阶段教育的重要职责，也使其在与政府、社会和市场的关系中具有不同于其他阶段教育的许多特点。同时，由于大学自身组织体系极其复杂，表现为：行政权力与学术权力相互交织、学术的高度专业化与学者间的松散耦合、社会组织的管理秩序与知识分子的自由习性所产生的冲突，等等，于是有人把大学称为"人类社会创造的最复杂的组织机构之一"[①]。总之，大学

---

  * 原载《中国高教研究》2014 年第 12 期。

  ① 史静寰：《现代大学制度建设需要"根""魂"及"骨架"》，《中国高教研究》2014 年第 4 期。

复杂的内外部关系需要我们加强高等教育治理体系建设,而迅猛变化的社会环境,人民群众对高等教育发展的多元关切,更需要我们加快推进高等教育治理体系和治理能力的现代化进程。

就当下我国高等教育治理状况而言,我们正面临着一系列有待全面研究和系统解决的问题,需要进行深入研究,开展复杂而艰巨的改革实践。

一、高等教育治理现代化需要目标导航

目标,是个人、部门或整个组织愿意为之共同奋斗并希望实现的愿景。目标犹如远航中的灯塔,给人们以方向;目标凝聚人心,激发人们为之奋斗的热情和力量。一项事业如果不能确定科学的目标,不论思想如何重视,方法如何先进,工作如何努力,都难以达至胜利的彼岸。

党的十八大提出的"两个一百年"的奋斗目标和习近平同志提出的实现中华民族伟大复兴的"中国梦",是我们国家发展的战略目标。当前,我国教育改革发展的阶段性目标十分清晰,集中体现在《国家中长期教育改革和发展规划纲要(2010—2020年)》里,即"到2020年,基本实现教育现代化,基本形成学习型社会,进入人力资源强国行列",简称"两基本一进入"。这一目标是"两个一百年"奋斗目标的第一个百年的阶段性目标,那么,在实现这个目标之后,第二个百年的奋斗目标和与实现中华民族伟大复兴的"中国梦"相适应的教育事业的发展目标是什么?通过学习理解习近平同志关于教育工作的重要论述,我们认为这一目标就是"发展具有中国特色、世界水平的现代教育"。

习近平同志在2013年的教师节贺信中第一次明确提出,希望广大教师"为发展具有中国特色、世界水平的现代教育作出贡献"。在2014年第30个教师节来临之际,习近平同志在与北京师范大学师生代表座谈时,再次强调,希望广大教师"为发展具有中国特色、世界水平的现代教育,培养社会主义建设者和接班人作出更大贡献"。习近平同志在两

个教师节两次提出"发展具有中国特色、世界水平的现代教育"，不仅是对人民教师的殷切希望与嘱托，同时也是向全国人民描绘了教育事业在实现中华民族伟大复兴的"中国梦"奋斗目标中的宏大愿景。

"中国特色、世界水平的现代教育"，是一个完整的科学概念，蕴涵着我国教育发展应当具有的中国道路、国际视野、时代特征等深刻内容。其一，"中国特色、世界水平的现代教育"必然是传承中华文化血脉、扎根中国大地、践行中国特色社会主义道路、有效服务国家发展的教育；其二，必须具有国际视野，以宽广的胸怀和平等、包容、互鉴的态度对待其他各国教育，通过不断地交流和沟通，学习和借鉴，提升并达到国际先进水平，合作解决世界面临的共同问题，推动人类文明进步；其三，必然呈现出鲜明的时代特征，是不断改革创新、与时俱进的现代教育。总之，"中国特色、世界水平的现代教育"应该是促进人的全面发展、释放每个人的全部潜能、满足现代社会发展需要的教育，应该是包括发达的幼儿教育、高水平的义务教育、人人乐业的职业教育、优质的高等教育和健全的终身教育的完备的教育体系。有了这样的教育，我们的人才就会大量涌现，我们的国家就会拥有强大的竞争力。

"发展具有中国特色、世界水平的现代教育"是我国教育事业发展的根本目标，而教育治理，特别是高等教育治理现代化，是全面深化高等教育改革的总目标。相对于教育事业发展的根本目标，高等教育治理现代化既是我国教育事业发展的重要组成部分，更是实现教育事业发展根本目标的路径选择和实现方式，具有工具性意义。因此，推进高等教育治理现代化就显得更为重要、更加紧迫。

二、高等教育治理现代化需要价值引领

推进高等教育治理现代化的进程，既是制度完善、能力提升的过程，也是精神构建、价值彰显的过程。这是因为，任何治理体系的确立、运行和维护，都需要以一定的思想观念、道德规范和价值判断为支撑。

教育是直面人的生命、提升生命质量的社会活动，是以人为本的社会中最能体现生命价值的一种事业。因此，推进高等教育治理现代化，需要先进性、科学性、人民性相统一的价值体系来引领。这个价值体系内涵丰富，其中最重要的是社会主义核心价值观。

现代国家的进步与发展，离不开先进的核心价值观引领方向。核心价值观是兴国之魂，它承载着一个国家的精神追求，决定着一个社会的发展方向。习近平同志曾指出，社会主义核心价值观反映了国家、社会和公民三个层面的价值要求，回答了我们要建设什么样的国家、建设什么样的社会、培育什么样的公民的重大问题。因此，在深化教育改革、推进教育治理现代化进程中，以坚持社会主义核心价值观为引领，就是从根本上回答"培养什么人"这一教育核心问题。

古往今来，任何治理体系的选择、构建和完善都是以一定的价值体系为指引的，教育治理体系当然也不例外。"教育治理现代化的改革，是一个教育治理价值导向调整优先于教育治理技术革新的过程，只有深刻把握这一原则，教育治理现代化才能坚持正确的方向。"①在当今中国，是否有利于国家发展、包括高等教育的发展，是否有利于社会进步，是否有利于公民素质提升，是判断高等教育治理现代化成功与否的价值尺度。

改革开放三十多年来，我国教育领域的诸多重大改革，包括教育体制改革的不断深化，都是在明确的价值观引领下进行的，而各个时期对价值观的具体表述则是基于对当时主要矛盾的认识和对教育改革发展所处阶段的正确把握。1985年，党中央决定启动教育体制改革，以邓小平同志提出的"教育要面向现代化、面向世界、面向未来"为指针，确立了教育体制改革的根本目的是"提高民族素质，多出人才、出好人才"。以这一根本目的为核心价值取向，确立了教育改革必须为社会主义建设服务、社会主义建设必须依靠教育的根本指导思想，因此，高等

---

① 范逢春：《教育治理现代化需价值引领》，《中国教育报》2014年9月26日。

教育改革的重点在于改变政府对高校统得过多的管理体制，同时扩大高校的办学自主权，加强高校同社会各方面的联系。正是在这个正确的价值观念引领和对改革的整体谋篇布局下，高等教育改革得以顺利展开，高等教育战线焕发出勃勃生机。

进入 20 世纪 90 年代，建立社会主义市场经济体制、加快社会主义现代化建设步伐对我国教育事业的改革发展提出了新的要求，党和国家坚定不移地把教育摆在优先发展的战略地位，实施"科教兴国"战略。"兴国"作为这一时期的价值引领，有力地推动了我国高等教育事业发展步入快车道，开启了世纪之交高等教育大发展的序幕。

当 21 世纪的钟声即将敲响之际，面对科技进步日新月异、知识经济方兴未艾的新形势，民族素质和创新能力日益成为世界各国综合国力竞争的核心要素。从迎接新世纪挑战的战略高度出发，党中央作出"深化教育改革，全面推进素质教育"的决定，以全面推进素质教育作为价值引领，推动了世纪之交高等教育的大改革、大建设、大发展。

进入 21 世纪第二个十年，党中央为迎接"第一个一百年"的到来，对教育事业发展进行了整体设计、全盘谋划，提出了通过深化教育综合改革，实现"两基本一进入"的宏伟蓝图，为高等教育治理现代化指明了方向。

改革开放三十多年来，从启动教育体制改革到教育优先发展战略地位的确立，从全面推进素质教育到深化教育综合改革，每一发展目标、每一发展举措，无不体现着教育事业对国家、社会、公民的责任担当，无不体现着崇高的价值追求，价值引领犹如一条红线贯穿于这三十多年的教育改革发展的伟大实践之中。

十八大以来，我们对社会主义核心价值观的认识又达到了一个新的高度，更加自觉地在社会主义核心价值观的引领下，推进中国特色高等教育治理体系建设，以实现高等教育治理体系和治理能力现代化。

三、高等教育治理现代化需要强化制度建设

推进高等教育治理现代化，就是要顺应时代要求，以实现教育现代化为目标，以构建政府、社会、学校新型关系为核心，以深入推进"管办评"分离为切入点，建立系统完备、科学规范、运行有效的制度体系，形成政府宏观管理、学校自主办学、社会广泛参与的格局，更好地调动中央和地方两个积极性，激发每个学校的活力，发挥全社会的作用。实现这一目标，不仅需要坚持中国特色社会主义教育发展道路，需要科学的教育理论指导，也需要在依法治教的理念下，强化高等教育制度建设。

首先，要增强制度自觉。所谓制度自觉，就是对制度建设的地位和作用的深刻认识、对制度执行的自愿自觉、对制度创新的责任担当。客观地讲，我国传统上是以血缘关系为基础的"人情社会"，在处理事情上人们喜欢拉关系，逢事喜欢讲熟门熟道，人情容易介入权力领域，于是带来许多问题，集中表现为在治国理政上"人治"的色彩很重，不适应现代社会的发展要求。当前，我国正在推进"五位一体"的社会主义现代化建设，一个基本要求就是要摒弃"人治"传统，建立法治社会。在法治社会中，法律是最有效、最合理和最完善的治理手段，服从法律规则和信仰法律是一个成熟的现代社会的标志。卢梭曾说，一切法律中最重要的法律，既不是刻在大理石上，也不是刻在铜表上，而是铭刻在公民的内心里[①]。法律要发挥作用，需要全社会信仰法律，如果一个社会没有法治信仰、缺乏法治精神，法治只能成为无源之水、无本之木。这种对于法律和制度的敬畏和自觉，是法治社会最可靠、最重要的根基。党的十八届四中全会通过了《中共中央关于全面推进依法治国若干重大问题的决定》，为实现中华民族伟大复兴的"中国梦"提供了法治保障。教育工作者要自觉把依法治国的理念、思想、精神、要求，全面、有效地

---

① 雅克·卢梭著、何兆武译：《社会契约论》，商务印书馆 1963 年版。

贯彻到教育改革的各项工作中去，从而实现依法治教。依法治教是依
法治国在教育领域的最好贯彻和体现。实行依法治教，就是要把教育
治理纳入法治化轨道，这就需要教育战线广大干部和教师的制度自觉。
只有依靠这种制度自觉，才能不断推进中国特色高等教育制度体系的
自我完善和创新发展。

　　其次，要提高制度能力。所谓制度能力，最核心的就是制定制度和
有效执行制度的能力。"徒善不足以为政，徒法不足以自行"。完成任
何一件事情，目标确定之后，路径选择和制度安排很重要，但同时，健全
有效的制度执行机制更不容忽视。因为制度的生命、制度的权威都在
于实施。应当肯定的是，目前，我国已经初步建立了高等教育的基本制
度体系。以《宪法》《教育法》《高等教育法》为核心的一系列法律、规章、
条例、规定，以《中国共产党章程》《中国共产党普通高等学校基层组织
工作条例》为核心的一系列党内规章，共同构成了我国高等教育的基本
制度体系框架。各高校也已经建立了许多与上位法相衔接、与校情相
适应的内部规章制度体系。但同时我们也应看到，我国高等教育制度
体系还不够完善，如不少大学还没有制定大学章程，还有一些上位法如
《高等教育法》，由于立法时间较早，有的地方已不能很好地适应快速发
展的高等教育事业出现的新情况，需要进行修正与完善，等等。但是，
我们发现，在高等教育战线的实际工作中，更为突出的问题是已有制度
执行不力，落实不到位。目前，制度能力不足已成为制约我国高等教育
发挥制度优势的主要因素。因此，下大力气提高制度能力已成为推进
高等教育治理现代化的重要课题。

　　提高制度能力，关键在于提高高等教育战线各级领导班子和广大
干部处理学校内外部复杂事务的治理能力，要以干部的制度自觉和制
度能力的提升开创依法治教、依规治校的新局面。

　　第三，发挥教育科研优势，为高等教育制度体系科学化服务。建设
"中国特色、世界水平的现代教育"是人类历史上前无古人的伟大事业，
一方面没有可以拿来使用的现成模式，另一方面也没有可以适用于所有

国家的制度体系。因此,我们必须在不断学习吸收人类文明共同成果的基础上,从我国国情出发,进行具有中国特色的制度建构与制度创新。

发展和完善中国特色高等教育制度体系,必须加强对高等教育制度体系的理论研究。我们要努力发挥各级各类高等教育研究学术组织的优势,凝聚力量、积极参与,为制度建设建言献策,为制度建设科学化提供丰富而有效的理论支持,努力营造有利于制度实施的社会环境和舆论氛围。高等教育理论研究工作要注重从我国的国情出发,注重对基层改革发展实践的关切,改变"开花多、结果少"的局面,为实践创新提供有力的服务,这也是在推进高等教育治理现代化进程中每一个高等教育理论研究工作者的责任和使命。

我们坚信,在发展中国特色、世界水平现代教育的伟大进程中,随着中国特色高等教育治理现代化的不断推进和深入发展,中国特色现代高等教育的世界意义必将逐步显现。

全面建设更加成熟的中国特色高等教育法律和制度体系[*]

2015年12月27日,十二届全国人大常委会审议通过了关于修改《中华人民共和国教育法》和《中华人民共和国高等教育法》的决定。两个修正案已于今年6月1日起施行。深入学习、深刻领会、全面落实两个修正案的各项规定,对全面深化教育改革、促进教育公平、提高教育质量,提供有力支撑,对全面依法治教、依法行政、依法办学,形成规范和秩序,建立更加成熟的中国特色教育法律和制度体系,具有深远的意义。

改革开放以来,我们冲破传统体制和不合理制度规章的束缚,探索建立促进教育发展的新体制、新机制,在实践的基础上总结经验,上升为法律法规,逐步形成了比较完备的教育法律法规体系。这个体系主要包括第一个层级的由全国人大及其常委会通过的八部教育基本法律:学位条例、义务教育法、教师法、教育法、职业教育法、高等教育法、国家通用语言文字法、民办教育促进法;第二个层级的国务院制定的行政法规和地方人大制定的地方性法规、自治条例、单行条例,如国务院制定的《学位条例暂行实施办法》《教育督导条例》等;第三个层级的政府规章,包括国务院教育行政部门制定的规章和地方政府规章,以及已经完成的"一校一章程"等,如《全面推进依法治校实施纲要》《高等学校章程制定暂行办法》《学校教职工代表大会规定》《高等学校学术委员会规程》《普通高等学校理事会规程(试行)》《独立学院设置与管理办法》

---

　　* 原载《中国人大》2016年第16期。

《高等学校财务制度》《普通高等学校学生管理规定》《高等学校接受外国留学生管理规定》《高等学校总会计师管理办法》《普通高等学校辅导员队伍建设规定》《高等学校信息公开办法》,以及《教育部直属高校国有资产管理暂行办法》《基本建设管理办法》《加强学校领导班子建设的意见》等。应该说法律法规规章三个层级基本覆盖了教育管理的主要方面,基本实现了我国教育事业各个领域的有法可依,为我国教育事业的快速发展、健康发展、可持续发展提供了有效保障。

党的十八大特别是十八届四中全会确立了全面依法治国、建设社会主义法治国家的目标。习近平总书记明确提出"四个全面"的战略布局,以全面推进依法治国为根本保障,为中国特色社会主义保驾护航。全国人大常委会适时修改教育法和高等教育法,是全面推进依法治国、完善中国特色社会主义现代教育制度的具体体现,也标志着我国依法治理教育事业在已有法律制度框架下不断完善、步入新的阶段。

在新修改的教育法、高等教育法正式实施之际,我们要进一步全面理解法律内容,形成共识、全面落实,做到各法律关系主体都依法归位,履行各自的法定责任、权利和义务,建立规范有序的现代教育治理新秩序。现在,有法可依的问题已经基本解决了,需要重点加强的是牢固树立法治思维,真正做到有法必依、违法必究,使法律文本变成法治实践。

要抓住全面贯彻落实党和国家教育方针这个核心。教育方针是党和国家根据现阶段我国实际提出的教育工作的总指针,是对教育改革发展的总要求,是教育基本政策的总概括,是确定教育事业发展方向、指导整个教育事业发展的战略原则和行动纲领。此次新修改的教育法、高等教育法对教育方针、培养目标作了重要修正。高等教育法第四条、第五条是关于高等教育方针和任务的总体规定。本次修改,第四条增加了高等教育必须"为人民服务"以及"与生产劳动和社会实践相结合"的内容;第五条关于高等教育的任务的表达,在原来的"培养具有创新精神和实践能力的高级专门人才"中增加了"社会责任感"的要求。这些修改,具有很强的现实针对性,包括丰富的内容和深刻的要求。新条文的整体内容体现了新时期对高等教育改革发展和人才培养的总方向、总要求。这两条文字不多,但字字珠玑,是高等教育工作的魂,需要深刻领会,牢牢把握。现在,一些同志或整天忙于事务,对这些根本性、方向性的规定关注不够,或对一些事关方向的错误思潮、错误做法不敏感,失去了应有的敏感性、鉴别力和战斗力。要加强对教育法、高等教育法,特别是对其中的教育方针的再学习,加深认识,提高全面贯彻教育方针的主体意识和行动自觉。

要进一步落实省级政府对高等教育的统筹权。高等教育法规定:"省、自治区、直辖市人民政府统筹协调本行政区域内的高等教育事业,管理主要为地方培养人才和国务院授权管理的高等学校。"本次修改中,新规定"设立实施专科教育的高等学校",可由省级人民政府直接依职权审批,报教育部备案。这一修改更加明确了加强省级政府统筹本地教育的改革方向。现在,我国共有普通高等学校 2560 所,在学总规模达 3647 万人,成为世界上规模最大的高等教育体系。这本身就是实行中央和省市两级管理、中央和省市及地市三级办学体制的积极成果。如此大规模的高等教育体系,也只有实行分级管理的体制,才能搞得好,才能与经济社会结合好,满足人民群众的多样化需求。在新的发展阶段,要更加尊重和发挥省级政府的统筹权。今年,在高校招生计划调配中出现的问题,一个重要原因就是对省级统筹权的尊重不够。今后,要更加注意调动地方办学积极性,更加注意运用好省级政府统筹权。地方的高等教育办好了,建设高等教育强国就更有希望。

要依法落实高校办学自主权。高等教育法规定,高等学校具有法人资格,依法享有民事权利、承担民事责任;应当保证教育教学质量达到国家规定的标准。高等教育法在第三十二条至第三十八条中,还规定了高等学校在招生、设置调整学科专业、制定教学计划和选编教材、开展科学研究和社会服务、对外交流合作、设置内部组织结构和评聘人员职务及薪酬分配、资产管理使用等七个方面的自主权。这些自主权的行使,是高校履行自身职责的必要条件。正确处理政府、学校、社会之间的关系,是高等教育法的主要调整对象。现行权利义务关系的规定,是在总结我国高等教育正反两方面经验的基础上形成的,是比较符合国情的。据我了解,近年来,随着高校办学自主权逐步落实,学校办学的自主性、积极性明显加强,办学特色更加鲜明,办学水平得以提高。中央部门所属高校,情况更好一些。但在一些地方、一些方面,确实存在着高校自主权落实不到位的情况,一些省级政府管理的高校问题比较突出,需要切实改进。当然,这里也存在高校用权不当、滥用权力和越权行为的现象。现在,大家比较习惯的提法是"进一步扩大办学自主权",尽管在实际上办学自主权可能是要扩大,但我还是主张使用"依法落实高校办学自主权"的提法。在改革开放之初,提出给高校一点办学自主权,就是一个很大的思想解放、重要的改革突破。但经历了三十多年的改革开放,我们今天已经建立了一整套较为完备的法律法规体系,应当强调的是运用法治思维和法治方式,让相关法律关系主体依法归位,每个主体都有自己的权利和边界,承担相应的责任和义务。在这里,还要处理好改革决策与依法自主的关系。党的十八届四中全会强调,重大改革决策要于法有据,立法要主动适应改革和经济社会发展需要;实践证明行之有效的,要及时上升为法律;实践条件不成熟、需要先试先行的,要按照法定程序作出授权;对不适应改革要求的法律法规,要及时修改和废止。这些都为正确实施办学自主权提供了程序依据。

要依法理顺高校内部治理关系。高等教育法对建设符合国情、科学有效的内部治理体系,作出了具体的规定。明确实行党委领导下的校长负责制,规定了党委和校长各自的职权,明确了教职工代表大会、学生组织的职权以及教职工、学生的责任和权益等。本次修订中,明确了学术委员会的职能,包括:审议学科建设、专业设置,教学、科学研究计划方案;评定教学、科学研究成果;调查、处理学术纠纷;调查、认定学术不端行为;按照章程审议、决定有关学术发展、学术评价、学术规范的其他事项。这为完善学术治理体系、提升学术治理能力提供了依据和保障。高等学校内部,存在着党委、校长、学术组织、教师、职工、学生等多元主体,存在着复杂的治理关系。有人说,这是一个治理关系最为复杂的基层组织。作为一个社会组织,涉及公共资源的管理,内部的行政管理关系是必然存在的,但不能学术事务行政化,不能校内机关官僚化。学术权力和行政权力并存于高校,不能以一个权力代替另一个权力。行政权力代替学术权力,必将造成学术衰退的严重后果,而学术权力代替行政权力,也一定会造成管理的低效和混乱。理性的选择应该是两个权力良性互动,协调支撑,促进学术繁荣、行政高效。当前,要抓住贯彻高等教育法和落实大学章程的大好时机,建立完备自洽的学校规章制度体系,完善学校内部治理体系;要把已经制定的大学章程从文本变成行动,提高大学内部治理能力。实际上,我们一方面成功地举办着世界上规模最大的高等教育,另一方面还缺少办大学的经验。我国的 1219 所本科院校中,60% 左右是 2000 年以后成立的,1341 所高职高专院校几乎全部是在 2000 年以后成立的,大多数学校都只有几年或十几年的历史,可以说还很稚嫩。我们没有骄傲自大的理由,只有虚心学习的资格。但是,我们也要相信,只要老老实实、虚心学习、依法依规,就一定能够学会科学管理大学,建立起中国特色的现代大学治理体系。

要依法行政,全面履行政府职责。高等教育法规定,国务院统一领导和管理全国高等教育事业;国务院教育行政部门主管全国高等教育工作,管理由国务院确定的主要为全国培养人才的高等学校;国务院其他有关部门在国务院规定的职责范围内,负责有关的高等教育工作。除了对中央人民政府的规定外,对省级人民政府的职权也作了明确规定。善于领导,善于管理,关键在依法行政。我们从计划经济体制走来,计划思维、指令管理根深蒂固。今天,我们在社会主义市场经济体制中,在全面落实依法治国战略中,必须牢固确立法治思维,依法行政,遵循规律、科学管理。党的十八届四中全会强调,政府必须坚持在党的领导下、在法治轨道上开展工作,创新执法体制,完善执法程序,推进综合执法,严格执法责任,建立权责统一、权威高效的依法行政体制,加快建设职能科学、权责法定、执法严明、公开公正、廉洁高效、守法诚信的法治政府。对高等教育的管理,要积极探索摆脱项目管理、不重视分级分类管理等弊端,建立依法行政的新机制、新模式。国务院和省、自治区、直辖市人民政府要依照高等教育法的规定,保证国家举办的高等教育的经费逐步增加,这是高等教育发展的必要条件,也是政府依法履责的具体体现。

现在,我们要深入学习、全面贯彻新修改的教育法和高等教育法,以后还应当进行专项执法检查,使法律真正落地,变成实践,变成基本遵循。

做一个学生喜爱的好校长*

　　2015 年学生喜爱的大学校长评选活动历时 6 个月，1 月 17 日落下帷幕，经过学生网上投票、专家评议，最后有 48 位大学校长入选。入选的校长在履职期间，可能得过很多的奖，诸如政府的奖、学术组织的奖，甚至国际组织的奖，但我认为唯独这个奖最能体现作为校长的意义、师者的价值。正如这次获奖的贵州大学校长郑强所言："我得了这么多奖，但我特别看重这个奖，因为我的声誉是学生！"其实，做校长最大的愉快莫过于得到学生的喜爱和拥戴，最大的荣耀莫过于学生的成长和成才。

　　从教育救国到教育强国，我们走过了一百多年的历史。今天我们站在了全面建成小康社会、开启社会主义现代化建设新征程的重要历史起点上。我们期望建设一个什么样的强盛国家，其实都源于我们拥有什么样的教育，特别是高等教育。

　　校长是一校之长，在党委领导下全面负责学校管理工作，对学校和学生的发展乃至高等教育的发展有着重要的影响。今天，怎样做校长？是历史和现实的拷问，是理论和实践的课题，更是当下和未来的寄托。得奖的校长们已经以言语和行动交出了满意的答卷。在这里，我说点粗浅感想：

　　做一个好校长，要以育人为志业。教育的主旨是实现人的全面发展，大学对社会最大的贡献是培育人才。因此，为国家培育人才应该是校长矢志不渝的人生追求。作为校长，从履职那一刻起，就要思考和解

---

　　* 原载《中国青年报》2016 年 1 月 25 日第 9 版。

决的问题就是"培养什么人"和"怎样培养人"。这既是教育的核心问题，也是校长履职必须回答好的根本问题。校长作为一个职业，地位崇高，责任重大。校长身上肩负的是一个个家庭通过教育改变命运的期盼，承载的是一个国家和民族振兴富强的希望。面对校园里数万名风华正茂、志存高远的青年学生，最核心的工作就是让他们成长为对社会有意义的人，使他们明天生活更美好。要做一个好校长，就一定会不分心、不走神，专心致志地只做这一件事。

做一个好校长，要以仁爱为情怀。古今中外的教育大家，无一不是把对学生的爱做到了极致。雅斯贝尔斯说得好：教育就是一个灵魂唤醒另一个灵魂。校长们有了仁爱之心，就会永葆教书育人的青春与激情，就会拉近与学生的距离而变得鲜活、灵动、丰富、细腻，就会平等与学生相处，被学生所爱戴。教育是一项充满爱的事业，爱是教育的真谛，是教育的源泉，更是教育的动力。这次获得表彰的中国农业大学柯炳生校长的获奖感言就是"以父母之爱，行校长之责"。从教育的视角诠释，爱就是一种对教育的执著和奉献，就是一种对学生的理解和宽容，就是一种对教学的严谨和负责。校长爱学生，不仅要关注那些出类拔萃或有特殊才艺的学生，还要对家庭贫困、学习困难或身有残疾、有过过错的学生倾注格外的关心和关注；还要把学生的就业创业当作大事放在心上；作为校长，还要带动广大教师爱学生，让爱洒遍校园的每一个角落。

做一个好校长，要以学生发展为根本。学生的发展是全面的又是有个性的，学校的所有工作都会对学生的发展产生影响。诚如中国美术学院许江院长所言，校园的山水影响人的山水。在学校对学生发展的影响上，可谓"一山一水总关情"。学校千头万绪的工作都或大或小或深或浅地影响着学生。在纷繁复杂的工作中，教学工作是中心，提高教学质量是主题。校长以学生发展为本，就一定会高度关注教学，推动教学质量的提升。其实，长期存在于不少大学的教学中心地位得不到保障的问题，教学经费投入不足、教师精力投入不足、学生学习投入不足、领导工作投入不足等现象，根源还是认识不到位，措施不落地。我们的大学一定要把立德树人、促进学生发展作为根本任务，抓住关键，力推教育质量的不断提升。这样，广大学生就有了更多的教育获得感，学生也会更加喜欢校长。

做一个好校长，要以德行为表率。校长要在自己的职业生涯中立德、立言、立行，树立良好楷模，做"师者之师"。在中国的文化背景中，没有高尚的人格，在教育领域再有成就，也不会被社会所认可。今天，在市场经济条件下，利益的多元化，导致了人们价值取向的多元化。校长在光鲜和盛名之下，实际上过着"压力大、任务多、责任重、工作难"的日子。校长是普通人又不是普通人，校长之德、校长之行对师生有重要影响。以身作则、率先垂范，以德行作师生表率，是校长要达到的道德境界。

著名教育家陶行知曾说过："做一个学校校长，谈何容易！说得小些，他关系到千百人的学业前途，说得大些，他关系到国家与学术之兴衰。"对学校和学生，校长之重要是不言而喻的。希望有更多的同仁，特别是校长们一起来探讨"怎样做一个好校长"这个话题，形成更多共识，产生更大效果。改革创新的年代，是校长们大有作为的年代，也是好校长辈出的年代。中国的好校长越多，中国大学生的前途就越宽，中国高等教育的希望就越大！

中国高校太需要好校长了[*]

　　中国的高等教育规模已经是世界最大了——中国有多少所高校？官方统计显示：目前，我们有 1219 所普通本科高等学校，1341 所高职高专院校。但是 60％以上的本科院校是新世纪以来才成立的，高职高专院校几乎都是新世纪以后才成立的。

　　相对于欧洲近千年的高等教育史，我国的高等教育只有 120 多年的历史，而且多数高校成立还不到 20 年，因此可以说还很稚嫩，很多学校办学历史很短、经验缺乏。我们在学校的基本建设上，从圈地建大楼到装备教学实验条件等，做了大量工作，取得了显著成效，高校的书记、校长以及教职员工都是成就满满，值得骄傲！但是，在办学规律和育人规律面前，我们的历史太短、经历也不丰富，还只能说是"小学生"，需要学习的东西还很多，能够学成出师、能够有独特办学理念、能够治校成功的好书记好校长还不多。今天，我们为"学生喜爱的大学校长"颁奖，所以，我只说如何当好校长的话。

　　中国的高校太需要好校长了！好校长是中国高等教育的稀缺资源。

　　我们还比较"稚嫩"，表现在诸多方面，比如说，缺乏定力、过于急躁，希望马上就能够办成世界一流大学、一流学科；又比如，缺乏自信，过于看重排名，等等，其实这种心态不符合办学规律。无论是国内还是国外，大学在世界大学排名的变化，不可能像股市 K 线图那样，很快就反映出来。一个大学的育人能力、科研能力和服务社会的能力在一定时期是相对稳定的，提高是一个渐进的过程。它不会像市场价格、股票

---

　　[*]　原载《中国青年报》2017 年 1 月 16 日第 9 版。

市价那样起伏动荡。学科建设也不可能像企业生产那样，今年投入，明年就出产品、得收益，后年就可以"绩效评估"。人才培养更需要时间的积淀，也就是我们耳熟能详的"十年树木，百年树人"。我们深知，一个好学校在于能够持续不断地培养优秀人才、出优秀科研成果，这些都需要静下心来，久久为功。我们要遵循办学规律，要有耐性，有韧劲儿，要舍得下"笨功夫"，做好学校的基础工作，持之以恒，踏石留印。

在最近召开的全国高校思想政治教育工作会议上，习近平总书记强调高校的立身之本在于立德树人，要求高校牢牢抓住全面提高人才培养能力这个核心点，以此带动学校的其他工作。人才培养是学校发展的根本，也许听起来觉得是大道理，但是"高大上"的理念是需要而且可以落小、落细、落实的，尤其是要让学生能够切身感受到。比如，学生最大的希望是成长成才，校长如何把知识教育和道德人品教育两方面都抓起来，两手抓、两手都要硬。全国高校思想政治工作会议的召开，不仅强调加强思想政治教育和道德人品教育，也强调必须加强知识教育，这就需要进一步深化教学改革。

在大学里，需要在"小、细、实"上花力气的事情是很多的。比如，教学改革就不能是空喊口号，而是应该关注课堂、关注老师、关注学生，应当首先向课堂教学要质量；又比如，我们提倡艰苦奋斗精神，但毕竟社会在进步，群众生活条件在不断改善，大学生的生活条件也应该逐步得到改善；大学里事实上还有一定数量的经济困难的学生，如何让困难学生无忧学习、愉快成长，需要校长点点滴滴的关心；学生就业也是每个学生毕业时都要面对的，也许有的家庭杀了猪、卖了牛，送孩子来上学，为的就是通过学生上大学，改变一个人乃至一个家庭的命运，因此，帮助学生成功就业也是需要校长们挂心的。

学生是校园生活的重要群体。校长、书记可以而且应当参加学生的代表大会，倾听学生的意见；学生代表以及普通学生也可以和校长、书记直接对话，表达诉求。在学校内部治理体系中，学生是不能缺位的。

　　总之,点点滴滴虽然十分微小,但是"高大上"的理念是需要体现在"小、细、实"的点点滴滴的实际行动中的。我们要用点点滴滴的行动,体现"以学生为本"的现代教育理念;用点点滴滴的行动,体现校长关爱学生、贴近学生的情怀;用点点滴滴的行动,体现大学领导对国家未来的责任担当。

　　评选好校长、发现好校长、宣传好校长、造就好校长,使中国高等教育涌现更多的好校长,支撑起中国高等教育的大厦,这是我们举办"学生喜爱的大学校长"评选的目的所在,相信这个目的一定能够实现!

现代师生关系:学习共同体[*]

教师和学生是学校的两大主体,教师和学生相随使教育生生不息,由此,教师和学生的关系便成为教育活动中最为普通和最为重要的关系。从小学到中学再到大学,不同的教育阶段,师生关系有不同的内容和与之相应的表现形式;作为社会关系的一种特殊形态,师生关系与教育的发展、社会的进步紧密相连,并呈现出鲜明的时代特征。

我国著名教育家梅贻琦先生曾用"从游"来比喻大学中的师生关系,他说:"学校犹水也,师生犹鱼也,其行动犹游泳也,大鱼前导,小鱼尾随,是从游也。"在大学这片知识的海洋里,教师是导游者,引领学生搏击风浪,学会本领;学生是从游者,亦步亦趋,紧紧相随,慢慢长大。这是一种"从游"式的师生关系。

教育特别是高等教育发展到今天,随着科技革命的快速发展和现代信息技术不断与教育融合,特别是在互联网技术日益普及的环境下成长起来的"95后"学生步入大学校园,传统的"从游"式师生关系受到不少新的冲击。由于网络的广泛延展性和其他媒介的方便快捷,学习的场域不再局限于教室、课堂;学生可以随时随地求教于教师,也可以自主学习,而教师在指导学生时也可以从中汲取有利于自己成长的养分,甚至是在某些问题上向学生学习,或与学生一道学习、共同提高。因此,当下的师生关系中,学习合作者的因素在增长,教学相长、生师互动的学习共同体在形成。"师生学习共同体"逐渐成为现代高等教育教学领域中教师和学生关系的发展趋势。

---

* 原载《中国青年报》2016年12月2日第8版。

扬弃与超越师道尊严式师生关系

教师和学生是学校得以生存、延续、发展的两个最基本的要素,任何一所大学都是由教师(当然也包括管理者)和学生组成的共同体,大学固然有人才培养、科学研究、社会服务等职能,但大学最根本的任务是培养学生成长成才,这是"大学之道",也是大学的"初心"。德国哲学家卡尔·雅斯贝尔斯曾说过:"大学是一个由学者与学生组成的、致力于寻求真理之事业的共同体。"①因此,在现代社会中,教师和学生是相互平等的两个主体,都以学习为中心任务,其关系始于课堂,但又不止于课堂,它将课内的互动与课外的交流,线上的学习与线下的咨询等多种形式结合起来,以相互交流、彼此信任、联系紧密、互动频繁、友好和谐的师生关系,达成教师和学生共同进步、共同成长的目标。师生学习共同体是对传统的特别是师道尊严式师生关系的扬弃与超越,是现代高等教育师生关系的集中表现,是现代高等教育教学过程的本质要求。

教师是师生学习共同体的引路人。教师是学生成长的引领者,是学生潜能的唤醒者,是教育内容的设计者,也是教育实践的推动者,是影响和决定学生成长成才的主导力量。对于师生关系,有一个十分流行的比喻,那就是花朵与园丁。苗木要生长,花朵要盛开,园丁很关键。园丁要依据苗木的生长特点、生长周期营造出适宜的生长环境,才能让苗木苗壮成长,花朵应时盛开。园丁不能模具式地把学生批量生产成一模一样的器具,也不可违反生长规律揠苗助长。从这种意义上说,育人不应像工业,而更应像农业。我们强调"以学生为本、以学生发展为中心"的教育理念,就是以学生的全面发展作为教育的出发点和归宿,发挥教师的主导作用,精心规划人才培养方案,营造适宜学生成长成才的环境。

青年学生正处在世界观、人生观、价值观形成和确立的关键时期,

---

① 卡尔·雅斯贝尔斯著、邱立波译:《大学之理念》,上海人民出版社 2007 年版。

教师的任务不只是匆忙地穿梭于课堂之中，向学生传授知识，更重要的任务是"传道"——引导人生的责任，要帮助青年学生系好人生的第一粒扣子，做学生成长成才的引路人。

让学生学会思考比学会知道更重要

互联网时代，学生的思想较之以往更加开放、活跃、自由，价值取向更加多元。同时，在这个资源共享的时代，学生需要的任何知识都可以通过查询、搜索快速获得，教师在学生知识建构方面的权威性大打折扣，学生在知识建构中的主体性不断增强。由此，转变教学方式，引导学生思考和有效学习的问题凸显了。很明显，让学生学会思考比学会知道更为重要。因此，教师的责任已不仅是研究如何"教"，更要深入系统地研究让学生如何"学"，如何学得更好。

美国一家调研公司的报告指出，"95后"学生的注意力持续时间为8秒钟，他们的大脑已经进化至能够更快速地处理信息，并且能够更加灵活地应对更大程度的心智挑战。面对思维敏捷、知识碎片化的一群学生，教师的教学方式要发生哪些变化？如何因势利导、顺势而为？

这个"势"就包含了当代大学生的学情特点与学习规律。现在欧美国家一些大学特别强调学生是学习的主体，关注学生的发展状况，重视学生学习过程和学习结果的评价。如美国的"全国大学生学习性投入调查"、澳大利亚的"课程体验调查"和英国的"全国大学生调查"等，都把对学生学习的重视与研究作为提高教学质量的重要手段。

因此，在师生学习共同体中，教师要加倍主动地去研究当代大学生的学习特点和认知规律，促使学生把学习视为第一要务，学校要建设良好的学风，支持和奖励爱学、勤学、善学的学生，特别要重视培养学生服务国家、服务人民的社会责任感、勇于探索的创新精神和善于解决问题的实践能力。

近一个时期上海市高校"中国系列"思政课走红，成为上海高校实实在在的热门课程。"治国理政""读懂中国""中国道路""法治中国"

"创新中国"等一批课程围绕当下青年学生最关心的国事，由授课教师和学生开展"头脑风暴"，学生在潜移默化中找到问题的答案，扩展视野、陶冶情操。"思政课程"开始转向"课程思政"，曾经让学生昏昏欲睡的思政课成为学生追捧的精品课程。这一转变的背后，就在于课程的设计不再是教师头脑中的一种经验安排，课程内容回应了学生的现实关切，课程的方式适合当代学生接受新知的特点。

只有我们每个教师都重视立德树人，把教学视为第一任务，把教师作为第一身分；只有每个学生都勤于学习、热爱学习，把学习视为成长的第一需求，把学生作为第一身分；只有教师和学生在一个充满活力、生动活泼、奋发上进的学习共同体中如饥似渴地求知、孜孜不倦地探索，我们才能形成优良的学风，才能构建起大学的"师生学习共同体"，学生的成长成才才能从美好的愿景变为理想的现实。

让教师处处体会到站在三尺讲台上的归属与荣耀

构建师生学习共同体，践行"以学生为本、以学生发展为核心"的教育理念，需要教师敬业奉献，但我们也要看到，教师也有自己专业发展、职业成长的需求和对美好生活的向往。对广大教师，我们要多一分呵护与关爱，为他们营造良好的教学工作环境，解决后顾之忧。只有当教师处处体会到站在三尺讲台上有帮助、有依靠、有归属、有荣耀，他们的教学信心、教学情感、教学责任心才能被激发和唤起，并转化成奉献教学的实实在在的行动。

"十三五"期间，我们要牢牢抓住教师队伍，特别是青年教师队伍建设这个关键，把支持和扶持拔尖人才与帮助培养广大教师结合起来，使高校教师队伍的职业能力和师德素养有一个整体性提升，为高等教育提高水平、办出特色、由大变强、实现现代化打下最为可靠的基础。四川大学自2014年起在全校设立"卓越教学"奖，就是让长期从事本科教学的优秀教师的辛勤劳动得到充分肯定与尊重，构建起专注教书育人的大环境。厦门大学等不少高校建立了教师发展中心，研究和帮助教师发展成长。其他高校也有不少好的做法。要通过制度设计,让高校的校园涌现更多的好老师,让更多的好老师奉献出更多的好课程,培育出更多的好学生!

"教书育人"是大学最重要的任务。一所学校办得好不好,是不是一流,固然要看它的排名、标志性的科研成果和服务区域经济社会的成就,但是更要看这所大学师生的精神风貌和师生关系。好大学的教师有其独特的人格魅力,好大学培养出来的学生有其明显的精神印记。师生学习共同体不仅是一种学习的协作组织,更是教师和学生精神成长的家园。在这个共同体中并不只是学生的学习过程与教师教授过程的融合,更是教师和学生之间精神和心灵的碰撞,情感、思想和智慧的交融。在这个共同体中,教师和学生在理解、信任、交流、互动中达成共识,增长智慧,体验生命,完善人格。这就是教育的真谛和教育的本真!

强国梦

高等教育内涵式发展的实现途径[*]

党的十八大报告对各级各类教育全面协调发展作出了明确部署,并明确要求"推动高等教育内涵式发展"。什么是高等教育的内涵式发展? 如何推动高等教育的内涵式发展? 这些都是当前高等教育界迫切需要深入研究的问题。

一、高等教育内涵式发展的概念

作为逻辑学上的范畴,"内涵"与"外延"是相对而言的。"内涵"是指一个概念所反映的事物本质属性的总和,"外延"则是指一个概念所确指对象的范围。就发展模式而言,"内涵式发展"是以事物的内部因素作为动力和资源的发展模式,表现为事物内在属性的发展,如结构协调、要素优化、质量提升、水平提高、实力增强等;"外延式发展"是以事物的外部因素作为动力和资源的发展模式,一般指事物外部的延伸,如投资的扩大、规模的膨胀、数量的增长等。强调内涵发展并不意味着对外延发展的否定。内涵发展需要外延的支撑,就其实质而言,内涵式发展是以科学发展观为指导思想的发展,是更好、更快、更全面、更协调的发展,是使外延的扩展与内涵的丰富相互促进的发展。内涵式发展道路主要通过深入改革,激发活力,增强实力,提高竞争力,在量变引发质变的过程中,实现实质性的跨越式发展。

如同其他社会单元一样,高等教育自身也是一个复杂的体系,一个

* 原载《中国高等教育》2013 年第 2 期。

完整的高等教育体系涉及规模、质量、结构、效益、公平等五个主要变量，它们相互联系，相互影响，这五个变量中哪个作为工作的重点，要因时而异，与时俱进。高等教育的发展也有多种表现方式，可以表现为规模的扩大、质量的提升、结构的优化、效益的提高、公平的普及以及上述多个指标结合所表现出来的综合效益的提高。规模、质量、结构、效益、公平等的不同结合表现出不同综合效益，进一步表现为不同的发展方式，即内涵式发展和外延式发展，在当前形势下，高等教育的内涵式发展应当是以提高质量为核心的上述五个变量协调统一的发展。

事实上，当前以提高质量为核心的高等教育内涵式发展道路的提出经历了一个较为长期的发展过程，是一种历史的必然，是高等教育发展到一定阶段的客观要求，是在高等教育领域贯彻落实科学发展观的体现。改革开放 30 多年来，我国坚持科学技术是第一生产力，全面贯彻实施科教兴国战略和人才强国战略，高等教育经过大改革、大发展，取得了举世瞩目的成就。2011 年高等教育毛入学率达 26.9%，高等教育大众化水平显著提高，3000 多万人的在校学生总规模稳居世界第一，我国已经成为名副其实的高等教育大国。但过去我国高等教育的改革与发展，基本属于偏重规模和数量的外延式发展，相对于世界发达国家的高等教育来说，在人才培养质量、教育经费投入与使用效益、师资队伍建设和管理制度建设等方面仍存在差距，我国高等教育还不能很好地适应经济社会发展，还不能满足人民群众日益增长的接受优质高等教育的需求。因此，当前我国高等教育应当转到以提高质量为核心，规模、质量、结构、效益、公平等五个主要变量协调统一的内涵式发展道路上，这是高等教育自身生存与发展的必然要求，也是当前全面建设小康社会的历史必然。正因为如此，党的十八大站在当前我国教育改革发展的新起点，面对由高等教育大国迈向高等教育强国的新要求，提出要切实推动高等教育的内涵式发展，这是在全面总结改革开放 30 多年来高等教育发展基础上，对未来我国高等教育发展提出的更高要求，对于进一步推动高等教育的健康发展具有重要而又深远的意义。

二、高等教育内涵式发展的实现途径

作为社会的一个复杂而相对独立的单元,高等教育内涵式发展的涵义不仅与人们对高等教育功能与作用的认识息息相关,也与高等教育在不同的社会和时代背景中对人、对社会的发展所起的作用不同而不断变化,同时它还随着高等学校规模、质量、结构、效益、公平五者之间的关系的变化而变化。因此,高等教育内涵式发展是一个动态的、发展的概念,在不同的时期,不同的背景下,其实现途径也不尽相同。当前,推动高等教育的内涵式发展,如下几个方面尤为重要:

（一）把"立德树人"作为根本任务

党的十八大报告明确提出,把立德树人作为教育的根本任务,培养德智体美全面发展的社会主义建设者和接班人。这一表述与十七大报告的表述略有变化,即把"坚持育人为本,德育为先"调整为"把立德树人作为教育的根本任务"。这样的调整进一步明确了教育的目的和任务,有助于广大教育工作者更好地在实际工作中贯彻党的教育方针。坚持立德树人为根本任务,就要求我们牢固树立人才培养在学校工作中的中心地位,坚持育人为本、德育为先,积极推进素质教育,提高人的全面素质,更好地满足社会主义现代化建设的多样化的、多层次的需要。要坚持育人的方向性原则,积极探索和创新课堂教学的形式,大力推行全员育人的"学科德育",发动广大教师深入挖掘学科本身所蕴含的价值观念和道德内涵,实现知识、能力培育与价值观培育的有机统一;要不断提升教育工作者的德育意识和育人能力,打造一流德育人才队伍,高校的思想政治课教师、班主任和辅导员等都是德育工作的骨干队伍成员,应着眼于专业化发展,引导这一队伍牢固树立立德树人的职业理想与操守,加强能力锻炼和岗位培养,增进交流学习,造就讲团结、有水平、能战斗的德育骨干队伍,积蓄汇聚德育工作的社会基础,形成强大的育人合力;悉心培育学生健全人格,把思想道德教育与身心健康教育结合起来,既唱好思想品德教育主旋律,又强化健全人格培育,在这一过程中,尤其强调要不断增强新时期大学生思想政治教育的主动性、针对性、实效性,要坚持近些年来在贯彻 16 号文件[①]中形成的行之有效的工作载体、工作方法和工作经验,并不断创新,以进一步提高大学生的全面素质,着力培养信念执著、品德优良、知识丰富、本领过硬的高素质专门人才和拔尖创新人才。

(二) 深化教育的综合改革

高等教育向内涵式发展转变,面临从思想观念到体制机制的种种困难,不改革、不突破就没有出路,不触及深层次矛盾就难见成效。因此,必须深化综合改革。相对于十七大报告而言,强调教育改革的系统性和综合性是十八大报告的一个重要特点。当然,这也是教育改革不断深化的必然要求。我们所理解的"综合改革"包含两重含义,一是教育内部诸方面相关联的改革,二是教育与政府、社会等利益群体的关系的改革。在高等教育内部,要完善质量评估体系,加强分类管理,建设优势学科,引导高校提高质量、办出水平;坚持开放办学,大力引进国外优质教育资源,积极参与中外人文交流,提高我国高等教育国际化水平;积极推进招生就业制度改革,建立健全综合评价体系。在高等教育外部,要深化科技体制改革,积极调动社会各界力量,大力推动协同创新;改革高等教育管理体制,进一步扩大高校办学自主权,推进高校依法民主管理;鼓励社会参与,加强各有关部门、各地区的统筹领导,落实保障政策措施,等等。所有这些,都不是单兵独进式的改革,而应当是系统的、多方联动的综合改革。对于综合改革,既要系统思考、顶层设计,也要"摸着石头"探索前进。没有科学理论指导的盲人摸象式的改

---

① 《关于进一步加强和改进大学生思想政治教育的意见》(中发[2004]16 号文件)。

革是万万不行的,脱离实际、脱离群众,"连石头都摸不着"的"拍脑门子"改革也是非常危险的。

(三)大力促进教育公平

促进教育公平是我国一项基本的教育政策,是实现社会公平的重要调节器。十八大报告把"维护社会公平正义"作为中国特色社会主义必须坚持的八项基本要求之一,并强调要大力促进教育公平,其地位比以往任何时候都更加突出。过去,我们也曾把教育公平作为社会公平的"基础"和"起点"。这种提法虽然突出了教育公平的重要性,但是在逻辑上有一个问题:教育公平又是由什么决定的呢? 马克思主义的基本原理告诉我们,经济关系是基础,经济关系决定其他的社会关系。这是唯物主义的基本知识。显然,我们不能因为教育公平重要就把它说成是社会公平的"基础"和"起点",相反,它也是由经济关系决定的。但是,它确实是重要的调节器,处理得好,就能促进社会公平,反之则会固化甚至加剧社会的不公平。教育公平的相关制度属于"对保障社会公平正义具有重大作用的制度",应当抓紧建设。当前,尤其要在合理配置教育资源和高校招生制度的改革上推出新的举措,取得新的效果。在高考改革上,要统筹兼顾,加快解决农民工子女异地高考的问题;建设高校招生考试综合评价体系,进一步深化统一考试内容与形式改革,为高校招生选拔录取提供科学的参考依据;要完善高等学校招生名额分配机制,促进高等教育入学机会公平。同时,完善经济困难学生资助体系,逐步提高资助水平,解决好毕业生就业问题,都是促进教育公平和社会公平的重要工作。

(四)重视教学文化建设

教学文化是教学实践中赖以展开的前提、背景和氛围,是在教学中教师传授的内容、教学的方法以及由教师和学生共同创建的精神气象和氛围的总和。事实上,课堂是教育教学活动的主要场所,教育教学改革最终要落实到课堂。从这个意义上说,课堂决定质量。进入 21 世纪以来,在知识爆炸和信息技术高度发展的年代里,传统的课堂教学文化已经不能适应当今的需要。诸如,教学内容更新滞后;教学方法单一,不能体现关注学生发展的理念以及重过程、重体验、重探究的基本理念;在师生关系和课堂氛围中,还没有建立起师生平等、师生互动、共同探讨、和谐活泼的课堂气氛。在我们的许多大学中,教师与学生之间缺乏起码的沟通,不少教师上完课就走人,根本没有时间和学生交流。清华大学本科教育学情调查报告曾对清华大学与美国大学教师在师生互动行为模式上的水平差异作过深入分析,得出的结论是清华大学在师生互动指标上明显低于美国大学。27.1%的清华大学学生表示,自己的学习表现从来没有得到过任何教师的及时反馈,而美国同类院校有此看法的学生只有 7%左右。① 这种情况在国内高校普遍存在,有的甚至更为严重。因此,要提高高等教育质量,教学改革十分紧迫,必须倡导加强教学文化建设。加强教学文化建设,不是一件简单的事情,不能一蹴而就。因为一种新型的教学文化的建立,既受传统教学文化观念的影响,也受传统教学制度文化的制约,同时还要受师生传统教学习惯的束缚。因此,这就需要社会各界给予大力支持,需要各高校领导高度重视,尤其需要广大师生特别是广大教师的积极参与。大学领导和教师要把目光投向教学、心思放在教学、精力投入教学,抓紧教学内容更新,抓紧教学方法改革,抓紧教学评价改革,彻底改变当前一些高校“昏昏欲睡”的教学文化,建立一种积极进取、努力向上、充满活力,有利于学生个性发展,有利于激发学生创新思维的教学文化,这是提高高等教育质量的必然选择。

(五)加强师资队伍建设

师资队伍是教育的第一资源,是学校内涵发展的根本,是决定教育

---

① 罗燕、史静寰、涂冬波:《清华大学本科教育学情调查报告——与美国顶尖研究型大学相比较》,《清华大学教育研究》2009 年第 5 期。

质量的关键。近年来,从国家到地方,从地方到学校,开展了不少教育培训课程,给广大教师提供了学习、实践、提高的良好平台,实施了有利于解除教师后顾之忧的政策措施,取得了一定的成效。在高校,教师数量问题逐步得到解决,但是与教育现代化的要求仍有不小的差距。进一步加强师资队伍建设,不断提高教师的师德水平、创新素质、创新能力依然是我国当前乃至长期发展过程中面临的重大问题,也是高等教育质量提升、内涵发展的一个主要的着力点。为此,十八大报告把"加强教师队伍建设,提高师德水平和业务能力,增强教师教书育人的荣誉感和责任感"作为办好教育这一段落的收笔之点,既符合实际,又在情理之中。准确理解教育发展新形势,切实提高师德水平和业务能力,增强教书育人的荣誉感和责任感,是当前教师队伍建设的重要任务。为此,我们要不断促进教师思想观念的更新、知识结构的优化和职业道德的养成,这应当成为高校一件常抓不懈的工作。高校还应当以创新团队建设、梯队建设为重点,以师德师风建设为核心,不断优化教师的队伍结构、学历结构,采取多种措施,积极为教师创设条件,不断提高教师的业务能力,拓展教师的国际视野,着力提升教师的创新意识和创新能力。

建设教育强国,重点强高等教育[*]

当今世界经济强国,首先都是教育强国,同时,其教育的"强"集中体现在高等教育上。建设高等教育强国是重要的国家战略。《国家中长期教育改革和发展规划纲要(2010—2020年)》明确提出建设高等教育强国,在建设高教强国的目标引领下,高校应该怎样加强自身建设?如何提高高校的教学质量?

建设高等教育强国是重要的国家战略

记者(倪光辉):您曾担任过教育部高校学生司司长,又担任高校党委书记多年,从管理者到实践者,您对我国高等教育的发展如何看待?

瞿振元:当今世界,经济强国都是教育强国,其教育的"强"集中体现在高等教育上。高等教育强国是教育强国的主要内容,是建设人力资源强国和创新型国家的本质要求。《教育规划纲要》明确提出要建设高等教育强国,教育部2012年发布的《高等教育专题规划》旗帜鲜明地提出2020年高等教育的战略目标为"全面提高高等教育质量,建设高等教育强国",建设高等教育强国已经成为国家目标,成为未来中国高等教育发展的方向。

事实上,"建设高等教育强国"不是凭空提出的,而是经历了长时间的酝酿。它有两个重要的背景或者是基础,一是"985工程"的实施,二是1999年开始的高校扩招。

先说"985工程"的实施。在国家实施这一工程之前,一些高校出

---

　　* 原载《人民日报》2012年8月29日第21版,原标题《对话瞿振元书记:建设教育强国重点强高等教育》。

于自身发展的需要，陆续提出了建设世界一流大学的目标。1998年5月4日，在北京大学建校100周年大会上，江泽民同志明确提出，"为了实现现代化，我国要有若干所具有世界先进水平的一流大学"。由此，教育部决定在实施"面向21世纪教育振兴行动计划"中，重点支持国内部分高校创建世界一流大学和高水平大学，简称"985工程"。这一工程的实施，使一批高校办学实力和水平得到了大幅度提升。这是我国高等教育发展在一些"点"上的突破，着力点是质量的提升。二是1999年开始的高校扩招。高等教育的毛入学率从那时的9.8%逐年提升，2007年达到23%，在学总规模超过了2700万人，其中普通高校在校生达到了1800万人，高等教育在规模上先后超过了俄罗斯、印度和美国，居世界第一位，以世界高等教育史上的"中国速度"成长为名副其实的高等教育大国。这是我国高等教育发展在"面"上的突破，着力点是数量的扩张。

高等教育自身"量"的发展和建设高水平大学"质"的追求汇合在一起，既在数量（规模）上扩张，也在质量（水平）上追求超越，这是建设高等教育强国目标提出的客观基础。

而高等教育强国这一概念的正式提出，可追溯至2007年12月举行的教育部直属高校第十八次咨询会。在会上，我国百余所优秀大学的书记和校长认真学习十七大精神，结合实际贯彻落实科学发展观，达成共识——以提高质量为核心，加快从高等教育大国向高等教育强国迈进。这一共识得到了中央领导的肯定，写进了会议文件。这是高校高层管理者就我国高等教育未来发展目标和发展途径所形成的共识，也是我国高等教育发展的历史主动性和历史自觉性的反映，是高等教育战线落实科学发展观的重要体现。

如果说2007年"从高等教育大国向高等教育强国迈进"还只是高等教育界的内部共识的话，那么《教育规划纲要》的颁布表明，"建设高等教育强国"已成为社会共识，成为国家的意志和政府的行为，成为重要的国家战略。

从本质上说,建设高等教育强国就是建设一个世界一流的高等教育体系。从建设若干所一流大学到建设一个世界一流的高等教育体系,是中华民族追求高等教育强国梦的质的跨越。当前形势下,高等院校应抓住机遇,高举旗帜,明确目标,自觉担当,加快建设步伐。

五个变量,提高质量是核心

记者:《教育规划纲要》提出:"提高质量是高等教育发展的核心任务,是建设高等教育强国的基本要求。"您心中的高等教育强国是什么样的?

瞿振元:我认为,高等教育体系建设涉及五个主要变量,即规模、质量、结构、效益、公平,它们相互联系,相互影响。如果能正确处理好五个变量的关系,并使每个变量在实现自身最优化的同时在整个系统形成最大张力,我国建成世界一流高等教育体系的目标就实现了。

这五个变量中哪个作为高等教育工作的重点,要因时而异,与时俱进。现在我们强调以质量为核心,同时规模、结构、效益、公平等变量也不容忽视。事实上,当前情况下,高等教育的结构问题也相当突出,不仅层次、类型结构需要调整,区域结构也亟待调整。比如实施中西部教育优先发展战略,将对整个国家经济社会的协调发展起到重要的促进作用。教育投入增加后,经费如何用得科学、合规和有效益,也值得高度重视。同时,教育公平作为实现社会公平的起点和基石,其意义也比以往任何时候都要重要。

也就是说,建设高等教育强国,提高质量是核心,但不是建设高等教育强国的全部内容。在强调提高高等教育的质量的同时,应当密切关注其他变量。如果处理不当,不仅质量难以得到提高,更谈不上建成一流的高等教育体系和高等教育强国。

加强基础学科建设,是整体提高本科教学质量的关键

记者:根据美国基本科学指标(ESI)最新统计数据,中国农业大学农业科学、植物学与动物学、环境科学/生态学、生物学与生物化学、化学、微生物学等六个学科,已经进入世界前1%的行列。同时,中国农

大又非常重视基础学科的教学。根据农大的实践经验，您认为应如何提高高校的教学质量？

瞿振元：提高高校的教学质量，我觉得首先要抓两个观念的转变，一个是重专业教育、轻基础教育的观念；一个是重专业性学科建设、轻基础学科建设的观念。从本质上说，这两个观念的内涵具有一致性，只是操作层面存在差别，而这两种观念的形成与我国高等教育的发展历史密切相关。

在我国，高等教育走的是一条自上而下的后发外生型道路。尤其是中华人民共和国成立后，由于国家建设急需专业性人才，特别强调大学教育的专业性和实用性，主要培养社会急需的专业技术人才。因此，在人才培养上一直存在轻基础、重专业的弊端。此后形成的一些评价指标，如学科排名等进一步助长并固化了这一观念。随着时代发展，这种观念越来越不利于培养全面素质的人才，亟需更新。这也是为什么我们把全面实施素质教育作为工作主题的原因之一。与我国不同，西方大学是自下而上的自然形成过程，作为从教士群体分化出来的知识分子社团，西方大学产生之初便具有坚实的人文背景，形成了实力很强的基础学院和文理学院。此后，尽管大学与经济社会密切联系的应用性学科发展很快，伴随功能的演化和拓展，大学逐步走向综合化，但其基础学院或文理学院往往还是实力最强的院系。

因此，未来一个时期，我国提高高等教育人才培养质量，需要加强两项工作。一个是"强基"工作，即加强基础学院的基础学科建设，这最能扩大学生受益面。如在中国农业大学，本科学生70％学分的教学任务由理学院、人文发展学院、思想政治学院、体育艺术教学中心承担。加强这四个基础学院的建设，不仅使全体学生受益，而且使每个学生的思想素质、文化基础、身心健康得到全面提高。二是加强专业学院的教研"转化"工作。专业学院一般都具有很强的科研优势。在这些学院，强调把科研优势转化为教学优势，做到"教研结合、以研促教"，增强学生的实践能力和创新能力，人才培养质量就能上一个新台阶。

高等教育强国：本质、要素与实现途径[*]

建设高等教育强国，已经成为国家的教育发展目标，成为我国高等教育发展的方向。《国家中长期教育改革和发展规划纲要（2010—2020年)》明确提出要建设高等教育强国。党的十八大面对由高等教育大国迈向高等教育强国的新要求，提出要切实推动高等教育的内涵式发展。这是在全面总结改革开放 30 多年来高等教育发展基础上对未来我国高等教育发展提出的更高要求。在这样的背景下，更需要我们深入思考如何以内涵式发展推动建设高等教育强国的问题。

一、高等教育强国的本质：
一个完整而强大的高等教育体系

高等教育是整个教育体系的龙头。高等教育强国是教育强国的主要内容，是建设人力资源强国、人才强国和创新型国家的首要要求。"建设高等教育强国"的提出，经历了长时间的酝酿。它有两个重要的基础：一是"985 工程"的实施，使一批高校的办学实力和水平得到了大幅度提升，这是我国高等教育发展在一些"点"上的突破，着力点是质量的提升；二是 1999 年开始高校扩招后，高等教育的毛入学率从当时的9.8％快速上升到 2002 年的 15％，我国高等教育从精英教育阶段进入大众化阶段；2011 年，高等教育毛入学率达到 26.9％，我国高等教育在规模上先后超过了俄罗斯、印度和美国，居世界第一位，以世界高等教

---

* 原载《中国高教研究》2013 年第 3 期。

育史上的"中国速度"成长为名副其实的高等教育大国，这是我国高等教育发展在"面"上的突破，着力点是数量的扩张。高等教育自身"量"的发展和建设高水平大学"质"的追求汇合在一起，既在数量（规模）上扩张，也在质量（水平）上追求超越，这是建设高等教育强国目标提出的客观基础。从建设若干所世界一流大学到建设高等教育强国，标志着我国高等教育发展战略由重点建设到全面发展的转变。这意味着高等教育的发展目标不再只集中于"建设若干所世界一流大学"这些"点"上，而是辐射到整个高等教育体系发展的"面"上。事实上，在经济发展水平较低和财力有限的情况下，重点建设，发挥示范效应，以重点带动一般，从而提高我国高等教育的教学质量、科研水平和办学效益，促进高等教育的改革和发展是必要的。但是，必须看到，重点建设战略在促进少数高校发展的同时，也使大部分高校的发展受到某种程度的忽视，投入不到位，质量缺乏保障。尤其是在我国高等教育发展速度较快、高等教育大众化已经实现的今天，传统的重点建设战略已经不能适应这一新的要求。要适应国际高等教育发展的新趋势，适应国家现代化建设对人才和智力支持的新要求，适应人民群众对于高等教育多层次、多类型、高质量的新期盼，我们必须建设高等教育强国。

从世界高等教育发展的经验来看，高等教育强国的建立不是一蹴而就的，而是经历了一个由量变到质变、从点到面的长期而复杂的发展过程。高等教育的"强"绝不仅仅是少数高校的强，而是一个体系的完整与强大。从本质上说，建设高等教育强国就是建设一个世界一流的高等教育体系。美国作为一个国际公认的高等教育强国，哈佛大学、麻省理工学院、加利福尼亚大学（系统）和加州理工学院等著名研究型、高水平大学的兴起确保了美国高等教育的龙头地位，但美国在加强这些一流研究型大学建设的同时，十分注重建立一个完整而强大的现代化高等教育体系。这一体系拥有由社区学院、学院和大学构成的三级高等教育结构，形成了由副学士、学士、硕士和博士构成的完整的四级学位制度,通过不同层次、类型高校的分流,促进了美国高等教育的多元化发展,既普及了高等教育,又做强了高等教育。可以说,高等教育普及化是美国精英高等教育的基础,精英高等教育是美国普及高等教育的灵魂,形成了以点带面、两者共同繁荣的局面。而同样被公认为高等教育强国的英国,除了拥有牛津、剑桥等享誉世界的一流大学和众多一流学科之外,早在1995年就已进入高等教育普及化阶段,形成了包括古典大学、近代大学、多科技术学院、教育学院、继续教育学院和开放大学等多种形式并能有效适应社会发展需要的高等教育体系。

历史和现实还告诉我们,高等教育的兴盛总是与国家的兴衰交织在一起,强大的高等教育体系与一个强大的国家互生共长,彼此之间存在牢固的嵌套关系,两者作为"命运共同体"而存在。而"教育优先"是这个"命运共同体"得以持续发展的最佳策略。高等教育强国与经济强国、科技强国相得益彰,任何一个拥有完整的经济体系的国家,也必然拥有一个完整而强大的高等教育体系作为人才、智力基础。不久前,布热津斯基在谈论美国兴衰时也认为,美国高等教育"不仅为美国开创未来产品即产业,保持经济甚至军事优势提供了手段和技术支撑,还不断充实着美国国内的人力资源储备","占据高等教育领域的主导地位对于美国维持内在活力、国际声望和全球影响力发挥着至关重要的作用"①。为实现"两个一百年"目标,实现中华民族伟大复兴的"中国梦",迫切需要我们以系统思维和全球视野思考高等教育,加快建设高等教育强国,建成一个完整而强大的高等教育体系。从建设若干所一流大学到建设一个世界一流的高等教育体系,是中华民族追求高等教育强国梦的质的跨越。

---

　　① 兹比格纽·布热津斯基著、中国国际问题研究所译:《大棋局:美国的首要地位及其地缘战略》,上海人民出版社,1998年版。

二、高等教育体系的五个基本变量：
规模、质量、结构、效益、公平

作为社会系统的一个重要组成部分，高等教育自身也是一个复杂的体系。如何衡量这一体系呢？一个完整的高等教育体系建设涉及五个基本变量，即规模、结构、质量、效益、公平。之所以选择这五个变量，原因在于：

第一，规模是高等教育的主要变量之一，高等教育的规模是衡量一个国家总体教育水平的主要标志之一。高等教育规模的扩张和入学机会的扩大是社会发展的必然趋势。高等教育体系只有通过规模的扩张，才能不断满足社会对人才的需求，提升国民的整体素质。

第二，质量是与数量相对应的另一个主要变量。高等教育质量反映着高等教育体系品质的高低和它与社会相适应的程度，集中表现为人才培养质量。高等教育质量是宏观、中观和微观质量构成的质量体系。宏观质量是一个国家高等教育系统的整体质量，指的是国家高等教育系统适应并促进全社会政治、经济、科技、文化、教育和人自身等多元主体需要与发展的程度，是一种宏观价值判断和评价；中观质量是各层次、各类型高等学校的教育质量，由于教育的功能是人才培养，高等教育最主要的功能是高级专门人才的培养，高等学校是开展高等教育活动、实现高等教育功能的机构，因此，可以把高等学校的教育质量等同于人才培养的质量，也是高等教育的"核心"质量；微观质量是高等学校内部的教学质量、科学研究质量和社会服务质量，实质是高等学校三个职能的实现程度，始终与高等教育的改革发展紧密相连。

第三，对一个复杂的体系而言，在量相同的情况下，结构的改变往往导致性质的差异，也可以说，结构是从数量中分化出来的概念。高等教育体系也是如此。高等教育的结构包括宏观结构、中观结构和微观结构，涉及高等教育的层次结构、类型结构、科类结构和布局结构等众多内容,自然成为一个重要的衡量指标。

第四,高等教育已从社会的边缘逐步走向社会的中心,其发展主要依靠公共投入,占据大量公共资源,涉及众多利益相关者,如何利用有限的人力、物力、财力资源,有效地提高教育质量,培养出更多更好的人才,提高高等教育的效益尤其是社会效益,已经成为高等教育发展的主要目的之一。高等教育强国也必然要体现对效益的追求。

第五,公平正义是中国特色社会主义的内在要求。教育公平是社会公平价值在教育领域的延伸和体现,是社会公平的重要组成部分。作为一个具有历史性、层次性和相对性的概念,人们对更高水平的高等教育公平的追求将永不停歇。在社会主义初级阶段,人们对社会公平的价值追求日益增强、更显重要。因此,促进公平,永远是我国社会主义高等教育发展的重要任务,也是衡量是否为高等教育强国的重要内容。

规模、质量、结构、效益、公平这五个基本变量相互联系、相互影响,共同决定着高等教育体系的发展状况。五方面动态协调,整个高等教育体系就健康发展,任何一方面的问题处理不当都会影响体系的整体发展,甚至酿成"社会热点"。在实际工作中,这五个基本变量中哪个作为工作重点,是因时而异、与时俱进的。从近 20 年高等教育的发展来看,20 世纪 90 年代我国教育界便提出"规模有较大发展、结构更加合理、质量上一个台阶、效益有明显提高"①的发展方针。以 1999 年扩招为起点,高等教育规模得到了大发展,我国高等教育也成为世界上规模最大的高等教育。2010 年颁布的《国家中长期教育改革和发展规划纲要(2010—2020 年)》提出,要把提高质量作为高等教育发展的核心任务,确立了以质量作为核心变量的发展方向,使我国高等教育从"做大"向"做强"发展。

---

① 周远清:《试析当前高等教育的形势和任务》,《中国高教研究》1993 年第 6 期。

三、高等教育强国的实现途径：
规模、质量、结构、效益、公平相统一

高等教育强国的实现需要多种因素，但最重要的是高等教育自身的改革与发展。高等教育的发展可以表现为规模的扩大、质量的提升、结构的优化、效益的提高、公平的实现以及上述多个指标结合所表现出的综合效益的提高。规模、质量、结构、效益、公平的不同结合状态表现出的不同综合效益，进一步表现为不同的发展方式。党的十八大报告要求"推动高等教育内涵式发展"。所谓"内涵式发展"，就是以提高质量为核心重点，规模、质量、结构、效益、公平协调统一的发展，是主要通过深化改革、激发活力、练好内功、增强实力，在量的积累中引发质变，实现实质性的跨越。在当前建设高等教育强国的实践中，围绕质量、规模、结构、效益、公平这五个基本变量，可以有更为明确的工作方向。

（一）以提高质量为重点　相对于规模的迅速扩张，我国高等教育的质量问题尤显突出。无论是从当前我国毕业生就业能力、学生创新能力来看，还是与国际高等教育比较而言，我国高等教育质量都有待大力提升。对此，我们要有忧患意识，但是忧患并不能失去自信，要以自信面对忧患，最终战胜忧患。要有区别地看待我国高等教育的质量，在高等教育的专科生、本科生、硕士生、博士生的不同层次上，科学（学术）、职业等不同类型上，以及不同层次和类型的组合上，质量要求不同，与国外高等教育质量的差距程度也多不相同。相比较而言，我国大学本科，尤其是国内高水平大学的本科教育质量同全世界其他国家相比还是比较优秀的。统计数据显示，2006 年，清华大学和北京大学分别以 571 名与 507 名博士生输送量，成为美国大学博士生来源最多的两所院校，被称为最肥沃的美国博士生培养基地。[①] 2009 年，美国每年

---

① 《北大清华成为美国大学博士生头号来源地》，[EB/OL]. http://blog. sciencennet. cn/blog-39946-24793. html? COLLCG＝2194494158。

取得博士学位的学生中,每 7 个人就有一人来自中国,中国已连续多年成为美国最大的留学研究生来源国。① 因此,我们应当有一定的"质量自信",而不应该妄自菲薄。当然,这只是中国最优秀的一批学生在国内最好的大学里以科学(学术)教育为主的教育质量的体现,还不能说是中国本科教育的普遍水平,普遍质量的提高还有一段漫长的路要走。相对而言,我国高等教育在博士生培养和高等职业教育学生培养方面的质量差距更为突出。应当承认,尽管我们的研究生规模已经相当巨大,2012 年硕士生招生已达 50 万人,博士生招生已过 6.8 万人,已成为世界上规模最大的研究生教育,但我国研究生培养质量尤其是博士研究生的培养质量与国际先进水平相距很大。"中国博士质量分析课题组"的调查数据显示:被调查的博士生、博士生导师和研究生教育负责人对我国博士生创新能力评价选择"较高"的比例,分别仅为59.9%、29.7%和 59.6%。② 原始创新能力不足是我国博士生培养与世界一流大学的最大差距。我们应当承认,博士生培养的质量差距是各级教育的累积质量差距的体现,也是经济和科技水平在教育上的反映。因此,博士生培养质量的提升必然是一个比较漫长的过程。

我国职业技术类人才培养的质量也还不能适应国家加快转变经济发展方式的迫切要求。高等职业教育作为高等教育发展中的一个类型,其使命是培养面向生产、建设、管理和服务第一线需求的高素质技能型人才,在我国推进工业化、信息化、城镇化和农业现代化进程中具有不可替代的作用。这一大类人才同样可以有专科生、本科生和研究生不同的层次,但我们不少人误把类型当层次。一些本科院校认为不该培养职业技能型人才,而一些专科层次的学校盲目攀比升格,不安心培养职业技能型人才,对提高职业技术教育质量关注不足。职业技术

① 刘洋:《美博士学位 1/7 授中国人,为美学术界带来新气象》,[EB/OL].(2010-4-10)[2013-3-9].http://www.chinanews.com/lxsh/news/2010/04-10/2218086.shtml.
② 陈洪捷、赵世奎、沈文钦、蔡磊砢:《中国博士培养质量:成就、问题与对策》,《学位与研究生教育》2011 年第 6 期。

教育的定位不当、投入不足、保障不力，等等，都影响着职业教育质量的提升，可以说是高等教育体系中的一个"短板"。当然，高等教育的质量提升是永无止境的，普遍提高高等教育质量是建设高等教育强国的核心要素，也是需要我们长期努力奋斗的任务。这不仅要求我们进一步提高高水平大学的质量，更要提高高等教育系统内部各个不同层次、不同类型的高等教育的质量。但是需要指出的是，提高质量是重点，但不是建设高等教育强国的全部内容。也就是说，在强调提高高等教育质量的同时，应当密切关注其他变量。如果处理不当，不仅质量难以得到提高，更谈不上建成一流的高等教育体系。

（二）稳步低速增长规模　从教育自身发展规律来看，教育扩张是现代社会发展中最持久的现象之一，也是教育发展的必然结果。高等教育强国首先要拥有较大的规模，这里的规模不仅是绝对规模，而且也是相对规模。尽管从绝对数量来看，当前我国高等教育规模居世界第一，但当前我国高等教育毛入学率距离高等教育普及的指标（即高等教育毛入学率50％）仍有较大的差距。不论是从广大人民群众日益增长的文化需求来说，还是从社会经济可持续发展对高等教育的要求而言，都要求我们在符合教育规律的情况下适度发展规模。温家宝总理在2011年全国教育工作会议上的讲话中指出，从长远看我们还要适度扩大高等教育规模，以满足人民群众和经济社会发展对高等教育的需求。《国家中长期教育改革和发展规划纲要（2010—2020年）》已经提出，到2020年我国高等教育毛入学率要达到40％。从我国经济社会发展水平以及人口状况看，已有专家预测，届时高等教育在校生人数将达3360万人，普通本专科在校生规模平均年增约3％。[①] 稳步低速增长，是我国高等教育规模发展的较好选择。

（三）进一步优化结构　高等教育宏观结构涉及国家高等教育体系

---

① 纪宝成：《2020年我国高等教育规模预测分析》，《中国人民大学教育学科》2011年第1期。

的层次结构、科类结构和布局结构等,中观上涉及各省区市的教育结构,微观上涉及高等院校的学科专业等内部结构。高等教育功能的发挥与自身的结构有关,结构优化的高等教育系统往往是功能得以充分发挥的保证。当前我国高等教育结构还存在不少突出的问题。如在宏观布局结构上,高等教育的发展如何与区域经济社会发展互动,仍是一个很大的问题。我国的区域发展战略已经从 20 世纪 80 年代的非均衡发展战略调整为新世纪的区域协调发展战略,但是,我国高等教育区域布局发展显著滞后于这一战略调整,特别是中西部高等教育的薄弱与中部崛起、西部大开发战略的要求很不适应。从 2013 年 1 月 29 日教育部学位与研究生教育发展中心发布的"2012 年全国高校和科研院所学科评估结果"来看,以学校参评的学科作为统计项,排名第一的学科多集中在北京高校,占据总体统计数据的 57.39%,排名前五位的北京高校和上海高校占据了很大的比例,优质教育资源的区域发展不平衡可见一斑(表 1)。[①] 因此,优化高等教育区域布局、缩小地区差距,已是现实的紧迫任务。我们高兴地看到,2012 年教育部启动实施了中西部高等教育振兴计划,重点扶植一批有基础的中西部地区本科院校,加强

表1　2012 年教育部学科评估排名前五的部分地区高校学科数

计数项:学校学科					
地区 / 排名	北京	上海	天津	其他	总计
1	66	7	1	41	115
2	32	15	5	48	100
3	22	20	4	62	108
4	18	11	4	66	99
5	8	9	7	81	105
总计	146	62	21	298	527

来源:根据网站数据统计整理。

---

① 2012 年全国高校和科研院所学科评估结果,[EB/OL] http://edu. sina. com. cn/kaoyan/2013-01-29/1157370449. shtml。

本科教学基本教学设施的改善和本科教学质量的提高；还将进一步优化高等教育招生计划结构，普通本专科新增招生计划重点向中西部地区高校倾斜，这些都将有力地促进中西部地区高等教育的发展，对整个国家经济社会的协调发展将起到重要的促进作用。又比如在层次结构上，由于对高等职业技术教育类型与层次的理解上存在分歧，再加上鄙薄技术工作的旧观念和人事工资制度的不合理，影响了学生报考职业院校的积极性，使不少高专层次的高等职业技术学院盲目追求升格，加剧了层次结构的不合理。因此，要从教育制度、人事制度等方面多措并举，促进教育层次结构、类型结构与社会对多种多类人才的需求结构大体相符。

（四）大力促进教育公平　维护社会公平正义，是中国特色社会主义必须坚持的基本要求之一。教育公平是社会公平的重要组成部分，促进教育公平是我国一项基本的教育政策，是实现社会公平的重要调节器。当前，推进教育公平就要破除妨碍教育公平的制度障碍，着力构建以机会公平、权利公平、规则公平、资源配置公平为主要内容的教育公平保障体系，尤其要在合理配置教育资源和高校招生制度的改革上推出新的举措，取得新的效果。要完善高等学校特别是国家重点建设的大学招生名额分配机制，克服招生名额分配属地化倾向，促进高等教育入学机会公平。要统筹兼顾，加快解决农民工子女异地高考的问题。要完善经济困难学生资助体系，逐步提高资助水平，解决好毕业生就业等问题。这些都是促进教育公平和社会公平的重要工作。

（五）密切关注效益　高等教育的效益可理解为外部效益和内部效益。外部效益是其社会经济效益，也就是其对包括人才需求在内的社会经济发展需要的满足程度。内部效益关注的是对高等院校的资源投入与其产出的比较，与内部管理水平直接相关。高等教育的效益重点体现在社会效益上，包括向社会输送高质量的人才，为社会贡献科研成果，为社会提供有效服务等，也就是外部效益。高等教育的外部效益是一种长期效益，那些以短期投入产出平衡来衡量教育效益的做法是不可取的。当前我们要特别关注教育经费投入的使用效益问题。在教育经费供求矛盾较为突出的状况下,如何科学合理地安排使用好有限的教育资金非常重要,而在教育投入增加后,经费如何用得科学、合规和有效益,更值得高度重视。数据显示,2012 年我国财政性教育投入占国内生产总值的 4%,达 2.2 万亿元。在教育经费提高之后,如何科学合理地使用并保障资金的效益呢? 这是一个严肃的问题。事实上,加强经费使用管理与加大财政教育投入同等重要。重投入、轻管理的思想不仅是错误的,而且很可能造成毁人毁事的严重后果。"4%",一个自 1993 年就提出来的目标,今天终于实现了,这是一个可喜的进步,但与世界许多国家相比,这只是一个"刚刚及格"的水平。目前世界的平均水平已达 4.9%,发达国家为 5.1%,欠发达国家为 4.1%。美国教育经费投入占 GDP 的比例在 7% 以上,高强度教育投入是美国教育发展的持续动力。[①] 我们也要争取更多的教育投入,不仅要增加政府投入,还要发挥社会力量,建立多渠道筹措资金的有效机制,以扩大教育经费的总量。为了提高资金的使用效益,有必要进一步扩大学校自主权,因为对一个学校来说,钱花在哪里,怎么花好,学校领导最清楚,大学应当是对如何适应经济社会发展、科技进步和国际国内变化做出适当自我调整的主体。如果什么都指望上级指示,或者上级什么都要管,对资源的使用就难以发挥出其应有效益。

---

　　① 唐斌、朱静:《当代美英日法四国教育多元筹资比较研究》,《教育与经济》2008 年第 2 期。

永不止步的求索[*]

——写在"中国特色高等教育思想体系研究"
课题结题之际

从酝酿、立项到开题、研究，历时五年有余，"中国特色高等教育思想体系研究"于 2017 年 4 月 9 日结题。以清华大学谢维和教授为组长的专家组经过认真审核，一致同意通过鉴定，鉴定等级为优秀。《中国特色高等教育思想体系论纲》（高等教育出版社 2017 年 6 月出版）是这项研究的主要成果。

一、开展"思想体系研究"不是一时心血来潮，
而是长期求索的结果

开展"中国特色高等教育思想体系"课题研究要从以前两个重大课题研究的历史说起。一是 1993 年由周远清同志提出并直接组织的"建设有中国特色社会主义高等教育理论研究"（研究成果后来被称为"理论要点 60 条"）；二是 2008 年由中国高等教育学会组织实施的"遵循科学发展，建设高等教育强国"研究。1993 年开展"建设有中国特色社会主义高等教育理论研究"，是在党的十四大精神和邓小平"建设有中国特色社会主义理论"指导下，贯彻落实 1992 年第二次全国高等教育工作会议和 1993 年《中国教育改革和发展纲要》精神的背景下展开的。

* 本文系作者为《中国特色高等教育思想体系论纲》所作的序，原载《中国高教研究》2017年第 9 期。

新的形势为高等教育事业带来了新的机遇,提出了新的任务,周远清同志组织了由领导、学者和实际工作者三路人马相结合的几百人的研究队伍,课题研究不仅直接推动了理论研究与实际工作相结合,而且形成了具有很高理论价值和广泛思想影响的研究成果。这些理论成果集中体现在"理论要点 60 条"中。这项重要成果比较系统和完整地回答了 20 世纪 90 年代我们如何在中国这样一个发展中国家协调有序地发展高等教育事业的一系列重大问题。正如许多论者指出的,这一成果的取得,一是认真总结了中国高等教育特别是中华人民共和国成立以来高等教育曲折发展的丰富的正反两方面的实践经验,二是充分吸取了高等教育理论界的已有研究成果,三是以开放的态度借鉴了国外高等教育发展的有益经验。因此,可以说,这一成果的取得是在认真梳理已有的理论成果和实践经验的基础上的升华,是集体智慧的结晶。

我国高等教育经过世纪之交的跨越式发展,成为世界上高等教育规模最大的国家。2007 年党的十七大提出"优先发展教育,建设人力资源强国","提高高等教育质量",标志着高等教育发展进入到一个新的历史时期,工作重点由规模扩展转向质量提高。2007 年,中国高等教育学会会长周远清倡议、酝酿开展"建设高教强国"研究。2007 年 12 月教育部直属高校工作咨询委员会第 18 次全体会议上,陈至立同志就建设高等教育强国的战略意义、基本思路、战略重点等做了全面、深刻的阐述,指出建设高等教育强国是加快我国现代化建设、增强我国综合国力和国际竞争力、建设人力资源强国、建设创新型国家的必然要求;提出"加快从高等教育大国向高等教育强国迈进的步伐"。陈至立同志的讲话推动了建设高等教育强国研究的深入开展。2008 年,中国高等教育学会筹资立项,将"建设高等教育强国"作为重大研究项目,同时也被批准为国家社会科学基金"十一五"规划教育学重点项目和教育部哲学社会科学研究重大课题攻关项目。课题组组织两千人的研究队伍,历时六年有余,于 2014 年结题,所取得的研究成果不仅回答了什么是高等教育强国、为什么要建设高等教育强国、怎样建设高等教育强国等一系列命题,而且在一些理论问题上取得了重大突破和进展,为高等教育强国建设奠定了坚实的理论基础。

2010 年 7 月,党中央、国务院召开了改革开放以来第四次全国教育工作会议。会后,中共中央、国务院印发《国家中长期教育改革和发展规划纲要(2010—2020 年)》,对未来十年教育改革发展进行了全面部署和规划。特别是在教育部 2012 年发布的《高等教育专题规划》中,旗帜鲜明地提出 2020 年高等教育的战略目标为"全面提高高等教育质量,建设高等教育强国","加快建设高等教育强国,加快建设世界先进水平、中国特色社会主义现代高等教育体系","走中国特色现代高等教育之路,建设高等教育强国,已经成为时代赋予我国高等教育崇高庄严的历史使命"。我国高等教育经过大改革、大发展,进入大提高阶段,由大变强,是历史的必然。建设中国特色社会主义现代高等教育体系,迫切需要中国特色高等教育思想体系作指导。

2012 年 11 月 8 日,党的十八大召开。十八大报告提出:走中国特色社会主义道路,建设中国特色社会主义理论体系,完善中国特色社会主义制度。中国特色高等教育理论体系是中国特色社会主义理论体系的重要组成部分,高等教育理论研究者必须为构建中国特色高等教育理论体系作出新的贡献。时值"理论要点"课题启动研究 20 周年,建设高等教育强国研究进入结题阶段。"高等教育强国"研究中,大家有一个共识——高等教育强国目标的实现,首先需要中国特色的高等教育理论作指导。建设高等教育强国需要创新高等教育理念。"在世界高等教育发展历史上,新观念、新探索和新趋势都萌芽于当时世界上的高等教育强国。高等教育强国应该是一个具有先进教育思想、教育理念的高等教育。高等教育强国不仅要出拔尖创新人才、原创性科研成果,还要出具有影响力的办学思想、办学理念、教育理论。"[1]先进的

---

① 周远清:《建设高等教育强国是历史发展的必然》,《中国高教研究》2009 年第 11 期。

高等教育理念是高等教育强国的灵魂所系。高等教育理念创新在建设高等教育强国的进程中具有先导、引领和激励作用。而中华人民共和国成立以来特别是改革开放以来丰富的实践经验和大量的教育研究，为中国特色高等教育理论体系的研究提供了良好的条件。

中国高等教育在过去 60 多年的实践中，特别是在近 40 年的发展历程中，形成了一些好的思想理念，但是还不够系统，还没有形成一个能够指导我国高等教育不断深化改革、持续健康发展的完整的思想体系。因此，建设"中国特色高等教育体系"至少包括三大方面的使命：一是思想建设，二是体系建设，三是制度建设。以成熟的思想体系为指导，而不是个别观念的指导，是建设中国特色现代高等教育体系的亟需，开展中国特色高等教育思想体系研究也就成为时代的要求。

在这一背景下，为不断研究探索、梳理总结中国特色高等教育思想体系，推动中国特色高等教育理论研究，指导不断发展的中国高等教育实践，中国高等教育学会组织了以周远清为总顾问，瞿振元为课题组长、首席专家，陈浩为课题组常务副组长，马陆亭、眭依凡为副组长，以及来自北京大学、清华大学、中国人民大学、北京师范大学、厦门大学、华中科技大学、大连理工大学、华东师范大学、南京师范大学、浙江师范大学等十几所高水平大学的知名、精干专家组成研究团队，于 2013 年 7 月开题研究。同年 9 月，课题获 2013 年度教育部社会科学重大委托研究项目立项。大家虽然知晓这项课题研究难度极大，但也深知这项课题研究的重大意义，迎难而上，快速地投入了研究。

二、课题研究紧紧抓住"中国特色"和"思想体系"两个关键点，并彰显文化属性

"中国特色高等教育思想体系"这一命题本身包含着十分丰富的内涵，在研究过程中，特别突出"中国特色"和"思想体系"。

关于"中国特色"。课题组认为,抓住"中国特色"有两层含义,一方面是在中国特色社会主义理论体系的指导之下开展研究。党的十八大阐明了中国特色社会主义的道路、理论体系和制度"三位一体"——道路是实现途径,理论体系是行动指南,制度是根本保证,三者统一于中国特色社会主义伟大实践。这个实践当然包括经济、政治、科技、教育、文化等各个方面的全部实践,这个理论体系也当然由经济、政治、科技、教育、文化等各个方面的理论所组成。中国特色社会主义的教育理论是中国特色社会主义理论体系的重要组成部分,占有重要的地位。中华人民共和国成立以来,我国高等教育发展取得了巨大的成就,关键就在于我们坚定不移地在中国特色社会主义理论指导之下,走中国特色社会主义教育发展道路,制定并完善了中国特色社会主义教育制度,形成了有别于欧美模式、苏联模式、拉美模式和东亚模式等的中国高等教育发展道路。"思想体系"研究始终在中国特色社会主义理论指导之下,努力构建中国特色高等教育思想体系。

另一方面,"思想体系"研究抓住"中国特色",是指在中国高等教育自身发展的历史和现实中提炼中国自己特色的高等教育思想。2016年12月7日习近平总书记在"全国高校思想政治工作会议"上的讲话中指出:"我国有独特的历史、独特的文化、独特的国情,决定了我国必须走自己的高等教育发展道路,扎实办好中国特色社会主义高校。"习近平总书记强调要发展"中国特色、世界水平的现代教育",他在北京大学考察期间对发展具有中国特色、世界水平的现代教育作了深入阐释:"办好中国的世界一流大学,必须有中国特色。""世界上不会有第二个哈佛、牛津、斯坦福、麻省理工、剑桥,但会有第一个北大、清华、浙大、复旦、南大等中国著名学府。我们要认真吸收世界上先进的办学治学经验,更要遵循教育规律,扎根中国大地办大学。"扎根中国大地,就是要传承中国五千年文明史,吸收中国悠久灿烂文化,观照"处于并长期处于社会主义初级阶段"的最大国情。中国高等教育就是在这样的一个人口众多的最大发展中国家环境中改革发展的。世界上最大发展中国家的最大规模的高等教育事业,在推动国家经济社会全面进步和民族复兴中作出了重要贡献,总结好这个理论是我们课题组始终努力的追求。这个理论就是在这个宏大的事业中,从中国国情出发,吸收中国优秀传统文化,遵循高等教育发展的一般规律,推动中国的高等教育又好又快地发展的理论;是把普遍性与特殊性相结合,有民族魂魄、中国文化、中国气派、中国特点,但又是国际高等教育发展的一般规律的体现,是属于我们在中国实践中不断深化对这种一般规律的认识的结果。当然,"中国特色"也不是静止的,在不同时期,中国特色的具体内容也不尽相同。在课题研究过程中,我们特别注意了具有新的历史特点的"中国特色",如对立德树人根本任务的强调、对素质教育思想的阐发,都具有鲜明的中国特色和时代特点。

关于"思想体系"。所谓"思想体系",是一整套相互关联的思想观点内在的、合乎逻辑的构成。在"理论要点"的研究中,提出了一系列互相关联的概念:时代背景、属性、地位、方针、发展目标、发展道路、发展动力、高校职能、依靠力量、体制机制、政治保障等。这些概念层层展开,使这个"理论要点"合乎逻辑,回答了高等教育改革实践中面临的重大问题,有很强的指导意义。这些重大问题在今天和今后的实践中仍然需要加以回答,这也正是我们今天开展思想体系研究的缘由所在。我们在进行"思想体系"研究过程中,注重了这种逻辑的联系和展开,对一些"老问题"的回答更准确且有新意,对"新问题"不回避、有见地,使之成为名符其实的思想体系。经过反复研讨,提出了"一个总论、十个分论、两个专论"的研究思路。总论即把我国高等教育目前主要主流、基本基础的思想以简明扼要的形式提炼概括出来;十个分论即从高等教育内外部以及高等教育基本理论一些重要问题展开论述,不要求面面俱到;两个专论,一个是纵向梳理中国高等教育思想的发展历程,另一个是横向梳理外国高等教育发展的思想精要。一个总论、十个分论成一体系,纵向与横向的两个专论另著论述。虽然由于种种原因,中国高等教育思想的发展历程的研究没有形成专稿(相关的论述在各部分已有表述），但这样的设计表达了我们希冀在这样的框架设计下比较系统地展示当今中国高等教育主要的思想理念。

关于"文化属性"。高等教育的属性问题，是高等教育研究中的基本问题。高等教育与一个社会的政治、经济、文化、社会和生态建设等各个方面都有紧密的联系，在每个方面都发挥着不可替代的重大作用。但人们对高等教育的观察视角不同，对高等教育属性的认识也并不相同，强调的重点也不一样。事实上，高等教育具有多方面的属性，诸如政治属性、经济属性、社会属性，等等。但高等教育与文化具有天然的联系，而且是作为一种重要的文化现象和文化机制出现的，因此文化属性就成为高等教育的内在的、隐含的，但却更为深沉的属性。在一定的条件下，这种文化属性还可以转化为政治的或经济的功能，成为能被人们感受的外显功能。因此，高等教育的文化属性是在高等教育诸多属性中更为深沉和持久的属性。社会经济科技的发展和高等教育自身的发展使人们对高等教育属性和功能的认识不断深化，也呼唤高等教育更加彰显文化属性。在本研究中，突出文化属性，正是顺应了这一时代要求。

三、开展"思想体系研究"中强调的思想方法和基本原则

中国特色高等教育思想体系是在中国特色社会主义事业蓬勃发展进程中逐步形成的，它是全方位、多角度、系统性的，不是零散的、无序的。因此，为确保"思想体系"的全面性、系统性和科学性，我们在"思想体系"研究过程中，在开题、中期检查等多次会议上强调了以下原则：

一是继承和创新的关系。这是一个由"理论要点"到"高教强国"、再到"思想体系"的延续理论发展过程，研究过程注意到了这一过程的延续性、发展性，真正贯彻承前启后、前后一贯、后有超越的原则。

二是国内和国外的关系。坚持中国特色，国际视野。以中国自己的实践为根基，在国内外的比较中审视，构建具有中国自身文化特色的

高等教育思想体系。

三是宏观和微观的关系。本研究应当属于宏观理论研究范畴,但也注意到与微观研究的一致性和包容性,注意吸收微观研究的创新性思想。

四是基础性与应用性的关系。课题研究成果须是经得起推敲的严谨的高水平理论成果。通过对高等教育改革发展的特性、结构和各种关系进行理论性研究,来加深对高等教育的认识,并能解释现象的本质,揭示规律,研究结果具有普遍的正确性、准确性以及经典性,表现形式提纲挈领,起到论纲的作用,以期为我国高等教育思想体系建设奠定基础;同时,又不是阳春白雪,脱离实际,而是必须从高等教育改革发展的实践中来,又能指导实践,具备应用性。理想的是能作为各高校校领导上任的培训教材。这一点是最难的。实践指向的是应用,但是不回避重大的理论问题。

五是成果能体现全面正面,主流主导,前沿前瞻。研究过程中,强调紧紧围绕论纲性质的定位,简要概括了中国特色高等教育的基本思想观点理论,直截了当,正面阐述,而不是讨论、交锋、辩论,论述要深入浅出;所要阐述的内容一定是主流的基本观点、基本概念、基本定义、基本内涵、基本理论、基本原则、基本经验教训、基本启示,等等。所挖掘、提炼的这些理论和观点正面、准确、到位、经典、主流、前瞻。

四、开展"思想体系研究"取得的主要成果和创新点

"中国特色高等教育思想体系研究"自 2010 年酝酿开展研究,到 2013 年立项开题、2017 年 4 月结题,几年来,课题组召开了近 40 次研讨会,课题组秘书的"课题进展大事记"罗列了 39 个课题研讨会议的条目,足见课题研究的研讨密度和花费的心血。在课题组全体成员的不懈努力下,取得了丰硕的成果。除了发表有质量的 50 多篇论文以外,还出版了《中国特色高等教育思想体系探索》前期成果著作,最终成果

以《中国特色高等教育思想体系论纲》呈现。研究团队本着对我国高等教育既有思想理论进行再挖掘、再梳理、再升华,使之成体系的可贵愿望,放眼中外古今,博采众长,融合提炼,努力将中国特色高等教育改革发展的实践、探索的成果,上升为中国特色高等教育思想理论成果。对中国特色高等教育思想理论进行了全景式、综合性研究和展现,所取得的许多学术成果具有基础性、前沿性和开创性意义。

整个课题研究框架分为一个总论、十个分论,以及专论"世界高等教育思想述要"(另著出版)。总论即《中国特色高等教育思想体系论纲》,由 60 条组成(简称"高教思想 60 条");十个分论内容分别为:高等教育本质及其使命思想研究、中国高等教育现代化发展思想研究、大学素质教育思想研究、高校人才培养与教学改革思想研究、高校科研与社会服务思想研究、高校教师队伍建设思想研究、高等教育治理体系和治理能力现代化思想研究、大学文化思想研究、高等教育扩大开放与推进国际化思想研究、高等教育要处理的若干重大关系研究。

(一)本项目研究的核心成果

总论"高教思想 60 条"是本项目的核心成果,主要内容有:对高等教育本质和属性思想的探讨;对我国立德树人、全面推进素质教育思想的总结提炼;创新发展理念,构建现代高等教育体系的思想;以改革促发展,构建充满活力的高等教育体制机制的思想;落实教学中心地位,全面提高人才培养质量的思想;提升学术创新能力,引领创新型国家建设的思想;承担社会责任,服务社会经济发展的思想;尊师崇教,建设高素质教师队伍的思想;扩大对外开放,提高国际化水平的思想;完善现代大学制度,推进高等教育治理能力现代化的思想。这十个方面基本涵盖了高等教育方方面面的理论与实践问题,比较全面地反映了当今中国高等教育改革发展实践和思想理论认识与发展水平。本着"正面、全面,主流、主导,前沿、前瞻"的研究思想方法,"高教思想 60 条"中的每一个条目,力求凝练成一个学术思想点,使之点面兼顾,集珠成串,集成开新,以期构建中国特色高等教育思想体系基本框架;课题组成员躬身思索,殚精竭虑,反复讨论,力求逻辑框架严谨,深入浅出,以期为业内外人士既简明扼要、又全面系统地了解中国特色高等教育思想提供帮助。

（二）"思想体系研究"十个分论的主要内容和创新

分论一　"高等教育本质及其使命思想研究",开创性地、系统地梳理了我国改革开放后高等教育本质探讨历程,揭示了我国高等教育本质探讨的基本特点,并据此将我国高教本质探讨过程划分成六个阶段,从而展示了我国高等教育哲学探究进展的基本脉络和未来发展方向,指出高等教育文化职能说具有非常重要的现实意义与学术价值,符合中国特色的社会主义高等教育体系建设的要求,并提出了我国高教学界面临着构建"文化论"高等教育哲学的急迫任务。

分论二　"中国高等教育现代化发展思想研究",核心议题是如何认识和解释我国高等教育取得辉煌成就的内在原因及独特之处,回答建设一个什么样的和怎样建设有中国特色社会主义高等教育的重大理论和实践问题。中国高等教育现代化发展的过程性特征表现为"大改革、大发展、大提高、建强国"。我们着力在三个层面上认识我国高等教育的发展模式:在发展的动力机制方面,以改革为发展的基本动力,以发展规划战略规划引导发展;在发展模式的构成要素上,包含鲜明的社会主义性质、建设高等教育强国的目标导向、突出的中国要素、包容开放的现代化意义;在发展的实践策略上,坚持重点发展和统筹发展。我们提出了要充分认识中国高等教育发展独特道路及成功的经验,坚持中国高等教育现代化发展的道路自信,理论自信,制度自信和文化自信,深刻把握发展面临的机遇和挑战,实现发展模式的转型升级,为实现高等教育强国的战略目标奠定思想基础。

分论三　"大学素质教育思想研究",阐明素质教育思想是中国特色高等教育思想体系的重要组成部分和独特创造。马克思主义关于人的全面发展理论是大学素质教育的理论基点,科学精神与人文精神并重是大学素质教育的价值依据。大学培养的人才素质中思想道德素质是根本,文化素质是基础。大学素质教育需要在课程体系改革、培养模式创新、教学管理制度完善、良好校园文化形成等方面建构全方位的系统,才能有效实施。

分论四 "高校人才培养与教学改革思想研究",归纳了改革开放以来我国高等教育在人才培养理念、培养制度和教学改革等方面的主流思想和理论;梳理了人才培养目标及培养模式改革发展的脉络,阐述了其内涵和主要特征,重点分析了当前实施的几种典型模式;分析了我国高等教育在教学内容与课程体系、教学方法与手段等方面的改革内容、特点与发展趋向;阐述了我国高等教育内部和外部质量保证模式及其发展过程,提出了进一步完善的建议。

分论五 "高校科研与社会服务思想研究",提出当前中国高校存在一个突出问题,就是教学和科研没有能够有效整合服务于人才培养。本课题提出科教融合的理念,即整合科研与教学两种活动,服务于立德树人,以高水平的科研支撑高质量的人才培养。学科是办学育人的载体,既是科学研究的平台,也是人才培养的平台;既是人才队伍汇聚的平台,也是服务社会的平台。坚持学科、专业、课程一体化是高校人才培养模式创新的基本路径。科教融合的一个重要理论基础是:学生认知经历的多样性与学生创造能力有很高的相关性,本科生参与科研比课堂教学更能为学生提供多样化的认知经历,更有利于创造能力的培养,因此科教融合是拔尖创新人才培养的基础。不但高校科研具有育人性,社会服务也具有育人性。

分论六 "高校教师队伍建设思想研究",阐述了关于教师队伍建设的基本观点:改革开放以来,我国逐步确立了人才培养在高校的核心地位,注重强化教师教学、科研与服务社会能力水平的提高;建立职业规范、强化教师的责任与伦理意识,维护教师专业自主权、发展权、民主参与权和生存保障权,为教师的专业发展提供坚实的基础;不断完善教师资格制度,深入开展教师聘任、考核与评价制度改革,形成有效的内部激励机制,全面提升高校教师队伍的整体素质与水平;实施人才强校战略,建立人才计划与项目,持续推进高水平人才队伍的建设。

分论七　"高等教育治理体系和治理能力现代化思想研究",课题组提出,我国高等教育治理思想是关于高等教育利益相关组织、公民群体和个人参与办学和管学的思想,源于高等教育管理改革实践,是对高等教育领导与管理思想的重要发展。高等教育治理的根本目的在于改革政府对高等学校的管理体制和管理方式,发挥高校和社会各方面的积极性,促进高等教育事业健康发展,多出人才、出好人才。根据高等教育现代化的要求,推进治理体系和治理能力现代化,以构建政府、高校、社会新型关系为核心,以推进管办评适度分离为重点,以转变政府职能、落实高校法人地位为突破口,建立系统完备、科学规范、运行有效的制度体系,形成政府宏观管理、高校自主办学、社会广泛参与的格局,更好地调动中央和地方的积极性,更好地激发高校的活力,更好地发挥全社会的保障和监督作用。

分论八　"大学文化思想研究",课题组提出,大学本质上是文化积淀的产物,是负有选择、批判、传承和创造人类文化职能且具有强烈文化属性的组织,是优秀文化传承的重要载体和思想文化创新的重要源泉。"大学文化思想研究"在厘清文化与大学文化概念,讨论提炼大学文化的要素、层次及其特征,大学文化意义与作用的基础,课题组考察了改革开放近40年来大学文化建设历程的历史,提出了改革开放以来我国的大学文化发展建设经历了校园文化建设、人文素质教育和大学文化建设三大历史阶段的结论,并循着大学文化发展建设的历史演进路径和发展逻辑,分别讨论了三个不同阶段的大学文化内涵、源起、特征及意义。在梳理大学文化思想发展脉络的基础上,从文化育人、文化治校和文化强国三个层面提炼了大学文化思想,并进一步从学理与实践两个切面全面阐述了大学文化思想。

　　分论九　"高等教育扩大开放与推进国际化思想研究"，课题组提出，开放是现代高等教育的基本特征和内在要求，国际化是世界高等教育的发展趋势。改革开放以来，我国高等教育国际化思想不断丰富和发展。国际交流与合作成为我国高等教育新的重要职能，凸显了国际化在国家战略和高等教育发展战略中的重要地位，也标志着高等教育国际化思想发展到了一个新的高度。我国高等教育国际化思想的要旨包括积极开放、双向开放、平等交流、服务国家利益。国际交流合作是提高高等教育质量和建设高等教育强国的重要条件，更深远的意义在于服务国际国内大局、促进文明交流互鉴、推动人类文明进步。

　　分论十　"高等教育要处理的若干重大关系研究"，课题组梳理了高等教育中的六大关系。高等教育是各种关系的集合体，在学术自由与社会责任、大学自治与政府管理、学术权力与行政权力、适应社会与超越社会、国际化与民族化、继承传统与开拓创新的关系等重大关系中，每一对关系都包含矛盾的胚芽，并在一定条件下相互转化。课题组提出，要把握关系发展的历史节点，从"正、反、合"中将关系作为一个连续的共同体，从"必然性"中廓清关系秩序，在关系的"自觉统一"中获得对高等教育思想体系的整体性认识。

　　（三）"思想体系"研究的创新表现

　　一是"思想体系"的研究，特别是总论60条的提炼，着力回答了我国高等教育改革发展中的一系列基本理论问题，基本完成了中国特色高等教育思想体系的理论建构。这些问题来自实践，从我国的实际出发，提炼、上升为基本的理论，但又不等同于目前高等教育学的理论研究，它有着我国高等教育发展经验总结的主导性思想和一般性规律特征。60条作为一个整体，构成了中国特色高等教育思想体系的内涵，完成了基本的理论建构。

　　二是梳理了我国高等教育发展的主流思想。课题组在研究过程中，始终以中国特色社会主义理论为指导，紧密结合中国高等教育改革和发展思想实际,以"高起点、宽视野,集众智、彰主流,出精品、正导向"为总原则,力倡研之有据,研而成理,研发开新,研以致用。中国特色社会主义理论体系照映下的中国特色高等教育思想体系研究,不追求面面俱到,但梳理、论述了涵盖高等教育改革和发展中主要的和重要的方面和已经形成共识的主流思想。

三是阐明了思想观念创新在中国特色高等教育思想体系中的重要地位,进而指明了它们在指导新时期中国高等教育改革和发展所发挥的重要作用。

总之,在"理论要点"和"高教强国"研究的基础上,历时五年多的辛勤耕耘,课题组对中国特色教育思想观念进行了再挖掘、再梳理、再凝练、再升华,这不仅有利于我们丰富、完善中国特色高等教育理论的研究成果,也将我们的教育思想提升到一个更加成熟的新高度,也有利于把我们对高等教育规律的把握推进到一个更加自觉的新境界;同时,对教育思想观念进行再梳理、再凝练,并试图构建为思想体系,也是我们对新中国近 70 年来,特别是近改革开放近 40 年来高等教育改革发展的丰富的实践经验再提升的一个重要过程,它必将加深我们对高等教育改革发展的"中国特色"的认识与把握,并为建设中国特色、世界水平的现代高等教育,探索高等教育改革发展的中国道路、中国经验添砖加瓦。①

课题研究已告一段落,但对"中国特色高等教育思想体系"的探索是个永无止境的过程,中国高等教育改革发展的实践不止,对思想理论体系的求索不息。

---

① 瞿振元:《再梳理　再凝聚　再升华——写在"中国特色高等教育思想体系研究"课题启动之际》,《中国高教研究》2013 年第 10 期。

高等教育由大向强的新步伐[*]

世纪之交,中国高等教育迈出了大改革大发展的坚实步伐,成为名副其实的高等教育大国。高等教育的跨越式发展较好满足了社会经济和文化发展的需求,不断满足了人民群众日益增长的接受高等教育的需求,为我国高等教育的新发展奠定了坚实的基础。

新世纪的第二个十年,高等教育站在了由大向强的新起点上。国务院发布的《国家中长期教育改革和发展规划纲要(2010—2020年)》绘制了教育发展的宏伟蓝图,指明了前行的路径和方向。高等教育适应全面建设小康社会、建设创新型国家和人力资源强国的需要,坚持以育人为本,以改革为动力,以提高质量为核心,走内涵发展道路,加快了从高等教育大国向高等教育强国迈进的步伐。

一、在满足人民群众对优质高等教育期盼中
持续提高人才培养质量

"我们的人民热爱生活,期盼有更好的教育……人民对美好生活的向往,就是我们的奋斗目标"。[①] 习近平总书记的这番话,不仅是新一届领导集体"不负重托,不辱使命"的宣言,也是我们党对实现"办人民满意的教育"的最好诠释。"十二五"期间,高等教育发展所面临的主要

---

[*] 原载《中国高教研究》2016年第1期。本文相关数据均引自《关于〈国家中长期教育改革和发展规划纲要(2010—2020年)〉5年实施情况总结报告(征求意见稿)》。

[①] 《习近平:人民对美好生活的向往就是我们的奋斗目标》,《人民日报》2012年11月16日。

矛盾悄然呈现出新的特征。如果说本世纪头十年政府通过扩大高等教育规模，较好地解决了老百姓上大学难的问题，那么，接下来的问题是：人民群众对更加公平地上好大学、找好工作的需求日显突出。人民群众日益增长的对优质高等教育的需求和优质高等教育供给不足的矛盾，日渐成为高等教育主要矛盾的新特征。

面对主要矛盾的新特征，国家加大人力资源开发力度。"十二五"期间，中央和地方从提高生均拨款水平、化解高校债务风险、给予专项支持等三个方面加大对高等教育的支持力度。高等教育大众化深入推进，2014 年高等教育毛入学率达到 37.5％，比 2009 年提高了 9.3 个百分点，超过中等收入国家平均水平；主要劳动年龄人口中受过高等教育的比例达到 15.83％，比 2009 年提高了 5.93 个百分点。从人力资源开发的角度说，这是一个十分了不起的成就。

面对主要矛盾的新特征，我们坚持以提高质量为核心的内涵发展主线，调整学科专业结构。根据经济社会发展需求，超前部署一批国家战略性新兴产业和民生改善急需的学科专业，修订《学位授予和人才培养学科目录》和《普通高等学校本科专业目录》，增设新兴学科和紧缺专业，提高了人才培养的针对性；深化教学改革，推出系列人才培养计划，探索学校与有关部门、科研院所、行业企业联合培养、协同育人的新机制，科教协同、医教协同、农科教协同、校企协同等基本覆盖主要学科专业领域，协同育人成效初显；高等教育质量保障体系逐步完善，对新建本科高校的合格评估和已经通过教学工作水平评估的高校的审核评估平静展开，本科教学质量报告发布制度化，内部质量保障制度建设逐步完善。质量保障体系建设的加强与完善，对保障教学质量的逐步提高发挥了重要作用。

面对主要矛盾的新特征，我们强化教育公平。以公平为导向的考试招生管理体制进一步健全，指导中央部属高校合理确定分省招生计划，克服央属高校招生属地化倾向，降低属地招生比例；实施"农村贫困地区定向招生""部属高校农村学生单独招生""地方重点高校招收农村学生"等三个专项招生计划,增加农村学生上重点高校的比例,疏通农村和贫困地区学子纵向流动渠道;在 2014 年高考中首次为盲人考生专门研制试题,首次在硕士研究生考试中实行残疾学生单考单招,首次专门设立残疾人中医专业硕士学位;随迁子女就地高考问题逐步解决,高考加分项目和分值进一步规范;"阳光招生"普遍实施,严肃查处招生违纪违规事件……这一项项举措掷地有声,人民群众的教育获得感明显增强,公平享受优质教育的期盼逐步实现。

二、在迎接新科技革命挑战中提升科学研究水平

当今世界,高校之强的一个十分重要的特征就是具有很强的知识创新和运用的能力。面对新科技革命,科技创新能力成为国家竞争的核心能力。过去五年里,在国家相关政策的大力扶持下,高校科研能力和学科建设水平显著提升。中央财政投入 300 多亿,深入实施"985 工程""211 工程";投入 20 多亿,推进国家重点学科建设,重点支持 75 所高校;投入 20 多亿,实施高等学校创新能力提升计划(即"2011 计划"),建立 38 个国家级"2011 协同创新中心";投入 20 多亿,实施"高校哲学社会科学繁荣计划"。这一系列举措,助推高校科研能力和学科建设水平显著提升。

"十二五"期间,高校承担了 60％以上的"973 计划"和重大科学研究计划项目,80％以上国家自然科学基金面上项目,85％以上的哲学社会科学项目,科研产出显著增加。在 2014 年度国家科技三大奖中高校获奖项目超过 70％。2013 年,我国作者(第一作者)发表 SCI 论文20.41万篇,其中 82.2％出自高校。现在,世界上每七篇 SCI 论文中就有一篇出自我国高校。诸如"量子反常霍尔效应"等若干具有原始创新意义的成果陆续出现。科研能力和学科建设水平的提高使我国高校的

国际学术排名显著前移,近 600 个学科进入世界同类学科前 1‰,位于全球第六,50 多个学科进入前 1‰。

三、在聚焦国家经济社会发展重大需求中增强社会服务能力

"十二五"期间,高等教育聚焦国家经济社会发展的重大需求,服务经济社会发展能力显著提高。普通高校五年累计输送近 2000 万专业人才,为区域经济社会的持续发展提供了强有力的人才支撑。

高等学校利用自身优势,自觉参与、推动战略性新兴产业发展和区域协调发展。2014 年大学科技园在孵企业共申请专利 1.2 万余项,一大批研究成果直接服务于国家重大经济和社会需求。清华大学在世界上率先研制出以加速器为辐射源的车载移动式和组合移动式集装箱检查系统、华中科技大学成功开发出具有自主知识产权的"华中 I 型数控系统"等成果,推进了产业技术进步和装备国产化;北京大学第一医院开展的"副肿瘤性天疱疮和遗传性皮肤病"研究,为自身免疫病的研究提出了新思路,为保障人民健康作出了新的贡献。一批农林院校的科研成果有效服务于国家农业现代化和生态文明建设。

深入实施"高校哲学社会科学繁荣计划",充分发挥"思想库""智囊团"的作用。高校着眼党和国家的战略需求,聚焦社会主义经济建设、政治建设、文化建设、社会建设以及生态文明建设和党的建设中的重大问题,服务党和国家科学决策。2011 年以来,高校社科界为党和政府及企事业单位提供咨询报告 26530 份,累计 14043 份被采纳,并呈现出逐年上升趋势。高校通过面向社会开设"高校名师大讲堂",开展"高校理论名家社会行",实施"高校哲学社会科学研究普及读物项目"等活动,面向社会公众积极宣传哲学社会科学优秀成果,弘扬优秀传统文化,有力地推动了社会主义核心价值体系的宣传普及和文化大发展大繁荣。

四、在大国外交格局中创新高等教育国际交流合作

随着国家实力的逐步增强,我国在世界上的大国形象逐步确立,以"和平、发展、合作、共赢"为基本政策的大国外交格局正在形成。高等教育推进各国之间人文交流,促进多元文明互学互鉴的职能日益显著。"十二五"期间,高级别人文交流机制和高级别人文交流对话机制可以称得上是一道靓丽的风景线。高等教育在中俄、中美、中欧、中英、中法、中印尼等高级别人文交流机制和高级别人文交流对话机制中,加强教育伙伴关系建设,取得了历史性的成果。如设立"中欧高等教育交流合作平台",开展中欧教育政策对话,建立双方共同认可的质量标准等。人文交流机制的建立,成为深化中外相关领域人文交流与合作的重要平台,高等教育在其中发挥着越来越重要的作用。

"十二五"期间,出国留学与学成归国同步扩大。2014 年,我国出国留学人员 45.98 万人,比 2009 年增加了 100.54%;各类留学回国人员 36.48 万人,比 2009 年增加了 236.84%。与此同时,来华留学与攻读学位同步增长。通过实施留学中国计划等,我国正成为新兴留学目的地国。2014 年共有来自 203 个国家和地区的 37.7 万名学生在华学习,比 2009 年增加了 58.3%。来华留学中的学历生比例稳步提高,2014 年达到 43.6%。

"引进来"与"走出去"同步提高。高质量中外合作办学资源持续增多、模式趋于多样。五年来,新设上海纽约大学、昆山杜克大学等四所中外合作大学,增加 643 个本科及以上层次中外合作办学机构和项目。海外办学迈出实质性步伐,已有厦门大学马来西亚分校、老挝苏州大学等四所机构、98 个项目在境外落地。在 132 个国家设立了 478 所孔子学院和 884 个孔子课堂,比 2009 年增加 44 个国家、196 所学院和 612 个课堂。目前,170 多个国家开设汉语课程或专业,61 个国家和欧盟已将汉语教学纳入国民教育体系,外国汉语学习者达 1 亿人。

　　五年来,中国高等教育在由大向强的发展中,步伐坚实、成就显著;面向未来,中国高等教育站在了新的历史起点上,尽管建成高等教育强国还有漫长的路要走,尽管未来的改革发展的任务仍然十分艰巨,但高等教育不会放慢发展的步伐。建设高等教育强国,这是历史赋予中国高等教育的重大使命。即将到来的"十三五"时期是党中央确定的全面建成小康社会的时间节点和决定性阶段,同时,也是高等教育由大向强的又一重大历史时期。我们相信,建设高等教育强国的步伐一定会迈得更稳更快!

从插旗杆到立高峰*

解艳华(记者):"双一流"建设的提出,将会对我国高等教育格局产生何种影响?

瞿振元:2015年10月,国务院印发了《统筹推进世界一流大学和一流学科建设总体方案》,这是一个含金量极高的文件。当下,大家关注在"211工程"和"985工程"的成绩和经验的基础上,如何进行继续推进一流大学和一流学科建设,关注资金有多少、范围有多大、用什么办法争取、用什么机制管理,等等。这也是自然的、合乎情理的事。但是,人们似乎忽视了文件中透露的中国政府建设高等教育强国的国家目标和实现这一目标的"三步走"战略的首次正式表达。站在这个角度看,这个文件可以说是一个雄心勃勃的高等教育发展战略规划。

目前,我国有2550多所普通高校,其中,"985工程"高校和"211工程"高校加起来仅有112所,只占高校总数的4.4%,因此,高等教育发展水平呈现一种"倒图钉"型,即"985工程""211工程"高校是图钉尖,其余的高校是底座,或者说是"高等教育平原上插旗杆"。

要实现高等教育现代化,建成高等教育强国,仅靠112所大学冲世界一流是远远不够的,需要全国2500多所大学的共同提高和进步。这从《方案》可见端倪,《方案》提出建设高等教育强国的三步走战略:第一步,到2020年,若干所大学和一批学科进入世界一流行列,若干学科进

* 原载《人民政协报》2016年1月27日第10版,原题《要把"平原上插旗杆"变成"高原上立高峰"》。

入世界一流学科前列;第二步,到 2030 年,更多的大学和学科进入世界
一流行列,若干所大学进入世界一流前列,一批学科进入世界一流学科
前列;第三步,到本世纪中叶,一流大学和一流学科的数量和实力进入
世界前列,基本建成高等教育强国。也就是说,"双一流"建设的国家目
标是建设"高等教育强国"。

从本质上说,建设高等教育强国就是建设中国特色、世界水平的现
代高等教育体系。因此,"双一流"大学建设不是针对一两所甚至百余
所高校而言,而是推动中国高等教育从"平原"变成"高原",让"旗杆"变
成"高峰"的一个有力举措;从长远来讲,也是推动中国高等教育整体进
步提高,最终把我国变成高等教育强国。

记者:建设高等教育强国,您认为如何从全局上进行调整?

瞿振元:发展高等教育,要立足中国国情,今后要重点在六个方
面下功夫:规模的适度增长、结构的进一步优化、质量的显著提升、统
筹推进世界一流大学和一流学科的建设、治理体系治理能力的现代
化以及教育公平。这里我重点谈谈结构优化,结构优化是多方面多
层次的。

首先,从地域来讲,东中西部高等教育发展差异很大,"十二五"期
间,中西部的高等学校增长速度还是较快的,现在中西部大概已经有
1360 多所学校,占全国高等学校总数的 54%,但是这批高校办学基础
比较薄弱,发展水平不够高,因此未来要进一步扶持中西部高校的发
展。而且,中西部地区的高水平大学建设问题要有足够的分量,这也和
"一带一路"建设是呼应的。

第二,人才培养层次不均衡,主要表现在高职、本科、硕士、博士的
培养数量和质量差异较大。现在普通本科和高职学校的学生比例基本
达到 1∶1,还算不错,主要还是要提高质量;"十三五"期间应该适当增
加博士生和硕士生的培养数量。2012 年,科技部部长万钢曾经公布过
一个数字,我国的研发人员数量居世界前列。根据清华大学技术创新
研究中心发布的《国家创新蓝皮书》,我国研发队伍中博士学历占

6.27%、硕士学历占 18.08%、本科占 31.83%，还有一批连本科学历都没有。[1] 这种以本科为主体、博士比例很低的研发团队怎么可以在国际上比拼？因为市场经济中商品的比拼只能是国际的比拼。我们要建设创新型国家，建成科技强国，对高水平高质量的研发人员的需求是刚性的，但目前的人才结构难以满足这种需求。

除此之外，我们培养的科研人员，主要在应用研究领域，而基础研究领域的人才严重不足，实际上反映了我们对基础研究的重视很不够。在今天的经济水平下，要更加重视这一块，这是管长远、管全局的大事。要舍得花钱加强基础研究。在人才培养上，不能高不成低不就，基础研究上不了天，应用研究落不了地。这在结构上都要考虑调整。

记者：刚才您谈到应用型人才的培养，大家通常将人才类型分为应用型和精英型，这两者真的有那么严格的区分吗？

瞿振元：精英和应用相对应，这不对，精英和大众相对应还是可以讲的。1945 年由哈佛大学出版社出版的《哈佛通识教育红皮书》就讲，大学教育的主体还是专业教育，学生学了专业本领才能够找到工作，才能有美好的未来生活，于是出现了过分重视专业教育的状况。过分重视专业教育之后，人们发现学生身上缺少了一些东西，除了专业知识，还要有一些共同的普遍性的知识需要教育，从此开始强调通识教育。那时候他们就认为一个人在高等教育阶段接受的是两部分的教育：一部分是通识性教育，包括提高人文道德素养、风度、表达以及一般性科学知识等，一部分就是专业性教育，教给学生能够做什么和怎么做事的能力。所以这是高等教育的两个部分，而不是独立的两类。现在我们一些人把通识教育夸大了。新修订的《高教法》明确，要培养的是高级专门人才，也就是说，高等教育是培养高级专门人才的教育，这是对高等教育的定位，同时强调学生要有社会责任感、创新精神、实践能力，也就是

---

① 陈劲主编：《国家创新蓝皮书：中国创新发展报告（2015）》，社会科学文献出版社 2015 年版。

我们大家认可的高素质的专门人才。社会责任感不仅要强调道德教育、核心价值观教育,还要突出使命驱动,成为创新和创业的力量源泉。

记者:刚才您提到《中华人民共和国高等教育法》的修订,您认为这次《高教法》法修订对于"双一流建设"有何意义?

瞿振元:原有的《高教法》还是基本符合国情的,只是局部条款已经不符合当前实际,因此进行了相应的修订。

我们来看相关的修订内容。这里面最大的改动是,删除了"不得以营利为目的",为今后民办高等教育发展提供了更大的政策空间。

第二就是完善了高等教育人才培养目标。具体讲,在办学目标上增加了"为人民服务";在教育方式上增加了"与社会实践相结合";在培养目标上增加了"社会责任感",由"德智体全面发展"拓展为"德智体美全面发展",当然,我个人认为还应该增加"劳"。这些都体现了以法律形式把立德树人作为学校的根本任务的国家意志。

这里我想讲的是"教育为人民服务"这一条,它表达了教育为社会主义现代化建设和为人民服务两重含义:为社会主义现代化建设服务更多地强调为国家社会经济发展培养人才来考虑,但是为人民服务既包含了为人民群众整体服务,也包括了促进个人全面发展这样的含义,蕴意深远。

另外,此次修订的《高教法》对高等学校学术委员会的职责进一步做了明确界定,强调了学术委员会的作用,关于如何建立、组织和运作学术委员会,教育部于 2014 年 3 月发布了《高等学校学术委员会规程》,这次以法律形式重新修订,目的是希望高校建立起更加完善的治理体系,更好地发挥党委、校长、教师、学生等几大主体的作用,使得民主管理的权力在法律框架里面更加完备。学术权力是一项非常重要的权力,行使好学术权力对高等教育的科学研究、教育教学的健康发展以及学术繁荣都非常重要。

记者:那是不是意味着将改变过去行政权力至上、学术权力微弱的现状?

瞿振元：我不赞成"学术至上""学术至尊"或者"行政至上""行政至尊"这样简单的提法。学校本身既是一个学术性组织，又是一个社会性组织，这种两重属性要求对大学的管理必须既重视学术权力的运用，也要重视行政权力的运用。要在不同的事情、或者一件事情的不同阶段恰当地使用相应的权力。而且，实际上存在于学校工作中的权力不只是这两种权力，还有党委的领导、师生民主管理、社会参与管理等多重权力的作用。

现在要求建立现代治理体系，这特别好，意思就是要多种权力互相协调，互相制约，没有哪一个至上，哪一个附属，所以，这次修法强调高校学术委员会的职责，就是要克服过去学术权力运用不足的弊端，重新确立其在现代大学治理体系中应有的位置。

记者：刚才您那个比喻特别形象，实际上，为了把"旗杆"变"高峰"，无论从国家层面还是院校层面一直在努力，但是从"平原"到"高原"，有哪些举措呢？

瞿振元：在国务院决定统筹推进"双一流"建设前后，从广东、浙江、江苏等省份相继传出加大省级财政投入，建设国内一流大学和一流学科的好消息，预示着高等教育发展政策红利将会持续释放。比如广东省准备投入 60 个亿重点建设六所国内一流大学；浙江省已经遴选五所大学，每年增加投入，打造一批国内一流大学；早在几年前，江苏就提出每年投入 10 个亿推动建设一批具有一流创新条件、培养一流创新人才、产出一流创新成果的优势学科（群）。当然这得益于扩大省级政府教育统筹权改革，调动了地方政府的办学积极性。而且我们发现，地方在推动一流大学建设过程中，会更切合实际，不好高骛远，大家提出的都是先办国内一流大学或学科，而且是一批，不是一个，这就使得整体平原都朝着一流的方向走，改变过去那种"平原上插旗杆"的局面，整体提升中国高等教育的水平，这样建设高等教育强国，就有了比较好的基础。

省域的积极性调动起来了，中央在某些方面也要发挥更重要的作用,中央在布局时如何与国家发展的整体战略,尤其是与"一带一路"建设结合起来,值得进一步研究和思考。

记者:也就是说,鼓励高校办出自己的特色,而不再是用一个标准去衡量?

瞿振元:对。分类管理是当前中国高等教育发展非常紧要的一件事情。现在虽然也分 985 工程、211 工程、普通本科、高职院校等,但基本是按照发展层次和水平来分。所以在发展过程中往往是大学校、高层次学校的声音大,而像刚才说的"平原"部分也好,"图钉的底座"部分也好,他们的声音不够大,但这一部分恰好都在基层,高等教育能否为区域社会经济发展作出更大贡献,靠的还是这些院校。

但怎么衡量不同院校的办学水平呢?我觉得,其中一个重要的考量指标就是学校和当地经济社会发展结合的程度、促进发展的贡献度。现在,西方一些国家也提出把学校与区域发展的融合度作为一个独立指标来考量。我们应该做这方面的工作、探讨制定具体的指标。为什么必须分类管理?首先,高校所在的区域文化、经济特点和发展程度不一样,人才要能满足不一样的区域需求;第二,产业行业需求多种多样、千变万化。单说这千变万化,想想这 30 多年,多少职业消失了,多少职业产生了?有的职业的寿命也许只有几个月!我们明显感觉到产业升级的加快。所以教育和经济社会发展相结合,高校培养的毕业生如何与社会、经济、文化、产业相适应,是一个很大的问题。因此,只有分层分类,才能解决高等教育与经济社会发展相结合的问题,才能满足受教育者的发展期盼。相应地,每一层每一类都有自己的典型,都有自己的标兵,都可以争创一流。

记者:您提到"一带一路"国家战略,那么未来中国高等教育如何在国际化方面布局?

瞿振元:高等教育面向世界,参与人类命运共同体建设,为人类和平与发展作出新的贡献是中国高等教育的重大职责,必将成为高等教育发展的重要增长点。在"一带一路"成为国家大战略的背景下,我国教育特别是高等教育如何担当起应该担当的使命,以更加主动的姿态推动"一带一路"沿线国家的教育合作发展,培养出宏大的人才队伍,适应和引领"一带一路"建设,并且在这一伟大进程中做强自身,建成高等教育强国,需要我们认真思考、持续实践。

　　当然,我们还要以"一带一路"建设为契机,调整高等教育结构,加大中西部地区高等教育的政策扶持力度,解决高等教育过度"东高西低"的问题,这既有利于全国高等教育的区域协调发展,又有利于和"一带一路"建设相衔接。

　　记者:这也有利于提升我国高等教育的国际化水平。现在我们在国际上的排名不是很靠前,您如何看待现在纷繁多样的排行榜?

　　瞿振元:首先要认识各种排行榜的特点,既信又不全信,"微信"微微信,绝不能盲从。如果被排行榜牵着鼻子走,会引错方向,因为每一个排行榜都有自己的侧重点。比如美国的 ESI,这是我们国内比较认可的,它把学科分为 22 个领域,每一个领域以各单位在过去十年中发布的论文总数为基数,每两个月更新一次。这种排名方法,同时反映各学科领域的累积和动态变化。

　　记者:更新频率还挺高的。

　　瞿振元:是啊,也比较客观、比较可信。但它只是反应了学术研究中发表论文的情况。它不反映影响产业发展的核心专利和咨询报告等情况,也没有涵盖人文特色的学术研究。科研成果不仅是表现为论文,而且更重要的是要解决实际问题。比如清华大学研究了高温核能气冷堆,研究了集装箱检测,一些产品已经投放国内和国际市场,你就不能简单以论文数量来衡量这样的科研成果,所以排行榜不能完全反映一个学校的科研状况,更何况一个学校最重要的还是人才培养的质量、水平。

　　ESI 重要吗?也重要,它反映了一个侧面。我曾经说,有点像盲人摸象,更何况一些国外的排行榜对中国国情不太了解,还有一个话语体系的差异问题,影响着对同一事物的认知。

积极推动一批大学和学科跻身世界一流 *

　　2015 年 8 月，习近平总书记主持中央全面深化改革领导小组第十五次会议，审议通过了《统筹推进世界一流大学和一流学科建设总体方案》；10 月，国务院正式印发文件，要求认真贯彻落实。由于这一重大战略决策，对于提升我国高等教育发展水平、增强国家核心竞争力、奠定长远发展基础，具有特别重要的意义，而且由于与高校自身发展具有特别直接的利益相关，消息一经发布就引起国内外的广泛关注，成为高等教育界共同关注、持续讨论的热点。持续一年的讨论，形成了越来越多的共识，方向更加明确，措施更可操作，必将更加理性、稳妥、健康地推进一批大学和学科跻身世界一流，引领我国高等教育整体加快现代化进程，尽早实现高等教育强国梦。

　　"双一流"是在"211""985"基础上进行的

　　当前进行的一流大学和一流学科建设（简称"双一流"建设）是在"211 工程"和"985 工程"取得丰硕成果的基础上进行的。1995 年开始实施的"211 工程"，即面向 21 世纪重点建设 100 所左右的高等学校和一批重点学科的建设工程，是中华人民共和国成立以来由国家立项在高等教育领域进行的规模最大、层次最高的重点建设工作，是我国政府实施"科教兴国"战略的重大举措，也是高等教育事业的系统改革工程。在"211 工程"基础上，根据江泽民同志在庆祝北京大学建校一百周年大会讲话中提出的"为了实现现代化，中国要有若干所具有世界先进水

---

　　* 原载《中国教育报》2016 年 9 月 29 日第 8 版。

平的一流大学"的要求,国家决定重点支持北京大学、清华大学等部分高校创建世界一流大学和高水平大学,并以讲话时间(1998 年 5 月)命名为"985 工程"。

"211 工程"和"985 工程"的相继实施,重点建设高校 112 所(含 985 高校 39 所),累计投入资金 1100 亿元。持续二十年的重点建设,"两大工程"高校的整体水平显著提升,并且以探索办学道路和育人模式的经验和示范作用带动了我国高等教育整体水平的迅速攀升,大大缩小了我国高水平大学与世界一流大学的差距。"两大工程"也产生了重要的国际影响,日本、韩国、新加坡及欧洲多国政府也相继推出了类似的重点建设计划。"两大工程"的实施,成绩巨大,功不可没,那些否定"两大工程"成绩的观点是轻率且不合实际的。

显然,"两大工程"从一开始就是在中央统一领导下由政府主导的有计划的重点建设工程。在一个经济、文化比较落后的国家,怎样发展教育事业,怎样以教育现代化推动国家走向全面现代化,是十分重大的发展战略问题。这里,可以有多种路径选择。我们选择了发挥制度优势、重点建设一批、带动整体进步的发展战略。应该说,这是一个正确的战略选择。我们能够以大基数、高速度、低成本为特征迅速走过高等教育大众化并即将进入普及化,能够在这一历史进程中快速缩小我国高水平大学与世界一流大学的差距,与这个正确的发展战略密不可分。其中的建设经验弥足珍贵。

现在,统筹推进"双一流"建设,是党中央、国务院作出的又一重大战略决策,是提升我国高等教育水平的新的标志性工程。应当明确,"双一流"建设是在"两大工程"的成绩和经验基础上的整合和继承性推进。以往成功的经验应当继承和发挥,不足的方面予以补足和完善,做到前后平滑过渡,范围有所扩大,机制更加完善,成效愈益显著。

全面理解一流大学和一流学科的辩证关系

一流大学建设与一流学科建设的关系,这是应当明确的一个问题。

在一所大学里,存在多个学科,综合性大学如此,即使在单科性大学里事实上也存在多个学科,只是数量相对较少而已。在大学里,学科是局部,学校是整体,局部不能代替整体,学校里不仅有大量并不仅仅归属于某个学科的公共设施、基础条件和服务平台,更有学校的精神、风尚和文化,它们不能简单地用学科来代替。学科犹如树木,生长在学校的土壤里,不能只想摘学科的果实而不给土壤浇水、施肥和改良。只孤立地抓学科而不管学校,学科很难成长,更建不成一流。

学校也不是几个学科的简单累加。一个学校的学科往往具有很大的关联性,它们相互支持,形成学科群乃至学科生态。割裂学科的内在联系,往往会妨碍学科发展;孤立地发展某个学科,往往会欲速而不达;没有重点,搞"大而全""小而全"则没有特色,形不成优势。可以说,在一个学校内如何进行学科建设,也是一门学问。

学科是学校的基础,而且是学校最重要的基础。因为学校开展的人才培养、科学研究、社会服务等各项活动的依据是"高深知识""精深学术"。一所学校的学科状况代表着学校学术水平的高下,是学校竞争力的核心要素。但是,一个学校的整体水平还包括育人质量、管理水平、社会贡献以及文化精神等诸多要素。

学校是学科建设的责任主体。政府根据经济社会发展需要和世界科技发展趋势,提出学科建设的宏观规划,提供加强学科建设的资金和政策支持,督促和检查学校抓学科建设的状况,并且建立动态调整的科学机制。学科水平的评价则是作为"第三方"的专业评价机构的责任。其实,学科水平的评价是一件很难的事情,只有相对性的意义,不能简单化、绝对化,如同不能简单评价爱迪生与爱因斯坦哪个学术水平更高。学科评估要坚持客观性、公正性和导向性,发挥学科评估对学科建设的积极作用,防止功利化倾向。

2009 年 5 月,习近平同志在考察北大、人大等高校后与首都部分高校党委书记座谈,强调要把科学发展观的要求转化为高校科学发展的正确思路和自觉行动。其间,我汇报了中国农业大学"建一流学科、创和谐校园"的工作情况,习近平同志当即肯定了建设世界一流大学就要抓好一流学科建设的工作思路。今天,我们要全面理解一流大学和一流学科的辩证关系,以正确的思路统筹推进"双一流"建设。

明确学科建设和专业建设的关系

学科建设与专业建设的关系,也是一个应当明确的问题。学科是相对独立的知识体系,用于学术分类时,是指一定科学领域或一门科学的研究分支;用于教学科目时,是指依据一定教学理论组织起来的知识体系;学科还用于特指高校教学、科研等功能单位,是对教师教学、科研业务隶属范围的相对界定。2011 年 4 月,教育部发布的《学位授予和人才培养学科目录(2011 年)》,将我国高校的学科门类分为 13 个,包括哲学、经济学、法学、教育学、文学、历史学、理学、工学、农学、医学、军事学、管理学、艺术学。在学科门类之下,又根据科学研究对象、范式、知识体系和人才培养的需要,把具有共同理论基础或研究领域相对一致的学科集合,构成 110 个一级学科。当然,学科也是发展的,其核心是知识的发现和创新。随着知识的增长和认识的深化,学科分类也会相应调整,但任何一个学科都有其相对稳定的研究领域。

与学科是相对于知识体系而言不同,专业则是就社会分工而言的。广义的专业是指特定的社会职业。大学里的专业,是指大学根据经济社会发展状况、科技进步对人才的要求而划分、能够满足一定社会分工体系中不同领域和岗位职业要求的学业门类。不同专业具有各自不同的培养目标和规格、教学计划和课程体系。专业建设的着眼点是人才培养。

可见,在一所大学里,学科和专业两者并存,相伴相生。一个专业的建设、一个专业的人才培养,几乎毫无例外地都需要多个学科的支撑,而一个学科又可以在多个专业中发挥作用。专业是学科人才培养的基地,学科是专业持续发展的基础。专业更加侧重人才培养,学科更加侧重知识创新,恰当处理两者的辩证关系,则能够相互促进。当然,这种关系并不是自然而然的、与生俱来的相互促进，由于两者的主体功能、利益取向的差异，在日常工作中常表现为教学和科研的矛盾，重科研、轻教学现象屡见不鲜就是这一矛盾的表现。为此，需要科学的管理、合理的政策来调节其中的利益关系，领导者要对容易被忽视但十分重要的方面更加重视和关心，解决靠自发性解决不了的问题，才能使两者良性互动。显然，重学科建设、轻专业建设也不符合"双一流"建设的本真，因为育人是大学最本质的和首要的属性。

以"双一流"推进高教强国建设

建设世界一流大学和一流学科与建设高等教育强国的关系，也是需要我们明确的重要问题。显然，高等教育强国必须有世界一流大学和一流学科，但有世界一流大学和一流学科，并不等于就是高等教育强国。现在，世界上已有 30 多个国家宣布要建设世界一流大学，表明对发展高等教育的重视是世界性的潮流，是共同的梦想。但是少有国家提出建设高等教育强国的目标，因为建成高等教育强国并不容易。对我们这样的大国，仅有若干世界一流大学和一批一流学科是远远不够的，需要做强各类高等教育，需要全国 2500 多所大学的共同提高和进步。为此，既要抓好重点，也要抓好统筹，要增强我国高等教育系统发展的协调性和可持续性，整体提升我国高等教育水平。这样建设高等教育强国，就有了比较好的基础。

从本质上说，建设高等教育强国就是建设有中国特色、世界水平的现代高等教育体系。这是一个拥有先进教育理念和系统教育思想的体系，是一个拥有强大育人能力，既能够源源不断地培养杰出人才，又能以多样化的教育供给满足普通群众教育需求的体系，是一个拥有世界领先的知识创新能力、引领国家创新发展的体系，是一个具有很强国际理解力、国际沟通力和国际亲和力、为人类命运共同体建设作重要贡献的体系，是一个拥有完善的治理体系和治理能力、能够不断自我更新和持续发展的体系。这样的高等教育强国，是伟大中国梦的必要的有机组成部分。

在这样的高等教育强国体系中，每个高校都要有自己的定位和特色，都可以作出自己的独特贡献，在这个意义上说，都要而且可以争创一流。政府要对高校分类管理，引导各类高校办出特色、提高水平。只有每个高校都朝着准确定位、办出特色、办出水平的方向各按步伐、共同前进，高等教育才能提供高质量的、丰富的有效供给，满足人民群众日益增长的多样性需求。

建设高等教育强国，是中央政府的责任，也是地方政府的担当。在继续发挥中央政府作用的同时，要特别注意发挥省级人民政府对本地高等教育发展的统筹作用。最近，一些省市在"十三五"规划中不仅进一步加强基础教育，而且加大高等教育投入，重点建设若干国内一流大学和一流学科。我们还看到，社会力量举办高等教育的积极性也在增长，相应的政策法规正在陆续到位。我们坚信，在各方力量的共同努力下，高等教育强国梦一定能够实现。

国际视野下的 2014 中国高等教育热点 *

刚刚过去的 2014 年,中国高等教育领域发生了诸多意义重大、影响深远的事情,它们以不同的方式影响着中国高等教育改革发展的进程。与此相伴,中国高等教育在变革自身的同时,也在更多地参与并融入世界高等教育之中。在这种相互影响与交织下,中国和世界的高等教育格局正在悄然变化。

提升质量

[节点回放]2014 年 9 月 10 日,国家级教学成果奖 1320 个获奖项目经国务院批准,由教育部向全社会公布。高等教育的两项特等奖——复旦大学等校的"5+3"模式和南京大学的"三三制",体现了为全体人民健康服务、为全体学生成长服务的价值导向,受到社会的关注和赞誉。

国家级教学成果奖的颁发,引发了我国高校对教学改革的再度关注,从各省教育管理部门到高等学校再到一线教师,探讨教学内容、教学方法的改革又成为热点话题。江苏、黑龙江、广西等省、自治区的高教学会都以"提高人才培养质量"为主题召开学术年会,动员更多高校和一线教师积极投入到教育教学改革实践之中。

提高人才培养质量是高等教育的核心任务,也是 21 世纪全球高等教育共同关心的话题。2009 年,世界高等教育大会发布的《高等教育与研究的新动力:社会变革与发展》公报指出,"日益扩大的入学机会对

---

* 原载《中国教育报》2015 年 1 月 5 日第 9 版。

高等教育质量提出了挑战。在当代高等教育中,质量保障无疑起着至关重要的作用,而且必须包括所有利益相关者。质量的实现既要求建立各种质量保障体系,形成多种评价模式,同时更需要在机构内部形成一种质量文化";"扩大教育机会必然对高等教育质量带来挑战,但确保教育质量是当代高等教育发展的重中之重"。我国为提高教育质量的种种努力,顺应了世界高等教育发展趋势,推动了我国高等教育领域不断提高人才培养质量的"质量文化"的形成。

近年来,世界各主要国家都在采取措施提高高等教育质量。2013年 8 月,美国总统奥巴马在一次演讲中把提高高等教育质量作为美国教育的重大课题,希望开展美国学生和社会对教育满意度的评估。哈佛大学、斯坦福大学、马里兰大学等许多高校都在改革课程方案,以期提高本科教育质量,适应科技发展综合化、经济发展全球化的大趋势。德国、法国、日本、韩国等也在采取措施,加强高等教育质量建设。一个共同的认识是:今日高等教育质量的竞争,就是明日综合国力特别是科技创新力的竞争。

提高人才培养质量,关键是深化教学改革。我国落实《教育规划纲要》近五年来,高等教育战线以提高人才培养质量为核心,促进高等教育内涵发展,在"协同育人、资源共享、强化实践"等方面取得了一定成效。但是,我们也看到,随着大学从社会的边缘逐渐走向中心,大学教学工作的核心地位却在不断被弱化。利益的诱惑和舆论的误导,大学以科研为导向、科研以论文为导向,"学术为本"取代"育人为本",干扰了大学教学工作的核心地位。当前,我们需要再次思考"教学改革如何再升温"这一重大问题,进一步推进教学改革、课程改革、教法改革。只有所有教师认真教、所有学生努力学,并以生动活泼、丰富多样、富有效率的教育教学方式落实到课堂上和学校教育的各个具体环节中,提高教育质量才能成为现实。巩固教学的中心地位、提高人才培养质量不能只是空喊口号,而是要有具体的措施作保障,以有力的措施引导和激励教师真正重视教学、投入教学。

　　"质量"是高等教育的永恒话题,也是高等教育的不懈追求,期待2015年,在素质教育这一"战略主题"的引领下,教学改革再升温、教学质量再提升,使提升质量成为中国高等教育发展新常态。

促进公平

　　[节点回放]2014年9月3日,《国务院关于深化考试招生制度改革的实施意见》正式颁布。这是当前和今后一个时期指导考试招生制度改革的纲领性文件,标志着新一轮考试招生制度改革全面启动。2014年12月中旬,规范高考加分和自主招生等四个配套文件出台。

　　高考改革方案和配套文件的颁布对我国全面推进素质教育,促进科学选才与教育公平的统一,无疑具有重大的意义。其间,促进教育公平的施政方向是明确而坚定的。

　　"有质量的教育公平"是世界各国教育发展的共同追求。联合国《世界人权宣言》明确:"人人都有受教育的权利……高等教育应根据成绩对一切人平等开放。"2009年世界高等教育大会公报认为,"在扩大入学机会的同时,高等教育必须同时追求公平、适切性及质量三大目标。公平不只是一个简单的入学机会问题——还意味着要确保学生顺利参与并完成学业的目标,同时保证学生的待遇,这就必须向贫困和边缘化的群体提供合适的财政援助和教育政策的支持"。

　　中国政府历来重视教育公平问题,把教育公平作为社会主义的制度优势。根据宪法精神,《教育法》规定:"中华人民共和国公民有受教育的权利和义务。公民不分民族、种族、性别、职业、财产状况、宗教信仰等,依法享有平等的受教育机会……受教育者在入学、升学、就业等方面依法享有平等权利。"

　　2014年,促进教育公平又迈出新步伐。不仅高考改革强调公平导向,而且对"贫困地区农村学生上重点高校"工作作出专项部署,要求人数再增长10%以上。"贫困农村地区定向招生专项计划"覆盖22个省份的832个贫困县,农村学生上重点高校人数比2013年实际又增加了

11.4％。"支援中西部地区招生协作计划",招生数量达 20 万人;28 个省份解决了随迁子女在当地参加高考问题。这些实实在在的举措,使公民的高等教育入学机会公平得到更好体现。大学生资助体系的完善和一系列促进大学生就业措施的落实,大学生顺利完成学业、平等就业受到保护。

中国政府在促进教育公平上的种种努力,体现着国家的制度优势,值得称道。期待 2015 年,高考改革和促进就业的各项政策能够真正落地,不良社会风气对教育公平的干扰日益减少,还教育以一方净土,使维护公平成为中国高等教育新常态。

完善治理

[节点回放]2014 年,38 所"985 工程"高校、9 所"211 工程"高校的大学章程已核准通过,地方高校大学章程的制定、审核工作正在紧锣密鼓地展开,中国现代大学制度建设取得重要进展。坚持和完善党委领导下的校长负责制、高校学术委员会规程、理事会规程(试行)等文件相继出台。

党的十八届三中全会指出:"全面深化改革的总目标是完善和发展中国特色社会主义制度,推进国家治理体系和治理能力现代化。"教育治理体系现代化是国家治理体系现代化的重要组成部分。高等教育作为教育体系的最高层次,自身的高度复杂性要求加强治理体系建设;迅猛变化的社会环境、人民群众对教育发展的多元关切,更需要加快推进高等教育治理体系和治理能力的现代化进程。

纵观世界高等教育,自 20 世纪 80 年代以来,改革的重点之一即在于治理政策的调整,主要趋势表现为国家的管控要得法,大学的自主要适度,市场力量要更多引入,并且期待大学与社会有更多的合作。在高等教育治理现代化进程中,世界各国高等教育治理既表现出全球同质化的一面,同时又因各国文化传统、政治体制以及经济社会发展所处的不同阶段而呈现出多样性,即所谓的"同质异形现代化"。但无论采取何种治理模式,建立政府、大学、社会相互制约、协同发展的新型关系,提升大学内部治理能力,是大势所趋。

在世界高等教育背景下考量中国高等教育治理体系建设的进程,中国无疑是动作力度大、步子迈得快、"蹄疾而步稳"的国家。自《中共中央关于教育体制改革的决定》颁布 30 年来,我国高等教育体制改革取得了重大突破,面貌为之一新。一位美国学者在研究了一批国家的教育改革后认为,在中国,政府发起的教育改革能够迅速实施,而在印度、巴基斯坦等国家,情况则不同,很多政策建议因为制度的沉疴而鲜有落实。2015 年是《决定》颁布 30 周年,总结经验,推动全面改革再深入,特别要在四中全会精神的推动下,注重以法治思维和法治方式加快健全教育法律和制度建设。期待 2015 年,进一步推进高等教育治理体系和治理能力现代化,使完善治理成为中国高等教育新常态。

中国道路

[节点回放]2014 年 5 月 4 日,习近平总书记考察北京大学时指出,"办好中国的世界一流大学,必须有中国特色";教师节前夕,习近平总书记在北京师范大学与师生代表座谈时,希望广大教师"为发展具有中国特色、世界水平的现代教育,培养社会主义建设者和接班人作出更大贡献"。

总书记提出的"办好中国的世界一流大学","发展中国特色、世界水平的现代教育",对教育战线提出了殷切的期望,这不仅是实现"两个一百年"奋斗目标的要求,也是中国和平崛起的要求。中国的世界一流大学建设、中国高等教育的未来发展应当重视其世界性特征,更应光大中国特色,弘扬社会主义核心价值观,走中国自己的发展道路,服务中国人民和中国发展,推动人类共同进步。

世界教育史证明,由于社会制度的不同、社会生产力发展水平的不同以及文化传统的差异,不同国家在选择教育发展模式、教育发展路径上存在着较大的差异,并由此逐渐形成了各自的特色。在世界上就曾出现过英国模式、德国模式、美国模式,等等。这些模式符合它们各自的国情,自有其本国特色。正如耶鲁大学原校长莱文所说,每一种教育模式都具有文化的适应性,一个国家的教育模式要与文化相适应。很显然,教育的本国特色不仅是客观存在的,而且是应该追求、坚持和发扬的。

完善和发展高等教育的"中国道路",必须传承中华文化血脉,扎根中国现实大地,坚持中国特色理论,走中国特色道路,服务中国特色社会主义事业。当然,走好"中国道路"也要有国际视野,认真吸收世界上先进的办学治学经验,与世界各国"互学互鉴"。在当今世界,夜郎自大、孤芳自赏要不得,失去自我、照搬照抄也不行。国际化和中国特色都是高等教育的"中国道路"所必需的。期待 2015 年,高等教育改革发展的"中国道路"越走越宽,国际影响越来越大。

岁末年初,在国际视野下盘点中国高等教育的热点问题,将带给我们一些思考与启示:中国高等教育是世界高等教育的重要组成部分,一些热点问题虽发生在中国,但它的影响是广泛的、深远的,具有世界性;中国高等教育所探索的"中国道路"既是中国高等教育改革发展经验的总结和升华,也顺应了时代发展的要求和世界高等教育的发展趋势,是世界高等教育发展的普遍规律与中国国情相结合的具体体现。面向未来,发展中国特色、世界水平的现代教育将是我们的不懈追求。

在推进高等教育现代化进程中砥砺前行[*]

——2015 年高等教育热点透析

2015 年,是中国高等教育现代化进程中具有重要意义的一年。这一年是党中央提出"四个全面"战略布局的开局之年,是国家全面完成"十二五"规划的收官之年,同时,也是实施《教育规划纲要》进程过半之年。盘点其间发生的有影响的、重大的事件,喜见高等教育在推进现代化的进程中,肩负使命,迈出了新的步伐;在全球高等教育大格局中,逐浪弄潮,发出了中国教育的好声音。

教育质量:在强化创新创业教育中逐步提升

5 月 4 日,国务院颁发《关于深化高等学校创新创业教育改革的实施意见》。11 月 4 日,《中共中央关于制定国民经济和社会发展第十三个五年规划的建议》直点主题:提高教育质量。要求全面贯彻党的教育方针,落实立德树人根本任务,加强社会主义核心价值观教育,培养德智体美全面发展的社会主义建设者和接班人。深化教育改革,把增强学生社会责任感、创新精神、实践能力作为重点任务贯彻到国民教育全过程。

高等教育由大向强转变的根本标志是人才培养质量的整体提升。面对经济社会转型发展和建设创新型国家的战略要求,高等教育所呈现的种种不适应,集中表现在人才培养质量上,这需要我们以创新的勇气和智慧、以创新的体制机制,以创新的科学态度,从战略高度找准着

---

* 原载《中国教育报》2016 年 1 月 4 日第 5 版。

力点,整体推进高校教育教学改革。5 月 4 日,国务院颁发《关于深化高等学校创新创业教育改革的实施意见》,全面部署以推进素质教育为主题、以提高人才培养质量为核心、以创新人才培养机制为重点的高校创新创业教育工作。各高校积极主动,扎实推进创新创业教育。112所中央部委所属高校制定了深化创新创业教育改革方案,82％的高校开设了创新创业的必修课或选修课;6 月 11 日,清华大学发起成立了"中国高校创新创业教育联盟";2015 年全国高校设立的创新创业基金达 10.2 亿元,吸引校外资金 12.8 亿元。10 月 21 日,教育部会同发改委等部门联合举办的首届中国"互联网＋"大学生创新创业大赛,吸引了全国 1878 所高校的超过 20 万大学生的踊跃参与,带动全国上百万大学生投入创新创业活动。

在深化高校创新创业教育改革的强力推动下,高校教学思想、教学内容和教学方法乃至教学管理制度也在悄然发生改变。清华大学历时一年多开展教育思想大讨论,形成全面深化教育教学改革的 40 条意见,大力探索价值塑造、能力培养、知识传授"三位一体"的教育模式,推进创意、创新、创业"三创融合"的创新创业教育,激发和培养学生的首创精神和创业能力。四川大学的"探究式—小班化"教学改革,从课程设计开始,采用适宜的教学方法、组织合理的教学活动、实施全过程非标准答案学业考核,带动本科教学水平的全面提升。众多高校深化教学改革的举措触动了人才培养模式和课程体系的全面改革。中国高等教育学会召开的以"教学·课程·方法:高等教育现代化"为主题的学术年会,理论研讨和指导实践相结合,把高校教学改革向纵深领域拓展,推动提高高校教学水平逐步升温。

提高教育质量是世界各国进入高等教育大众化阶段后所面临的共同问题。西方各国在经历了 20 世纪 50—70 年代的高等教育规模扩张、进入高等教育大众化阶段以后,普遍开始进行高校内外部质量保障体系建设,掀起了新一轮提高教育质量的浪潮。从欧洲的"博洛尼亚进程"到美国的高等教育改革行动计划,再到联合国教科文组织的"提高质量、保证能力的全球计划"，强烈传递出提高教育质量是世界高等教育的普遍共识和努力方向。

2016 年，让我们共同努力，以踏石留印、抓铁有痕的劲头，凝神聚力，使教学改革再升温，让教学改革的各项举措落地生根、善做善成。

教育公平：从起点公平走向有质量的公平

在 12 月 3 日国家科技教育领导小组第二次全体会议上，李克强总理谈到了今年春节前夕在贵州黎平蒲洞村的一次考察。"我在贵州一个村寨看到，虽然破旧贫穷，但老百姓都觉得日子有希望。因为最近两三年，村里出了二十多个大学生。整个村子的年轻人、孩子们都感到有上升的通道、向上的希望，全村的'心气'都不一样了。"

教育公平对社会公平具有重要的调节作用。当老百姓上"大学难"的矛盾解决之后，"上好大学难、进好专业难"的矛盾随之显现。这一时期，教育公平的诉求，更多地反应在老百姓对优质教育的渴求上。进入新世纪以来，党和国家坚持把促进教育公平作为教育基本政策，强化政府促进教育公平的主体责任。在高等学校区域布局上，中西部高校从 2000 年的 554 所增长为 2014 年的 1363 所，增长 2.46 倍，招生数、毕业生数也随之显著增长。2015 年，党和政府教育公平的施政理念更多地表现在高水平大学向贫困地区定向招生及对规范招生行为的整肃上。4 月，教育部下发通知，明确农村贫困地区定向招生专项计划安排招生计划 5 万名，实施区域为 832 个贫困县以及重点高校录取比例相对较低的河北、河南、四川等十个省份。今年新学期，南开大学 3598 名新生中农村生源为 785 人，占 21.8%。农村贫困地区的学子接受优质高等教育的机会显著增加了，通过教育改变命运、促进社会纵向流动的渠道显著拓展了。

依法治教成为促进教育公平的利器。高考加分项目和分值进一步规范，"阳光招生"普遍实施，招生违纪违规事件得以严惩，风清气正的良好教育生态逐步形成。

"有质量的教育公平"是世界各国教育发展的共同追求。优先发展教育无疑是促进教育公平的基本保障,但教育的发展并不一定必然带来教育公平的提高。联合国教科文组织在《教育:财富蕴含其中》的报告中指出:教育系统不可能无止境地满足迅速增加的需求,此时教育需要作出选择,而教育的选择就是社会的选择。实现有质量的教育公平,其中很重要的一点,还在于通过制度设计,前瞻性地引导社会教育价值取向,为受教育者提供优质、多元、适切的教育。期待 2016 年,中国高等教育在保障公平与提升质量协调发展中走得更稳更远。

教育治理:从直接管理走向公共治理

5 月 9 日,教育部发布《关于深入推进教育管办评分离,促进政府职能转变的若干意见》,明确了教育管办评分离的行动路线图,教育领域非行政许可审批从此成为历史。10 月 10 日,教育部办公厅发布《关于确定教育管办评分离改革试点单位和试点任务的通知》,要求各试点单位尽快全面启动试点工作,2016 年 9 月前形成阶段性成果。

党的十八届三中全会确立的实现国家治理体系和治理能力现代化改革目标,引领着高等教育领域的体制机制改革。2015 年高等教育治理体系改革集中体现在两个方面:扩大省级政府教育统筹权以及扩大高校办学自主权、完善高校内部治理结构。扩大省级政府对高等教育的统筹权,调动了地方政府的办学积极性。在国务院决定统筹推进"双一流"建设之后,从广东、浙江、江苏等省份相继传递出加大省级财政投入,建设国内一流大学和一流学科的利好消息,预示着高等教育发展政策红利将会持续释放。

大道至简,权力下放,关键在于完善依法办学、自主管理、民主监督、社会参与的现代学校制度。截至 6 月 30 日,全国 112 所"211 工程"高校章程全通过核准并发布,年底将完成所有高校章程核准,实现一校一章程。大学章程的普遍建立,使现代大学制度建设有了最基本的法律文本依据。相应地,学校内部规章制度体系日趋完善,"党委领导、校长负责、教授治学、民主管理"的体制运行日趋顺畅，理事会、学术委员会、教代会、学生会等参与学校治理日趋到位，对权力的监督日趋有效。

消减审批权限、扩大办学自主权、推进管办评分离、建设现代大学制度，这些举措预示着政府对高等教育进行管理的职能、手段和方式等正在发生着一系列根本性的变革，标志着我国高等教育正在从传统的管理走向治理体系和治理能力的现代化。

教育开放：从学习借鉴走向责任担当

6 月 22 日，第六轮中美人文交流高层磋商会议、第二届中美大学校长论坛在美国休斯敦举行。在中美关系发展过程中，人文交流始终发挥着"正能量"和"暖力量"作用，与政治互信、经贸合作一起构筑起促进两国关系的三大支柱。

5 月 22 日，由西安交通大学发起，22 个国家和地区近百所高校参加的"新丝绸之路联盟"在西安正式成立；10 月 17 日，复旦大学和俄罗斯乌拉尔国立经济大学等 47 所"一带一路"沿线国家和地区高校在兰州发布《敦煌共识》，成立"一带一路"高校战略联盟。两个联盟都以"一带一路"建设为契机，加快探索跨国培养与跨境流动人才培养新机制，努力培养具有国际视野的高素质人才。

这一系列对外开放的举措，昭示着我国高等教育的对外开放正发生重要变化，正由改革开放初期的以留学生"走出去"，和外国专家"请进来"为主体的"学生型"开放，发展成为可以平等讨论重大问题的"同学型"开放，发展成为倡导构建人类命运共同体的不可或缺的重要力量。遍布全球的孔子学院，使越来越多的外国友人加深了对中国文化的了解和认知；与俄罗斯、美国、英国、法国、欧盟和印尼等建立的六大"人文交流"高层磋商机制，促进了我国高等教育与这些国家专家学者和青年学生的交流合作；"一带一路"战略的实施，赋予了沿线国家教育国际合作与发展的新使命、新机遇，也使我国高等教育承担了更多的国际责任和义务。

全球治理时代的教育开放,使我们在世界高等教育的大格局中找到了自己的位置;习近平主席提出的构建人类命运共同体的思想,体现出了中国政府对当今世界发展大势的研判和责任担当。高等教育面向世界、参与人类命运共同体建设、为人类和平与发展作出新的贡献,是中国高等教育的重大职责,必将成为新的高等教育职能。

回顾是为了更好地展望。面向"十三五",加强高等教育内涵建设,全面提高高等教育质量,仍是我国高等教育改革发展的核心主题。我们的任务依旧艰巨,道路决定命运,我们找到了一条符合国情的中国特色高等教育发展道路,我们应该具备这样的道路自信,并坚定不移地走下去。

坚守立身之本，全面提高人才培养能力[*]

——2016 年中国高等教育热点透视

2016 年是"十三五"规划的开局之年，也是全面建成小康社会决胜阶段的开局之年。这一年，我国高等教育以提高质量为核心，在推进高等教育现代化的征程上迈出了新步伐。

更高要求、更高标准，扭住立德树人不松劲

12 月 7—8 日，全国高校思想政治工作会议在京召开。习近平总书记出席会议并发表重要讲话。他强调，只有培养出一流人才的高校，才能够成为世界一流大学。办好我国高校，办出世界一流大学，必须牢牢抓住全面提高人才培养能力这个核心点，以此来带动高校其他工作。

6 月 2 日，国际工程联盟大会《华盛顿协议》通过了中国的转正申请，中国成为第 18 个《华盛顿协议》正式成员国，标志着我国工程教育质量实现了国际实质等效，质量保障体系得到了国际认可。

10 月 15 日教育部在华中师范大学召开工作座谈会。教育部党组书记、部长陈宝生出席会议，指出高校要进一步转变理念，回归常识、回归本分、回归初心、回归梦想；强调教育的基本功能是教书育人，教育工作者的初心是培养人才。

5 月 6 日，中国高等教育学会和厦门大学联合主办"一流大学本科教学高峰论坛"，10 月 28—30 日，学会在南宁举办学术年会，聚焦"学

---

* 原载《中国教育报》2017 年 1 月 9 日 5 版。

生·教师·课堂:高等教育现代化"。与会代表达成高度共识:建设一流本科,是加快推进世界一流大学和一流学科建设的迫切需要。

高等教育发展水平是一个国家发展水平和发展潜力的重要标志,在全面建成小康社会的决胜阶段,高等教育所承担的使命尤为重大和艰巨。高等教育要服务人民、服务中国特色社会主义制度、服务改革开放和社会主义现代化建设事业,而这一切目标的达成,关键在人才培养。经济社会的快速发展,科学技术的突飞猛进,高等教育得以从社会的边缘逐步走向中心,被赋予更多的使命和功能,但最为根本的依旧是人才培养。正如习总书记所要求的,高校必须牢牢抓住全面提高人才培养能力这个核心点,并以此带动高校其他工作。

立德树人,德育为先。一年来,高校中国特色社会主义理论教育不断加强。清华大学等高校利用现代信息技术、以混合式教学模式推动思政课的改革创新,既拓展了教师的教学力,又激发了学生的学习力,实现了由重"教"到重"学"教学模式的根本性转变,做到了"老师讲得带劲,学生听得解渴",社会主义核心价值观深植于心。

教育教学工作持续升温,成为年度工作亮点。众多的高校凝神聚力,扎实提高人才培养能力,在提升教学水平上出实招、下真功夫,落实落小落细,向课堂教学要质量。4月,北京大学《2016年本科教育改革实施方案要点》正式出台,改革的核心是在教学的各环节落实"以学生成长为中心"的教育理念,教学评价标准不仅仅是教师"教"得如何,更要看学生的学习收获。四川大学扎实推进创新创业教育改革,学校探索实施的"探究式—小班化"教学改革、全过程学业评价和非标准答案考试,对培养学生的独立思考精神、创新创业能力、团队协作和责任担当发挥了有效的作用。中国科技大学等一批高校主动申请本科教学审核评估,以评促建,为本科教学加油升温。这些都昭示着"以学生为本、以学生发展为中心"的教育理念正在变成高校推进教学改革实实在在的行动。

今年,我国正式成为工程教育《华盛顿协议》第18个成员国,标志着我国工程教育真正融入世界工程教育,人才培养质量开始与其他成员国达到了实质性等效。这一标志性的突破促进了更多的高校按国际先进理念和质量标准探索工程教育教学改革,细化人才培养方案,系统设计课程体系,引导教学改革向纵深推进。

创新创业教育改革不断深化。建立创新创业教育课程体系、强化创新创业实践有了新的进展。第二届中国"互联网+"大学生创新创业大赛,参赛高校达到2110所,占全国普通高校的81%;学生报名项目118804个、直接参与学生545808人。大赛呼应了国家创新驱动发展战略的要求,促进了产学研用紧密结合,带动了高校创新创业教育改革不断深化。

提升教师队伍质量的举措不断强化。优质的教师队伍是提高人才培养能力的关键。9月9日,习近平总书记到北京八一学校看望慰问师生,强调各级党委和政府要满腔热情地关心教师,让广大教师安心从教、热心从教、舒心从教、静心从教。为落实总书记讲话精神,各地政府、高校出台了一系列政策措施,鼓励教师以德立身、以德立学、以德施教,努力成为先进思想文化的传播者、党执政的坚定支持者、学生健康成长的引路人。2016年,教育部继续实施培养卓越教师计划,资助1000名中西部地方高校青年骨干教师赴国内高水平大学访学研修,启动实施高校新入职教师国培示范项目,2000名中西部教师受益。一些省份以实施"卓越计划"为契机,整体推动本省教师教育的改革发展。

2016年,高等教育坚守使命、回归本分,全面提高人才培养能力的认识在回归,工作在升温!

更高层次、更大范围,推进高等教育国际化

9月10日,习近平主席为清华大学首届苏世民书院开学典礼致贺信,指出:教育传承过去、造就现在、开创未来,是推动人类文明进步的重要力量。当今时代,世界各国人民的命运更加紧密地联系在一起,各国青年应该通过教育树立世界眼光、增强合作意识,共同开创人类社会美好未来。①

4月29日，中共中央办公厅、国务院办公厅印发《关于做好新时期教育对外开放工作的若干意见》，对做好新时期教育对外开放工作进行重点部署。

7月13日，教育部印发《推进共建"一带一路"教育行动》，10月、11月教育部先后与宁夏、福建、广西、海南、贵州、云南、新疆七省、自治区人民政府签署"一带一路"教育行动国际合作备忘录。

作为现代社会重要特征的全球化，对人类社会生活的各个领域产生了跨国界的重要影响。全球化重塑了高等教育的面貌、拓展了高等教育的职能和疆域，推动着高等教育的创新。建设人类命运共同体，在追求本国利益时兼顾他国合理关切，在谋求本国发展时促进各国共同发展，这一超越民族国家的"全球观"，体现了我国政府与世界各国合作共赢的发展理念。做好教育对外开放工作，是建设人类命运共同体的基础性、先导性工作。

2016年，我国高等教育在更高层次、更大范围，推进高等教育国际化，以更加开放的姿态培养国际化人才，以更加广阔的视野开辟教育合作的新领域，以更加包容的气度推动跨文化交流。特别是在六大人文交流机制中，高等教育领域的交流与合作亮点纷呈，各项活动和项目扎实推进且富有活力。截至2016年年底，我国已与43个国家和地区签署了学历学位互认协议，在人才培养标准对接、师生互换、合作办学等方面有了新的成效。

"一带一路"是国家重大战略，加强"互联互通"，人心相通是根本，教育是基础。2016年，推进共建"一带一路"教育行动有了良好开端。教育部先后与宁夏、福建等七省、自治区人民政府签署"一带一路"教育行动国际合作备忘录。截至2016年年底，高校全部开齐欧盟24种官方语言课程，教育合作将为"一带一路"沿线国家的民众带来实实在在

---

① 《习近平向首届清华大学苏世民书院开学典礼致贺信》，《人民日报》2016年9月11日。

的好处,"遥远的邻居"成为同行的伙伴。

清华大学依据"新百年"战略目标建立的苏世民学者项目在全球招生 111 人,并于 9 月 10 日开学。习近平、奥巴马分别致贺信,国务院副总理刘延东出席开学典礼并致辞。这是一个具有标志性意义的项目,旨在通过为学生提供高质量的课程学习、丰富的专业实践、多方位的学术交流与文化体验活动等,促进青年精英领导力的全面提升,在加强不同国家青年间的国际理解、全球视野和推动跨文化交流等方面发挥更加积极的作用。厦门大学马来西亚分校 2 月 2 日举行开学典礼,这是我国公立大学在海外开办的第一所具有独立法人资格的分校。目前,就读于该校的马来西亚和中国学生已经超过 1300 人。95 年前,著名爱国华侨领袖陈嘉庚先生从马来西亚到厦门办学,今天我们到马来西亚办学。对此,中马两国政府高度评价,在联合新闻声明中称赞厦门大学马来西亚分校是"两国高等教育合作新的里程碑"。过去,我们虽有人员的"走出去"和"请进来",也有与国外大学的合作办学,但是,始终没有国内著名大学"走出去"办一所完整意义的分校。现在,我们终于有了!

以自信、从容的心态走向世界,是当今教育开放的鲜明特点。既对发达国家开放,也对欠发达国家开放;既请进来,也走出去;坚持平等相待,为我所用;评判以我为主,不强加于人。这种自信和从容,正赢得越来越多国家的认同和尊重,高等教育在人文交流中的基础性、广泛性、持久性作用正日益彰显。

更高起点、更加扎实,推进高等教育现代化

12 月 7—8 日,全国高校思想政治工作会议在京召开,习近平总书记出席会议并发表重要讲话,强调我国独特的历史、文化和国情,决定了我国必须走自己的高等教育发展道路,扎实办好中国特色社会主义高校。

3 月 16 日,十二届全国人大四次会议通过了《关于国民经济和社会发展第十三个五年规划纲要》，《纲要》第五十九章"推进教育现代化"明确部署了未来五年教育发展的核心任务：全面贯彻党的教育方针，坚持教育优先发展，全面提高高校创新能力，统筹推进世界一流大学和一流学科建设，加快完善现代教育体系，全面提高教育质量，促进教育公平，培养德智体美全面发展的社会主义建设者和接班人。

发展中国特色、世界水平的现代教育是习近平总书记对全国教育工作者的要求和期待。2014 年 5 月，在北京大学考察期间，习近平总书记深入阐释："办好中国的世界一流大学，必须有中国特色。""世界上不会有第二个哈佛、牛津、斯坦福、麻省理工、剑桥，但会有第一个北大、清华、浙大、复旦、南大等中国著名学府。我们要认真吸收世界上先进的办学治学经验，更要遵循教育规律，扎根中国大地办大学。"一年多来，在回望"211 工程"和"985 工程"的成功经验、展望未来思考"双一流"建设中，我们更加体会到：我们有独特的悠久历史、有独特的优秀文化、有独特的大国国情，这决定了我们必须走有自己特色的高等教育发展道路。

随着国家"双一流"建设总体方案的颁布，各地围绕"双一流"战略，竞相启动了高水平大学建设计划，截至 12 月，北京、上海、江苏、广东、浙江、山东、福建、安徽、河南、陕西、内蒙古、甘肃、河北、四川等省、自治区、直辖市陆续出台了专项支持政策，加大投入，深化改革，创新机制，掀起了新一轮省域高水平大学建设热潮。当然，对于我们这样的大国，仅有若干所世界一流大学和一批一流学科是远远不够的，需要做强各类高等教育，需要打牢基础、补足短板、整体提升水平，形成一个完整的高等教育体系。我们正在建设的中国特色、世界水平的现代教育也应该是一个协调、健康、完整的体系。

"舟循川则游速，人顺路则不迷"。我们选择了中国特色、世界水平的现代教育发展之路，就会一如既往、砥砺前行；就要踏石留印、抓铁有痕，善做善成。

全面深化改革是"双一流"建设的强大动力[*]

  "双一流"建设高校名单和建设方案的正式公布，标志着我国"双一流"建设进入正式实施阶段，也标志着加快高等教育现代化、建设高等教育强国进入了新阶段。

  抓住重点带动面上工作，是唯物辩证法的基本要求，也是我们党在革命、建设和改革过程中一贯倡导和坚持的重要方法论。抓住抓好以"中国特色、世界水平"为核心的"双一流"建设，带动全国高校科学定位、协调发展，在各自领域追求卓越、培养一流人才，整体加快我国高等教育现代化步伐，使我国不同地区、不同类型、不同层次的高校的发展与中国特色社会主义总要求相适应，这是基于我国国情的高等教育发展的基本方法和战略抉择。

  "双一流"建设体现了国家意志和国家责任，承担"双一流"建设任务的高校，使命光荣，责任重大。政府保证"双一流"建设的必要投入，这是大家的预期，也是政府的责任。但是，只靠钱是堆不出世界一流大学和一流学科的。况且，拿了门票，有了钱，跑错了路，只会离一流大学和一流学科越来越远。由此，我以为，比资金投入更重要的是大学的精神和大学的改革。

  引领大学发展的是崇高的办学理念、严谨求真的治学态度、捍卫真理和追求卓越的责任担当等大学精神，这是一所大学革故鼎新的最宝

---

  * 原载《光明日报》2017 年 9 月 22 日。

贵的精神财富和持续发展的力量源泉,取之不尽,用之不竭。当前的"双一流"建设要特别注重这种精神的培育和弘扬,这是"双一流"建设要守住的根和魂。

全面深化大学改革,是解放和发展大学人才培养能力和学术生产能力的根本途径。改革开放已将近 40 年了,改革促进了发展,成就举世无双,但仍要继续以全面改革为动力。实践探索永无止境,思想解放与时俱进,改革开放永远在路上。所不同的是,我们今天的改革,更强调"统筹性",改革是各个方面在体制机制上的深度的、全方位的改革;更强调"系统性",改革是各个层次、各个类型的系统推进;更强调"集成性",改革要着眼于制度的创新与聚合,从而形成总体性的制度成果和中国方案。我们要追赶世界一流、成为世界一流,只有从现实出发,不断以改革促发展、促提高,方可达到我们的目标。即使达到了一流,还要继续改革,永不停步,才能保持一流,引领时代。况且,已经提出的改革举措,还有不少尚未真正落地落实。

高等教育的改革,应当是全面的。高校党的建设、内部治理体系、社会参与机制、国际合作交流等诸多方面都要改革,任务相当复杂繁重,贯穿在高校工作的各个环节中。在本次"双一流"建设方案中,对所有建设高校提出了"五大改革"的明确要求,各高校也制定了具体方案,要以改革促进建设任务的完成。我认为,在"双一流"建设中,以下四个关键环节的改革突破显得尤为重要。

一是人才培养制度改革。习近平总书记在全国高校思想政治工作会议上的讲话中指出:高校立身之本在于立德树人。只有培养出一流人才的高校,才能够成为世界一流大学。办好我国高校,办出世界一流大学,必须牢牢抓住全面提高人才培养能力这个核心点,并以此带动高校其他工作。习总书记的讲话既明确了世界一流大学的标准,又明确了大学存在的依据和发展的逻辑。对这个根本性的问题,有的学校还不够清醒,也有的学校说起来清醒做起来糊涂,主要症结在于:究竟是以人才培养来带动其他工作,还是以科学研究来带动其他工作? 在这个大学发展逻辑的问题上的模糊,会严重影响"双一流"建设的价值取向。"双一流"建设大学的人才培养,要坚持素质教育这个教育现代化的战略方向,以本科教育为基础,建立本科、研究生以及继续教育相互衔接的完整的、高质量的教育体系;要注重充分利用现代信息技术,推进教学内容、方法、管理制度的深刻变革;要加强持续改进的质量保障体系的建设,确保"双一流"建设高校不断培养出满足国家发展需要、引领时代进步的一流人才。这是国家实施"双一流"建设的出发点和落脚点。

二是科研体制机制改革。科技创新越来越成为人类社会进步的强大驱动力。"双一流"建设承担着科技创新的重大使命。科技创新能力或者说学术生产能力,是衡量大学学科水平的重要指标。对不同性质的学科应当有不同的要求:自然科学的基础学科要瞄准国际前沿,在国际竞争中衡量;应用学科要着力满足国家需求,同时进行国际比较;人文社科要积极建设中国特色、中国风格、中国气派的学科体系、学术体系和话语体系,为国家发展服务,为世界文明的发展贡献中国智慧。因此,要依据不同学科的性质、特点、目标和建设任务,制定多维度的评价原则和评价标准,促进动态调整,加强资源汇聚,激发创新活力。创新环境和创新文化的建设,是科技体制机制改革的重要内容。不能只注重科研硬件建设,忽视科研软件建设。学术自由是学术创新的前提,要改革束缚学术思想创新的条条框框,激励学者创新思想的自由迸发,引导学者学术自由与学术责任相统一、学术共同体的学术自由和学术规范相统一。

三是人事制度改革。"名师高徒大成果",是老百姓对一流大学的直观表达。名师是大学之本。要在岗位设置、分类管理、考核评价、薪酬分配、人才引育、合理流动等各个环节系统梳理,革除制约教师队伍发展的制度障碍,汇聚与"双一流"相称的教师队伍。人事制度的改革,要坚持德才兼备的价值导向,注意加强师德建设,培养"四有好教师";要建立扶助青年教师发展的体制机制,按照竞争涌现人才、实践磨练人才的机制,支持青年才俊的成长;要防止学校间不正当的人才竞争,防止以高薪为诱饵,向中西部地区高校挖"帽子人才"。

四是高校与社会耦合机制的改革。既要革除关门办学的旧弊端,又要克服无序开门的新问题,建立起高校与社会有机、有序联系的新机制、新秩序。这里所说的社会,既包括国内,也包括国际;所说的耦合,既包括高校从社会汲取资源、汇聚力量,也包括高校向社会输送人才,辐射知识、思想和科技成果等。这种耦合机制,是现代大学成熟的重要标志。

以上四个关键环节的改革突破,对"双一流"建设高校具有决定性意义。这些改革抓好了,新的机制建立了,就能大大解放和发展高校的人才培养能力和学术生产能力。世界一流大学和一流学科也就成为若干年持续努力后的自然结果。

毫无疑问,"双一流"建设的宏观管理机制也应当进行改革。"211工程"和"985工程"建设的成功经验要继承,但也要克服事实上存在着的动态监测不够、身分固化等不足。本次公布的名单显示,"双一流"建设高校的总量有所增加,区域结构、学科结构等更加合理,而且"一流大学"建设高校分列A、B两类,这些都传递着改革的信号、体现着改革的要求。在"双一流"建设的宏观管理上,还要进一步探索如何体现动态管理、实现"换挡提速"。比如,科学的学科绩效评价标准是什么,如何进行动态监控、及时跟踪指导,等等。这些,一方面体现行政的管理,另一方面又遵循学科发展、学术发展的规律。对学术事务的行政干预必然不利于学术的繁荣。因此,还要不断进行改革的探索,在建设起步阶段、中期及期末,进行恰当的评审,根据建设绩效调整支持的方式、范围和力度。总之,建立科学的宏观管理机制,必将进一步提高"双一流"建设的成效,加快"双一流"建设的步伐。

教育研究

学术立会　服务兴会　规范办会[*]

今天,我们召开了第六次会员代表大会。远清同志全面总结了过去六年的工作,在充分肯定成绩的基础上,阐述了学会工作的基本经验,对今后工作提出了殷切希望。贵仁部长、玉波副部长到会祝贺,并分别做了重要讲话。两位领导都结合当前我国高教面临的形势和任务,对学会工作提出了要求。他们的讲话对学会工作具有很强的针对性和指导性。我们要认真学习领会,切实加以贯彻落实。

学习部领导的讲话,我的初步体会是,我们一定要坚持"学术立会、服务兴会、规范办会"的原则,努力把学会工作提高到一个新的水平。

我们要坚持学术立会,大力加强教育科学研究。多年以来,学会坚持以学术为本,推动了广泛的群众性教育科学研究,开展了"建设高等教育强国"等重大课题研究,搭建了学术交流的品牌平台,产生了重大社会影响。今后,我们要坚定不移地坚持学术立会的优良传统,把学术研究工作作为立会之本,把品牌活动作为公共平台,结合高等教育改革发展的新形势,组织研究全局性、前瞻性的重大课题,不断繁荣学术,推动创新,为国服务。当前,首先要做好"建设高等教育强国"这一重大课题结题工作;其次,要在上一届理事会提出的加快构建中国特色高等教育思想体系研究的工作基础上,加紧论证,积极推动。

我们要坚持服务兴会,努力提高服务水平。长期以来,学会把学术

---

　　* 本文系作者 2012 年 8 月 25 日在中国高等教育学会第六届理事会第一次常务理事会上的讲话,原载《中国高教研究》2012 年第 9 期,原题《坚持"学术立会　服务兴会　规范办会",努力把学会工作提高到一个新的水平》。

与服务相结合，为教育决策科学化、民主化服务，为高校改革发展服务，为广大教育工作者服务，做了大量工作。学会和各分支机构积极参与教育部重大政策委托调研及决策咨询，努力做好标准制定和行业协调，出版《中国高教研究》、编印"中国教育科研参考"等文献资料，建设学会网站，定期举办全国高教仪器设备展等，成为学会服务各方的窗口、发挥作用的阵地。随着教育体制改革的不断深化，教育行政部门的职能转变，部分职能将转移到非政府的行业协会组织和社会中介机构。我们要认清这一趋势，解放思想，开动脑筋，想政府转变职能后社会需要办而要由中介组织去办的事，办好政府职能转变后需要中介组织去办的事。在这方面，需要做的事情很多，要集中智慧，有选择、有重点地做有重大影响的事；要创新服务方法，提升服务能力，不断提高学会对决策的咨询力、对会员的吸引力和对社会的影响力。在提高服务水平的过程中，增加学会发展的机会，促进学会健康发展。

我们要坚持规范办会，大力加强学会自身建设。学会自身建设是学会生存和发展的基础。作为一个拥有 31 个省（自治区、直辖市）高教学会、15 个行业学会、12 所大学的高教学会、64 个分支机构，数以万计的会员经常参加活动的庞大的群众性学术团体，规范办会显得尤其重要。长期以来，我们坚持民主团结、遵章依规，学会工作有序开展。今后，我们要进一步完善组织机构，创新管理体制机制，健全规章制度，加强总会及各会员单位和分支机构规范化管理。要进一步加强学会秘书处的建设，充实力量，提高素质，增强服务意识，提高服务能力。

同志们，我们被推选为常务理事，这是一份荣誉，更是一份责任。希望大家都尽一份心，都尽一份责，一起出力把学会工作做好。我作为会长，面对如此重任，当把学会工作当成一项伟大的事业，尽心尽力，竭诚努力，和同志们一道，把高等教育学会的工作提高到一个新的水平，朝着把学会建设成为国内一流、有重要国际影响的群众性学术团体的目标不懈努力！

三十而立　铸就辉煌
继往开来　任重道远[*]

　　2013 年是中国高等教育学会成立 30 周年。30 年来,学会伴随着我国高等教育的改革发展经历了从无到有、从小到大、从弱到强的发展历程,现已发展成为专家荟萃、学者云集,拥有 123 个社团单位会员,遍及全国、联系各高等学校和各高等教育研究机构、覆盖众多学科和管理领域、具有广泛群众性的高等教育研究学术社团。30 年来,学会秉承"推动教育科学研究、服务改革发展实践"的传统,践行"开拓创新、求真务实"的作风,以提升群众性教育科学研究质量与水平为主线,不断繁荣高等教育科学研究,发挥"研究、咨询、中介、服务"的职能,团结、凝聚高等教育战线的研究力量,积极投身理论研究和实践探索,为推动高等教育改革发展作出了积极的贡献;已成为整个战线不可或缺的重要方面军,成为党和政府联系高等学校、广大高等教育工作者的桥梁和纽带,成为教育行政部门的得力助手。

一、回顾历史:铸就辉煌 30 年

　　中国高等教育学会成立于 1983 年 5 月 30 日。30 年来,学会在第一、第二届会长蒋南翔,第三届会长何东昌,第四、第五届会长周远清的直接领导下,积极推进群众性教育科学研究的普及与提高,积极开展教

---

　　* 本文系作者 2013 年 6 月 15 日在中国高等教育学会召开的"加强社团建设　服务改革发展——暨纪念学会成立 30 年学术研讨会"上的讲话,原载《中国高教研究》2013 年第 7 期。

育决策咨询服务,积极拓展教育的国际交流合作,积极参与教育公共治理,经历了不平凡的发展历程,取得了可喜可贺的成就。回顾学会30年历史,可以概括为三个发展时期。

第一个时期:1983—1993 年

这一时期我国杰出的教育家、老部长蒋南翔任学会会长,时任教育部部长何东昌任副会长。首届 161 位理事中有不少是中央委员、学部委员。由此可见,学会的起点和规格是很高的。学会成立之初即确立了办会宗旨、基本任务以及工作方针:学会是在中国共产党领导下的全国性、群众性的学术社团;基本任务是协调各省、自治区、直辖市高等教育的研究规划,组织有关单位进行高教领域重大问题的协作研究,组织有关高教学术会议、交流科研成果和经验等;并根据学会自身发展实际提出"以二级学会活动为主、以小型活动为主和以应用性课题研究为主"的"三为主"工作方针。

这一时期正值我国教育领域拨乱反正、教育体制改革正在启动的重要时期。党中央先后作出了经济体制、科技体制、教育体制改革的决定。学会根据这一时期高等教育改革发展的宏观形势和根本任务,及时组织学会理事、高校研究机构开展理论与实践研究,旗帜鲜明地提出,办高等教育必须优先考虑和解决两个根本性问题:一个是方向问题,一个是质量问题;围绕贯彻中央《关于教育体制改革的决定》,学会集中研究、探讨如何理顺政府、社会和学校之间的关系,逐步改变计划经济体制下政府集中计划和集中管理的办学体制,逐步建立政府宏观管理、学校面向社会自主办学的新体制;围绕学习邓小平同志关于"三个面向"等重要讲话精神,探讨如何培养"有理想、有道德、有文化、有纪律"的"四有新人"问题。

学会的成立、组织开展的活动,在一定程度上使得高教研究由以各学校的研究室为主的分散活动,向一个地区范围内各单位的横向联合发展;广大教师由自发的研究向自觉的研究转变,群众性教育科学研究氛围逐步强化,并由以总结工作经验为主向系统的理论研究发展。这一时期学会工作坚持方向、活跃学术、积极服务、注重实效,取得了一批理论联系实际的研究成果。在 1990 年国家教委举办的首届全国教育科学成果评选中,在五部获一等奖的高等教育研究专著中,有三部是学会常务理事的成果,一部是学会组织的研究成果,一部是学会高教管理研究会的研究成果。

第二个时期:1993—2000 年

这一时期,在东昌会长的领导下,坚持学会工作必须"为高等教育改革发展服务、为繁荣高等教育科学服务"的宗旨,突出强调"必须坚持正确的政治方向和正确的学术导向",学会的基本功能和生命力在于组织和推动群众性的高等教育科学研究,学术研究是学会的立会之本和全部工作的核心;学会的发展,群众是基础,必须依靠群众,服务群众。

这一时期,中共中央、国务院印发的《中国教育改革和发展纲要》提出了到 20 世纪末期我国教育改革与发展的方针任务、战略目标、总体思路和重大政策举措,以此为标志,我国教育改革全面展开,教育事业进入快速发展时期。这一时期,学会围绕切实转变教育观念,实施素质教育,贯彻落实《高等教育法》,推进教育管理体制改革、招生就业制度改革,推进高校科类和专业结构调整,实施国家"211 工程""985 工程",加快推进重点大学和重点学科建设等高等教育领域急需研究和探讨的理论与实践问题,组织、推动广大会员单位积极开展群众性的教育科学研究。

这一时期学会开展的毛泽东、邓小平教育思想研究对教育领域学习、研究和宣传中国特色社会主义理论发挥了重要作用;围绕经济社会发展需求和高等教育改革发展实际,学会组织了"高校为地方经济建设和社会发展服务""面向 21 世纪高素质人才培养""高校内部管理体制改革"等专题研究。在东昌会长的直接领导下,学会承担了国家哲学社会科学"九五"规划重点课题"中华人民共和国教育史研究"的部分研究任务,参与编辑出版了《中华人民共和国重要教育文献》(1949—1997);出版了《中华人民共和国专题教育史丛书》中的《高等教育史》,受到广泛好评,并被列入全国教育科学"九五"规划重点课题研究成果。

这一时期,按照"三为主"的工作方针,学会主要是组织、推动各会员单位的学术研究活动。这些活动紧密结合本地区、本行业和本专业高教改革和发展实际,呈现出鲜明的特色和广泛的群众性。如上海市高教学会围绕教育教学改革中共同关心的话题,每一两个月举办一次高教论坛,连续坚持,直至今日。高校思想政治教育研究会的学术年会,主题鲜明,针对性强,每次集中研讨一两个有关改进和加强高校德育和思想政治工作的问题。黑龙江省高教学会接受省教委的委托,对省高教投入与效益问题进行专门调研,形成5万余字的《黑龙江省高等教育经费投入、效益与对策研究》的调研报告,有些建议被政府决策采纳。

这一时期,学会抓住高教改革和发展所提供的各种机遇,在拓展学会工作领域方面迈出了重要步伐:组建了高校物资中心,在高教司的支持下,承接了"高仪展"工作;在国务院机构改革过程中,学会加强与行业院校、行业高教学会的联系与沟通,探索在新的条件下行业院校的改革发展途径。这些工作不仅在一定程度上助推了高等教育的改革发展,而且使学会工作得到拓展。

第三个时期:2000 年至今

这一时期,《面向 21 世纪教育振兴行动计划》和《中共中央国务院关于深化教育改革,全面推进素质教育的决定》等颁布实施,我国高等教育进入改革持续深入、规模继续扩大和着力提升质量的时期。高等教育经过连续九年的扩招,我国成为高等教育大国并开始向高等教育强国迈进。2000 年 11 月,学会召开第四届理事会,远清同志当选会长。根据高等教育改革发展的形势任务及学会自身实际,远清会长审时度势,明确提出:学会要在已有的发展基础上努力提升教育科学研究水平,推进教育理论创新;围绕高等教育改革发展的重大理论问题与实践问题,以宏观性、战略性重大课题研究为重心;以形式多样、主题鲜明的学术活动为载体;以战略性、前瞻性、理论性、应用性、专业性、行业性相结合的整体研究为架构;整合资源、团结协作,发挥教育科研先导作用,引领教育改革发展。学会在远清会长的领导和组织下,通过一系列有影响的学术活动,搭建了学术研究平台、交流推广平台、服务咨询平台,在组织、推动、引领、繁荣群众性高等教育研究中作出了突出贡献。

这一时期是我国高等教育经历大改革大发展,面临由做"大"到"强"的关键时期,学会适时启动了"遵循科学发展,建设高等教育强国"重大攻关课题研究。该项课题吸引了国内高等教育研究的知名专家学者 2000 余人,形成了一批高质量的研究成果,并对政府决策产生了重要影响。2009 年,为推动、提升省级高教科研的实力与水平,学会筹措 100 万元研究经费重点支持十个省市,围绕高等教育体制改革、高等学校教学改革等专题立项,重点引导群众性教育科学研究的普及和提高。

从 2001 年起,学会围绕我国经济社会发展及高等教育改革发展的核心重点问题,连续举办 12 届高等教育国际论坛,累计参加人员超过 4000 人次,论坛吸引了百余位来自十几个国家的专家学者;自 2003 年开始,论坛增设博士生论坛,为青年学子提供了参加学术活动的良好机会。论坛的举办对于借鉴国际经验、形成中国道路、促进国际交流发挥了重要作用,现已成为高等教育研究领域的学术峰会。

学会围绕高等教育改革发展的宏观战略和学校改革实践,组织评审了"十五""十一五""十二五"以及年度的规划课题和专项课题;同时,鼓励提倡各研究机构加强合作、协作攻关。2001 年 3 月学会成立学术委员会,12 月成立全国高等教育研究机构协作组。在协作组酝酿、推动下,2004 年教育部办公厅发布《关于进一步加强高等教育研究机构建设的意见》,对推动各地方、各高校研究机构加强交流、开展合作发挥了积极的促进作用。这一时期,学会在引导各研究机构总体规划、科学定位、整合资源、形成特色等方面取得了新的进展。

学会会刊《中国高教研究》先后入选"全国中文核心期刊"、CSSCI来源期刊和"中国期刊方阵",成为高端学术成果展示发布的重要平台。各分支机构会刊如《高等教育研究》《国家教育行政学院学报》《国际政治研究》等也都办出了特色,成为本领域的权威学术期刊。

学会围绕政府职能转变,积极发挥社会团体参与教育公共治理的作用。多个分支机构积极开展行业标准和规范研究,进行行业协商和协调自律活动,部分学科专业委员会启动了相关学科质量标准和专业认证研究。

学会围绕提高群众性科学研究水平,规范开展优秀科研成果评选表彰活动,开展了三次全国优秀高等教育科研成果评选;为提升高等教育学学科建设水平,学会组织本学科的知名专家编辑出版"高等教育学硕士教学参考用书",开展了八届高等教育学优秀博士学位论文评选;为在全社会营造尊师重教的氛围、倡导教育家办学,学会启动学习、宣传"共和国老一辈教育家"活动,编辑出版《共和国老一辈教育家传略》;为表彰在学会发展建设和科学研究方面作出重要贡献的学者,学会在2010年授予王承绪、潘懋元教授高等教育科学研究特别贡献奖,2011年授予汪永铨教授高等教育科学研究开拓贡献奖。今天,我们又在这里隆重表彰从事高教工作 30 年为高教科研作出重要贡献的 30 名学者。

这一时期,学会根据高等教育改革发展的形势需要和学会自身建设实际,适时调整工作方针,提出大型学术活动与中小型活动并举,同时鼓励会员单位自主开展科学研究和行业自律统筹协调活动。目前多数团体会员和分支机构已经实现学术活动经常化和系列化,有的已经形成品牌。如河北省高教学会组织开展省内普通高校教学工作质量报告制度、年度教学工作运行状态数据公示制度和教学满意度调查制度等"三项制度"专题研究,并完成《河北省普通高等学校教学质量发展年度报告》等重大研究项目,取得良好效果。后勤分会受教育部发展规划司委托,对高校后勤社会化改革与后勤服务产业发展状况进行调查研究。该研究是建国以来第一次对全国高校后勤发展状况进行全面、彻底的调查统计研究。

30年来,学会的成长、发展始终得到党和国家领导人的关心和支持,李鹏、李岚清、李铁映、陈至立、刘延东等中央领导对学会的重大活动或莅临指导或致信祝贺,在此我代表学会表示衷心感谢!学会的成长、发展始终得到教育部、民政部的正确领导和有力支持,对此表示衷心感谢!借此机会,我代表学会第六届理事会衷心感谢为学会创立、发展作出突出贡献的蒋南翔、何东昌、周远清老会长及老一辈学会工作者,并致以崇高的敬意!感谢学会各分支机构、团体会员、各高等学校、高教研究机构、广大高教研究工作者对学会工作的大力支持、精诚合作和无私奉献!感谢关心、支持学会发展的各兄弟学会!

二、弥足珍贵:学会工作的宝贵经验

在30年的丰富实践中,学会工作积累了宝贵的经验,这是一笔宝贵的财富,需要我们认真总结、长期坚持、发扬光大,以下三点尤为重要。

第一,坚持正确方向,围绕中心、服务大局。30年的发展历程告诉我们,做好学会工作,必须始终坚持以马克思主义为指导,高举中国特色社会主义伟大旗帜,坚持正确的政治方向和正确的学术导向,以推动教育科学研究、服务改革发展实践为根本任务。30年学会的发展历程使我们深深体会到,学会的学术研究必须紧紧围绕高等教育改革发展中的重大理论问题与实践问题,围绕高校办学实践中的热点难点问题,贴近实际、回应关切、创新理论、促进发展。

第二,发挥社团优势,凝聚力量、整合资源。学会是一个群众性的学术社团,群众是学会工作的基础。学会组织的科学研究和开展的活动,必须依靠各位理事的共同努力,依靠各成员单位的共同努力,依靠广大高教工作者的共同努力。凝聚力量、共同推进高等教育科学研究的繁荣是学会的崇高使命。学会又是一个拥有 66 个分支机构、联系各高校、覆盖众多学科领域的全国性的学术社团,资源丰富而广泛,推进交流、促进合作、联合攻关是学会开展工作的重要方式。30 年学会工作中所坚持的学术论坛制度、所办的刊物网站、所开展的品牌服务活动等,都是学会广泛联系会员的重要形式。同时,在 30 年实践中,培育、形成了教育行政管理部门的决策者、高等教育学科领域的理论研究者、高等学校管理干部及一线改革实践者"三结合"的研究队伍,这是学会繁荣学术、推进实践的力量之源。

第三,践行优良学风,规范办会、特色发展。30 年来,学会积极践行理论联系实践的优良学风,倡导理论研究与应用研究并举,倡导调查研究,使调查研究成为学会一项常规性的基础性工作;倡导学术共同体规范,加强科研诚信和学术道德建设,使崇尚科学、求真务实成为学会的正气。在 30 年办会历程中,学会不断强化自身组织建设,自觉接受教育部、民政部的领导、指导和管理,规范办会常抓不懈,这是学会在服务大局中平稳发展的保障;与此同时,学会鼓励分支机构自律、自立、自主发展,结合各自实际、特色发展,这是学会形成学术自由、民主团结、充满生机和活力的局面的基础。

三、继往开来:谱写学会工作新篇章

30 年来学会所取得的丰硕成果为学会的未来发展奠定了坚实的基础。当前,我国高等教育改革发展进入了新的历史阶段,党的十八大对教育改革发展作了进一步的全面部署,对教育发展道路、奋斗目标、根本任务、发展方式、工作重点提出了明确要求。在挑战与机遇并存的新形势下,学会的发展任重道远。学会全体同仁要继续努力、团结奋进,为实现教育现代化、建设高等教育强国作出新的业绩。

第一,要抓住学术研究这个根本,推进群众性教育科学研究向纵深发展。支持自由探索、鼓励协同创新,加强对高等教育改革发展中的宏观问题、重大理论的研究,诸如对高教强国、教育现代化、综合改革等重大问题以及高等教育基本问题、基础理论要继续加强研究,同时又要脚踏实地地着力研究教育教学改革微观领域中迫切需要解决的问题,要让更多的教育科研人员、教学人员把目光投向教学实践研究,拓宽解决实际问题的视野,提升解决实际问题的能力,切实提高教育质量。要加大各省级学会、分支机构之间的交流合作,开展区域问题研究,不断提高研究的针对性、创新性和前瞻性,提升教育科学研究的质量与水平。学会拥有众多分支机构、联系各高校、覆盖众多学科领域,要发挥各自研究特色、整合研究资源,重视在教育改革的系统设计和整体安排上出成果、出谋略。要做好"中国特色高等教育思想体系研究"这一重大课题的研究。

第二,要增强服务意识,在服务政府科学决策、服务基层教改实践中有所作为。理论研究的目的在于应用,在于实践,在于改造世界。我们要以有深度、有见地、可操作的学术研究成果,服务于政府科学决策,服务于基层的教改实践。根据党的十八大精神,中央提出了加强中国特色智库建设的要求。我们要充分认识在政府转变职能、加强社会管理的新形势下,作为群众性学术团体的定位和功能,积极参与重大决策研究,有选择地参加有关学术评价、标准制定等方面的活动。我们要抓住机遇,勇于担当,努力成为探索教育规律、创新教育理论的"思想库",成为提出政策建议、服务教育决策的"智囊团",成为服务基层教育改革实践的"设计师",成为引导教育舆论、更新教育观念、推动教育改革的生力军。

第三,要增强开放意识,提高高等教育研究的国际化水平。《教育规划纲要》提出,要提高我国教育国际化的水平。教育国际化要求我们必须提高教育研究的国际化水平,教育研究要形成有中国特色、世界影响的教育思想、教育理念,要在深度参与国际对话中提升我们的话语权,要发挥学会民间组织的优势,拓展与国外高等教育研究机构的联系沟通;各高等教育研究机构都要有意识地进一步加强国际学术交流和人员交往。在教育国际化进程中,我们必须坚持中国道路,高等教育科学研究也要坚持道路自信、理论自觉、文化自强。

第四,要加强自身建设,不断提高自我发展能力。我们要深刻领会加强社团建设在全面建设小康社会中的重要现实意义,要把社团建设在全面建设小康社会中承担的重要责任转化为各个团体会员和分支机构的共同认识和一致行动。明年,民政部将对学会进行评估,我们要以此为契机,进一步规范管理,加强学会的组织建设、学术道德建设和创新能力建设。学会将强化对会员单位的分类管理,对坚持正确办会方向、履行学会章程、积极开展活动的分支机构和个人,我们要宣传表彰、推广经验;对长期不开展活动、违规开展活动的分支机构和会员要分别做出处理,包括建立退出机制;建立会长联系分支机构的制度;要进一步完善学会的组织机制,优化组织管理流程,提高工作效率;学风问题是全体从事学术研究者的思想方法和行为准则问题,要继续强化学风建设,发挥学术共同体作用,预防和抵制学术不端行为,营造崇尚科学、求真务实、风清气正、激励创新的学术氛围。

中国高等教育学会已经走过了 30 年的历程,实现了从幼年到逐步成熟的历史性跨越。展望未来,在实现高等教育强国的历史进程中,我们将努力把学会建设成为具有广泛学术影响力、社会公信力、会员凝聚力和自我发展力的群众性学术团体,团结带领全体会员为推动高等教育科学的学术繁荣和高等教育的改革发展作出新的更大的贡献!

再梳理 再凝聚 再提升[*]
——写在"中国特色高等教育思想体系研究"
课题启动之际

一

20 年前，在小平同志南方谈话和党的十四大精神指引下，我国高等教育的改革和发展迎来了难得的发展机遇。1992 年 11 月召开的全国高等教育工作会议，1993 年 2 月颁布的《中国教育改革和发展纲要》，都为高等教育事业带来了新的机遇，提出了新的任务。在这一背景下，由周远清同志提出并直接组织的"建设有中国特色社会主义高等教育理论研究"课题，组织了由领导、学者和实际工作者相结合的研究队伍，把理论研究与推动工作相结合，不仅直接推动了我国高等教育改革的深入探索和高等教育事业的健康发展，而且形成了具有很高理论价值和广泛思想影响的研究成果。这些理论成果集中体现在"建设有中国特色社会主义高等教育理论要点"（简称"理论要点"）中。"理论要点"分 14 部分、60 条，因此，后人也称之为又一个"高教 60 条"。研读一下这 14 部分的目录，就会了解其中的主要理论观点：建设有中国特色社会主义的高等教育，必须以马克思列宁主义、毛泽东思想和邓小平理论为指导；建设有中国特色社会主义的高等教育，必须从我国社会主义初期阶段的国情和高等教育改革与发展的历史、现状以及国际宏观

    * 原载《中国高教研究》2013 年第 10 期。

背景出发;建设有中国特色社会主义的高等教育,必须遵循高等教育的基本规律,适应当代高等教育的发展趋势;高等教育的本质特征是培养高级专门人才的社会活动,既具有生产力的社会属性,又具有上层建筑的社会属性;高等教育担负着培养高级专门人才、发展科学技术文化和促进现代化建设的重大任务,是社会主义现代化建设的重要支柱和战略重点;建设有中国特色社会主义的高等教育,必须坚持社会主义办学方向;建设有中国特色社会主义的高等教育,必须面向现代化,面向未来,坚持规模、结构、质量和效益协调统一的发展战略;建设有中国特色社会主义的高等教育,必须建立与我国社会主义现代化建设相适应的高等教育结构和布局;建设有中国特色社会主义的高等教育,必须建立与完善国家统筹规划和宏观管理、学校面向社会依法自主办学的新体制;建设有中国特色社会主义的高等教育,必须以培养人才为中心,以转变教学思想和观念为先导,以教学内容和课程体系改革为重点,全面深化教学改革,全面提高人才培养质量;建设有中国特色社会主义的高等教育,必须充分发挥高等学校科研力量的作用,为发展科学技术文化和促进“两个文明”建设作贡献;建设一支思想品质和业务素质优良的教师队伍,是建设有中国特色社会主义高等教育的根本大计;建设有中国特色社会主义的高等教育,必须坚持对外开放,加强国际交流与合作,吸收和借鉴世界各国发展、改革高等教育的有益经验;加强党对高等教育的领导,是建设有中国特色社会主义高等教育的根本保证。

笔者不厌其详地摘录这 14 个标题,一是可以使我们大概了解这一研究所形成的主要理论观点,二是可以看出这一研究的系统性和完整性。可以说,在 20 世纪 90 年代,我们已经比较系统地回答了如何在中国这样一个发展中国家协调有序地发展高等教育事业的一系列重大问题。

正如许多论者如张笛梅、邓晓春、马陆亭等在文章中所阐述的,这一成果的取得,一是认真总结了中国高等教育,特别是新中国成立以来高等教育曲折发展的丰富的正反两方面的实际经验,二是充分吸取了高等教育理论界的已有研究成果,三是以开放的态度借鉴了国外高等教育发展的有益经验。因此,可以说,这一成果的取得是对已有的理论成果和实践经验认真梳理的基础上的升华,是集体智慧的结晶。

二

20 年过去了,世情、国情、教情都已经发生了广泛而深刻的变化。过去不到 100 万人的年招生规模已扩大为 700 万人,高等教育的毛入学率由不足 10％增长到 30％,我国拥有了世界上规模最大的高等教育体系。高等教育资源短缺的问题已转变为优质教育资源短缺而不能很好地满足人民群众需要的问题;高等教育的结构更加复杂,与社会的联系更加紧密,为社会所作的贡献也更加明显,并且开始了向高等教育强国迈进的历史进程。短短 20 年发生如此巨大的变化,是许多人不曾想到的;而且是平稳发展,没有发生大起大落,以事实解除了不少人对中国高等教育快速发展的这样那样的担忧。能够有这种中国特色的发展,有许多原因。其中不可否认的一个原因是:有中国特色社会主义高等教育理论研究的思想成果以及由此开始连续不断的理论探索对于处于改革中的人们统一思想认识、明确前进方向、稳步推进工作起到了十分重要、积极的作用。这种理论的价值、思想的力量是绝对不能低估的。正如眭依凡教授指出的:"无论是高等教育改革发展实践所取得的巨大成就,还是高等教育理论本身已有的大量丰富成果,均使我们有足够的底气把历时 30 多年的高等教育改革发展实践和高等教育理论探索实践,视为我国高等教育已经从理论的思考走向理论成熟的自觉,我国的高等教育也正是在这种理论自觉的进程中发展和不断进步。"[①]

当然,实践永不停止,理论探索也永无止境。当前,高等教育的理论研究中还有不少问题仍在继续讨论之中。譬如,如何认识高等教育

---

① 　眭依凡:《自觉从理论思考走向理论成熟》,《中国高教研究》2013 年第 9 期。

的功能和属性？毫无疑问，高等教育在整个社会系统的各个方面都有重要作用。经济建设、政治建设、文化建设、社会建设以及生态文明建设都对高等教育提出了与时俱进的要求，高等教育也必然会在各个方面都发挥更大的作用。特别是近年来，随着经济的逐渐繁荣，文化建设的任务提到了更加突出的地位，高等教育在文化建设中的作用也受到了进一步的重视，承担起更多的责任，这些都是正确的。但是，理论的分歧也随之产生：文化传承与创新这一高等教育的重要社会功能是与"培养人才、科学研究、社会服务"三大职能并列的"第四职能"吗？它究竟与"三大职能"是何关系？

与此相联系，过去我们把教育事业作为文化事业的一个组成部分，如党的十五大报告提出，"发展教育和科学，是文化建设的基础工程"。现在我们把教育事业作为社会事业的组成部分，如党的十八大报告是在"社会建设步伐取得新进步"这一内容下阐释"教育事业迅速发展，城乡免费义务教育全面实现"。在"改善民生和创新管理中加强社会建设"内容下，首先阐释的是"努力办好人民满意的教育。教育是民族振兴和社会进步的基石"。随之而来的理论困惑则是，教育是"民生"？是"国计"？还是兼重"国计"与"民生"？相应地，对教育的投入是民生之"消费"，还是战略性"投资"？等等。在这些问题上，高等教育与基础教育是否也存在着性质和功能上的差异？

随着教育事业的发展，高等教育的参与者越来越多，因之产生的问题是：如何认识高等教育的目的性？是"工具"的，还是"人本"的？事实上，离开社会发展的个人发展和没有个人发展的社会发展都是片面的。在社会主义初级阶段，即在经济社会还很不发达的现实条件下，劳动还是谋生手段，"人的自由全面发展"能实现到什么程度？

又如，关于素质教育的思想，"理论要点"已注意到了"当前一场以加强质量意识和素质教育观念为中心的教育思想、教育观念的讨论正在许多高等学校中悄然兴起"，明确指出，"要根据时代发展的特征，针对历史和现实中存在的'过强的功利主义''过窄的专业设置''过弱的文化底蕴'等倾向,大力加强素质教育,尤其要加强文化素质教育"。现在,素质教育的思想被普遍接受。《教育规划纲要》把全面实施素质教育作为十年教育改革发展的"战略主题",足见地位之高、任务之重。但是,如何全面理解、准确把握这一"战略主题",仍然见仁见智:素质教育与通识教育有何异同? 如何把素质教育的思想贯穿于教育教学的实践之中,切入点和突破口在哪里? 如何全面推进? 等等。笔者赞同这样的一种认识,素质教育思想是最具中国特色的教育思想,也是切中中国教育之痼疾,抓住教育改革之根本,有效提升教育质量的重要思想。现在,已经到了需要进一步总结、梳理和提升的时候。

与此相联系的是教学改革的思想。教学活动是学校中最为日常的中心工作,也是决定人才培养质量的最重要、最核心的环节。但是,教学中心地位在许多高校还没有牢固确立起来。教学思想是教学活动的灵魂,支配着教学内容的取舍、课程体系的组织、教学方法的改进、教学环境的建设以及教学管理的加强等全方面活动。因此,对以素质教育为中心的教学思想及其实施经验做一番系统梳理和总结,对明确努力方向和工作重点很有价值,对进一步解决好提高质量这一"最重要、最紧迫的任务"有直接的作用。

再如,关于教育发展战略的思想,"理论要点"明确提出了"宏观规划,地区统筹;分类指导,加强重点;深化改革,逐步推进"等思想,提出了实施"211 工程"的任务。1998 年又实施了"985 工程",后来又提出了建设高等教育强国即建设一个具有国际先进水平的高等教育国家体系的任务。发展过程可谓波澜壮阔,经验极为宝贵,十分需要我们认真梳理。现在,国家正从非均衡发展战略转向区域协调发展战略,如何把握规律,制定切合国情的高等教育发展战略,从而更加稳健地走好建设高等教育强国之路,同样十分需要我们认真研究总结。

再如,关于体制改革和制度建设的思想。体制改革既是高等教育全面改革的关键,也是促进发展的关键。20 年间,我国高等教育的举办体制、管理体制、投资体制、招生就业制度和学校内部管理体制等各个方面都已发生了深刻变革,计划经济体制下对高等教育管得过多过死的状况已经基本改变,高校、政府、社会之间的关系逐步理顺,高校内部管理结构的框架也已基本建立。改革的经验弥足珍贵。但是,对于进一步提高高校办学自主权的诉求仍然相当强烈,管理体制并非完全呼应大学内涵发展、提高质量的要求。因此,系统梳理这方面的实践经验和思想认识,对于加快建设和完善一个更加成熟、定型的中国特色的现代大学制度的意义是显而易见的。

总之,在"理论要点"基础上,对教育思想观念进行再梳理、再凝练,不仅有利于我们丰富、完善"理论要点"的研究成果,将我们的教育思想提升到一个更加成熟的新高度,也有利于把我们对高等教育规律的把握推进到一个更加自觉的新境界;同时,对教育思想观念进行再梳理、再凝练,也是我们对近 20 年高等教育改革发展的丰富的实践经验再提升的一个重要过程,它必将加深我们对高等教育改革发展的中国特色的认识与把握。因为研究中国特色高等教育思想体系的落脚点本身就是为了总结高等教育改革发展的中国经验、探索高等教育改革发展的中国道路。

三

"中国特色高等教育思想体系"这一命题本身包含着十分丰富的内涵。

一是"中国特色"。首提"中国特色"的,当是邓小平。他在党的十二大开幕词中说:"中国的事情要按照中国的情况来办,要依靠中国人自己的力量来办。独立自主、自力更生,无论过去、现在和将来,都是我们的立足点。"他指出:"走自己的道路,建设有中国特色的社会主义,这就是我们总结长期历史经验得出的基本结论。"[①]邓小平说的是中国革

---

　　① 邓小平:《中国共产党第十二次全国代表大会开幕词》,《邓小平文选 》(第三卷),人民出版社 1993 年版。

命和建设事业的整体问题,是总的方向和道路问题。中国的高等教育事业作为其中十分重要的一部分,当然也是"要按照中国的情况来办,要依靠中国人自己的力量来办"。

"中国的情况"是什么?中国最大的情况就是处于并长期处于社会主义初级阶段。中国高等教育就是在这样的环境中改革发展的。我们要解决的问题是如何在经济文化还比较落后、世界上最大的发展中国家发展高等教育事业,在推动国家经济社会全面进步和民族复兴中建成高等教育强国。解决好这个问题,照搬照抄苏联模式、美国模式都不行,只能依靠自己的力量,走自己的道路。在这个宏大的事业中,作为行动指南的就是中国特色社会主义高等教育理论。这是以实事求是的态度,从中国国情出发,遵循高等教育发展的一般规律,推动中国的高等教育又好又快发展的理论,是把普遍性与特殊性相结合,有民族魂魄、中国特点,但又是国际高等教育发展的一般规律的体现,是属于我们在中国实践中不断深化对这种一般规律的认识的结果。"中国特色"也不是静止的,在不同时期,中国特色的具体内容也不尽相同。今天,我们要特别注意具有新的历史特点的"中国特色"。

二是"思想体系"。所谓"思想体系",是一整套相互关联的思想观点内在的、合乎逻辑的构成。"理论要点"课题组提出了一系列互相关联的概念:时代背景、属性、地位、方针、发展目标、发展道路、发展动力、高校职能、依靠力量、体制机制、政治保障,等等。这些概念层层展开,合乎逻辑,回答了当时高等教育改革实践中面临的重大问题,有很强的指导意义。这些重大问题在今天和今后的实践中仍然需要加以回答,这也正是我们今天开展思想体系研究的缘由所在。我们进行"思想体系"研究,要注重这种逻辑的联系和展开,要对"老问题"的回答更准确且有新意,对"新问题"不回避、有见地,使之成为名符其实的思想体系。现在,经过反复研讨,提出了"一总、十论、两专论"的研究思路,即一个总论,十个分论:高等教育属性、高等教育科学发展、高等学校根本任务、育人质量与教学改革、科技创新与社会服务、师资队伍建设、现代大学制度、大学文化建设、对外开放、几个重大关系；两个专论：新中国高等教育的思想观念、发达国家高等教育思想概要。我们希望在这样的框架设计下比较系统地展示当今中国的高等教育主要的思想理念。这也正是"再梳理"的基本要求。

今天，是否具备构建这样一个体系的条件呢？答案是肯定的，远清同志对这一持续 20 年的发展历程做过系统的说明。[①] 无论是从实践的基础还是从理论研究的基础看，目前启动"中国特色高等教育思想体系"研究的条件是成熟的。远清同志从 2010 年开始用了近三年的时间反复推敲，与不少同志反复酝酿，为课题的启动做了大量卓有成效的工作。刘献君、眭依凡、马陆亭、别敦荣等一批高等教育理论界很有影响的专家学者也是这样认为的。当然，完成这样的任务确非易事，但是，作为不断深化的认识和长期探索的过程，我们应当努力尽责。

三是与中国特色社会主义理论体系的关系问题。党的十八大阐明了中国特色社会主义的道路、理论体系和制度"三位一体"关系：道路是实现途径，理论体系是行动指南，制度是根本保证，三者统一于中国特色社会主义伟大实践。这个实践当然包括经济、政治、科技、教育、文化等各个方面的全部实践，这个理论体系也当然由经济、政治、科技、教育、文化等各个方面的理论组成。换言之，中国特色社会主义教育理论是中国特色社会主义理论体系的重要组成部分，占有重要的地位。在这方面，我们已经有了一些重要的专著，如由教育部组织编写的《邓小平教育理论学习纲要》，以及中央关于教育改革和发展的文件，都比较集中地反映了中国特色社会主义教育理论。这个理论揭示了中国社会主义教育事业的本质和发展规律，涉及教育的地位和作用、性质和方法、发展指导方针和培养目标、体制改革、教师、队伍建设等方面，构成一个完整的科学体系，这个理论在高等教育领域的进一步具体化，则是

---

① 周远清：《从"理论要点"到"高教强国"到"思想体系"》，《中国高教研究》2011 年第 5 期。

构建中国特色高等教育思想体系的任务。至少说,这个研究应当朝这个方向努力,力争为此作出贡献。做好这一工作十分重要:一方面,中国特色社会主义的理论体系,只有当它贯穿于具体领域的具体工作之中,才能起到行动指南的作用,才能不空泛空洞而成空中楼阁;另一方面,在具体工作中,只有在高一层次的理论的指导下,结合自身工作的特点,在反复实践的基础上,形成规律性的认识,上升为本领域的理性认识,也才可能有行动的自觉。

大数据是教育研究走向科学化的重要支持[*]

我作为学生回到学校，身分永远是学生，就是到这个地方一起来学习的。其实，对于大数据、数据科学的研究，我绝对是门外汉。所以，我只能把自己的一些肤浅的认识跟大家做一个汇报。

今天论坛的题目叫"数据之上的教育研究"，本身就很有清华风格，既是前沿的，又是务实的。我想跟大家汇报三点想法：

一、当前的教育研究，在加快我国教育现代化
问题上，要有更多宏观思考

对我们国家来说，2017 年是非常重要的一年。今年要召开党的十九大，是政治大年；今年也是一个教育大年，因为我们将制定并实施《中国教育现代化 2030》。这个规划将对我们 2020 年、2030 年以及 2050 年的中国教育发展，作出一个总体性的布局。

它是和我们"两个一百年"的目标联系在一起的。第一个一百年，我们进入全面小康社会。把一个什么样的高等教育带入全面小康社会，并且开启社会主义现代化建设的新征程？第二个一百年，我们国家要实现现代化。教育，特别是高等教育，怎样现代化、怎样率先现代化、引领我们国家的整体现代化？所以，现在，我们确定的 2030 这样一个时间点，对"两个一百年"目标的实现至关重要，并且制定相应的规划纲

[*] 本文系作者 2017 年 4 月 28 日清华大学 RONG 系列论坛之"数据之上的教育研究——暨清华大学全球学校与学生发展评价研究中心成立仪式"上的发言。

要是前所未有的。

为了贯彻这个规划,教育界正在集中精力筹备改革开放后的第五次全国教育大会,相信这次教育大会一定会对我国的教育改革发展起巨大的促进作用。在这样一个时间节点上,我们做教育研究的同志,是否能够从被动解释文件转变到主动思考教育的改革发展,向着智库型方向发展？我们要会做被动的解释性工作,也要会做宣传工作,但是,当前正处在这样一个时间节点上,我们做教育研究工作,还是要在考虑加快教育现代化、建设教育强国的问题上,应多一点宏观思考,多一点主动作为,发挥教育研究对教育实践的指导作用、引领作用。

二、在教育信息化的问题上,要更大一点推动力度

我们对教育信息化、对整个社会的信息化、对互联网等问题的认识,经历了并还在经历着不断深化的过程。过去,我们只是把信息化、互联网视为一种技术,后来又把互联网作为一种媒体、一种产业。我记得上世纪 90 年代刚刚有互联网的时候,CERNET 建在清华。我在教育部思想政治工作司工作,吴建平主任跟我说:“你要看到互联网可能对学生思想政治工作有很大影响,要注意研究这个新的事情。”现在,事实已经证明这一点。后来,信息产业、互联网产业确实发展迅猛,现在成了引领性产业。“互联网是人类生活新空间”,这是我们今天的新认识、新的飞跃。

从人类生存空间的角度看,我们从陆地走向海洋,从海洋走向天空,走向深空、深海、深地(三深),因为很多资源都在其中。但是,回顾历史,在从陆地走向海洋的过程中,欧洲发展了,领先了,中国落后了,留给我们的是“民族之痛”。所以,空间战略问题就是一个大问题！今天,我们不仅要在这些物理空间上努力,再有作为,而且也要在新展开的人类生存新空间——网络空间上,走在前头。这样才能够在未来的竞争中占有主动和优势。

用这样一种视角看问题,国家是这样,教育更是这样。如何认识教育的新空间? 我们从原来的教室,走到了整个校园,包括校园文化等,后来又走到社会,包括社会实践社会大课堂乃至出国访学,等等。但是,我们还有一个空间,就是新的网络空间。我们教育工作者、学生不仅要认识到这个新空间,而且要用好它。在这种无国界的空间里面,我们要有自己的地位,有我们中国自己的话语权。这在今天显得非常重要。

习近平同志还从人类社会发展史的角度说:"从社会发展史看,人类经历了农业革命、工业革命,正在经历信息革命。农业革命增强了人类生存能力,使人类从采食捕猎走向栽种畜养,从野蛮时代走向文明社会。工业革命拓展了人类体力,以机器取代了人力,以大规模工厂化生产取代了个体工场手工生产。而信息革命则增强了人类脑力,带来生产力又一次质的飞跃,对国际政治、经济、文化、社会、生态、军事等领域发展产生了深刻影响。"①在信息革命面前,教育同样面临着前所未有的挑战,也可以说是从工业革命以来面临的最为深刻的一场挑战。

农业社会,基本上是学徒制式的教育方式;工业社会,教育呈现出规模化、专业化、标准化特征。在今天的信息化时代,我们至少可以看到:知识的总量明显呈现出迅猛的爆炸式增长态势,这对传统的教学过程、课程体系的稳定性提出了挑战。除了知识总量增加以外,知识的形态也在发生变化,一个突出特征就是碎片化、颗粒化。在这样的知识形态面前,我们流水线式的系统化教学过程就很不适应了。而且,我们已经感受到,在信息革命和新技术革命的情况下,职业的流动性、产业的变动性都明显增强,今后还会变得更快,这些显然会对我们专业设置的稳定性、学科的固定性提出挑战。

所以,在教育信息化条件下,教育各个方面都会迎来深刻的变革。我们要主动适应变革,推动教育教学的方式、形态和学校形态的变革。

---

① 习近平:《在网络安全和信息化工作座谈会上的讲话》(2016 年 4 月 19 日),新华社北京 2016 年 4 月 25 日发。

三、在数据科学应用于教育科学研究问题上，
要多一点具体实践

　　信息科学对教育研究的影响是非常深刻的。最近，教育界很多人都在研究这些问题，也涌现了不少很有价值的观点，其中比较突出的是强调实证研究，认为实证研究是教育学科从思辨走向科学的转折点，是学术深化的里程碑，是理论创新的支柱，是平息争论、取得共识的唯一手段。当然，今天强调实证研究不是也不应当是排除理论和思辨研究的，两者应该结合起来。这种问题也不仅仅局限于教育科学研究，中国的社会科学研究普遍存在这样的问题。加强实证研究，对我们整个社会科学研究、包括教育科学研究都是必要的。

　　开展实证研究，怎样去做？有一些方法论上的问题需要讨论。讲实证研究，我们过去比较惯常的是案例研究。案例研究是实证研究，但是案例研究能不能取得规律性的认识，那就不一定了。我们过去提倡"解剖麻雀"的研究方法，说不必要把所有的麻雀都逮来解剖了，解剖一只就够。但问题是，鸟类不只是有麻雀，还有喜鹊，还有很多的鸟。所以，如果抓的这只麻雀对研究的问题具有典型性、代表性，解剖一只麻雀就可以，如果不是，那只解剖一只麻雀就不行了。所以说，案例研究是重要的，但不是全部的和唯一的。

　　今天，数据研究给我们提供了好的条件。我们强调数据研究对实证研究更为关键、更为重要。所以，我们要努力把现实世界当中的事物、现象，以数据的形态储存在空间当中，并且以数据科学的方法进行生产、处理和应用，使我们的研究更有效，更能真正找到规律。这是一个非常重要的手段。当然，我们强调重要，并不是说是唯一的手段。教育，实在是一件太复杂的事情，必须用多种方法、多种手段进行综合研究。大数据分析的相关性也不等于事物联系的因果性，过分复杂的数据堆积也可能成为繁琐哲学而不得要领，但大数据却为我们得到这个

"要领"提供了条件。所以,也正如不少同仁感觉到的那样,大数据为教育研究走向科学化提供了重要支撑。当然,这里说的大数据,不只是技术,更是方法。进一步说,数据科学的研究应用于某个学科,逐渐形成某一个学科方面的"数据学"。如果有一天能够形成"教育的数据学",那我们的教育科学的研究就又上到了一个新的层次。

期待清华大学教科院把清华的理工优势与教研优势结合起来,作出开创性贡献!

继往开来，为推广、传播教育科研成果再创佳绩[*]

各位嘉宾、各位与会代表，大家上午好！

很高兴出席今天的"纪念期刊工作分会成立 20 周年"研讨会。新老朋友汇聚一堂，20 年，曾经的分会创始人有的已经到了花甲、古稀之年，甚至是到了耄耋之年；曾经的年轻编辑也已成长为教育期刊工作的领军人物。在此，我首先代表中国高等教育学会向各位代表表示敬意，对为期刊工作所做的一切努力与奉献表示感谢！

20 年来，期刊工作分会在全国高教领域期刊同仁的共同努力下，不断发展壮大，汇聚了力量，开拓了智慧，团结了人心，壮大了队伍，扩大了影响，为高等教育的改革发展、为提升教育科学研究的质量与水平，为促进教育科研成果的宣传、交流和推广、转化，作出了积极的、不可或缺的贡献。在此，我代表中国高等教育学会向期刊工作分会表示衷心的感谢，对期刊工作分会成立 20 周年表示热烈的祝贺！

三个月前，学会召开了以"加强社团建设、服务改革发展"为主题的研讨会，纪念学会成立 30 周年。30 年来，中国高等教育学会已发展成为教育系统规模最大的社团，拥有 123 个单位会员，成为遍及全国、联系各高等学校、覆盖众多学科和管理领域的群众性高等教育研究学术社团。期刊工作分会是这个大家庭中的一支重要力量。

从学会 30 年积累的重要办会经验来看，学会是群众性社团，它的

———————————

　　* 本文系作者 2013 年 9 月 12 日在纪念中国高等教育学会期刊工作分会成立 20 周年研讨会上的讲话。

发展,基础在基层学会;它的壮大、繁荣,以及影响力的提升,在于基层学会丰富多彩、主题鲜明、各具特色的学术活动。例如,期刊分会在过去 20 年中逐渐形成的每年"五项活动":召开一次学术年会,交流、切磋办刊经验,举办一次编辑研修班,进行一次优秀论文评选,出版一本优秀论文集,组织一次"优秀主编、优秀编辑"评选,这些活动对内形成了凝聚力、推进了工作,产生了很好的效果;对外形成了辐射力,带动了战线,产生了很好的影响。可见,离开基层学会,高教学会就是无源之水。因此,我们说基层学会是中国高教学会的发展之基、活力之源。

今年,学会准备出台《新时期加强学会建设的若干意见》,这个《意见》讨论过几次,也在部分学会征求了意见。出台这一《意见》的宗旨在于深刻领会加强社团建设在全面建设小康社会中的重要现实意义,把社团建设在全面建设小康社会中承担的重要责任,转化为各个团体会员和分支机构的共同认识和一致行动。30 年的办会经验证明,我们不仅要学术立会、服务兴会,更要规范办会。明年,民政部将对学会进行评估,我们要以此为契机,进一步加强学会的组织建设、创新能力建设和学术道德建设。学会也将强化对会员单位的分类管理,对坚持正确办会方向、履行学会章程、积极开展活动的分支机构和个人,要宣传表彰、推广经验;对长期不开展活动、违规开展活动的分支机构和会员要分别做出处理;要在整个学会系统营造崇尚科学、求真务实、风清气正、激励创新的学术氛围。

今天借期刊工作分会成立 20 周年之际,我想谈三点感想与大家交流。

一、坚持期刊分会的办会传统,提升学术活动质量

期刊工作分会在 20 年的发展历程中形成了良好的办会传统,积累了丰富的办会经验,这些需要传承,需要发扬光大。但面临新的形势、新的任务,我们也需要创新工作思路,在提升学术活动质量上要有新的

举措，要强化分会的学术研究氛围、扩大分会的学术影响。期刊工作分会的不少理事是高教领域的知名专家，我们倡导专家办刊，就是因为学术期刊的学术含量和文化品位关乎期刊的质量和社会影响力，甚至关系到期刊的生存发展。因此，一个好的学术期刊，对参与期刊工作人员的资质要求也是很高的，办好学术期刊必须依靠各方面的专家。同时，我们的编辑人员既是专家又是杂家，这是办出高质量的精品期刊的保障。希望期刊工作分会能够搭建更多的学术研究、交流与宣传、推广的平台，形成浓厚的科研氛围，提高学术活动质量，以此促进办刊水平的整体提升。

二、彰显教育期刊的重要责任，努力回应社会关切

教育类的期刊要关注教育改革发展的重大理论问题、实践问题，反映教育研究前沿的学术动态，倡导不同观点的学术争鸣，注重学术性、前瞻性和时代性等等，这无疑是正确的，也是各期刊在长期的办刊实践中形成的办刊风格与宝贵经验。但同时，教育期刊也是一种以服务教育改革发展为主要使命的教育专业传媒，富有鲜明的教育主导性，发挥着与其他报刊不同的特殊责任和传播功能。

当前，人民群众对教育的期待越来越高，社会对教育的需求越来越多样化。随着教育改革的不断推进，一些深层次矛盾逐渐凸显，教育观念的碰撞更加激烈，教育热点、难点、焦点问题更为频发。教育是最大的公共事业，涉及人民群众的根本利益，所以，人民群众有权利通过各种方式表达自己的意愿，并通过舆论表达等方式对教育事业施加必要的影响。因此，占主导地位的公众舆论则构成了教育事业特别是教育政策从制定到有效执行的非常重要的软环境。因此，加强教育舆论环境建设是我们教育期刊应承担的社会责任。教育类期刊有责任、也有义务主动回应社会关切，对社会反映最集中、最突出、最迫切的重大问题要有声音，要有观点，要力争形成舆论引导；要在引导公众舆论"怎么

看"的同时,要有意识的通过选题策划去组织、引导专家学者研究、回答
"怎么办",让人民群众清楚地看到党和政府解决问题的坚定决心和有
力举措,正确认识解决这些问题的长期性和艰巨性,从而凝聚共识,营
造良好的舆论氛围,推进教育事业又好又快发展。

三、彰显行业组织的重要特色,吸引凝聚各方资源

20 年来,期刊工作分会不断发展壮大,会员单位遍布各省自治区、
直辖市(除西藏、青海外)。期刊类型包括省(自治区、直辖市)高教期
刊、部委高教期刊、专业委员会高教期刊、普通高校高教期刊、军警院校
高教期刊、高校学报,等等,"高教期刊"的概念大大拓宽,已经不仅是
"高教研究"的期刊,而且是"高等教育领域"的期刊。当前,我们期刊工
作分会面对的形势有三个明显的变化:

一是期刊本身的繁荣发展。据北大《中文核心期刊要目总览》1992
年版统计,当时全国公开出版的期刊是 6484 种,2011 年版统计则是
9891 种,增加了 3400 种,约 34%;另一组数据,改革开放之初,高校社
科类学报只有 150 多种,现在全国社科类期刊是 1500 多种,其中高校
社科期刊占 2/3。期刊的发展,繁荣了学术、壮大了队伍,为我们期刊
工作分会开展工作奠定了基础。

二是由于以互联网为代表的新兴媒体的快速发展,舆论生态、媒体
格局都发生着巨大变化,社会舆论形成机制更加复杂,传播速度更加快
捷,影响范围更加宽广。在这种背景下,期刊工作分会一方面要联合本
行业的期刊,共同谋划创新发展的思路,以适应数字化、网络化媒体发
展的需求;另一方面,我们也要以包容的心态开放办会,广纳群贤,汇
集、凝聚各方面的资源,特别是要突破纸质化媒介的局限,实现跨媒介
的联合发展,继续提升我们的影响力、拓展我们的辐射面,完善我们的
组织架构,以更好地服务教育事业的改革发展。

第三,我们的期刊还面临着文化体制改革的任务。文化体制改革

是大势所趋，学术期刊也要适应这个大的形势和背景。我们要发挥行业组织的特色，形成学术共同体，组织大家研究、探索学术期刊专业化、特色化、集约化、规模化的发展模式与路径，抓住这个机遇做大做强。

一流水准的学术期刊是高等教育强国的重要载体和平台，让我们共同努力，把教育期刊办出特色、办出水平，为建设高等教育强国作出新的贡献。

引领中国高等教育研究的前进方向[*]

2015 年是《中国高教研究》创刊 30 周年。30 年来，作为中国高等教育学会会刊的《中国高教研究》，伴随着中国高等教育事业的改革发展，为推动高等教育科学研究、培育学术新人、宣传学术思想和先进经验、促进高等教育改革发展，发挥了重要作用，也在学术界赢得了较好的学术声誉。希望在未来的岁月里，《中国高教研究》发扬好传统，谱写新华章。

一份好的学术期刊，应该是学术共同体的好平台，是先进学术思想的好载体。《中国高教研究》在过去的 30 年中，坚持以学术为本，及时反映高等教育的理论动态，刊发学者最新的研究成果，传播鲜活的实践经验，30 年中期刊的篇篇论文连在一起，犹如一幅画卷，记载着这 30 年我国高等教育发展的前进足迹；亦如一串珍珠，反映了我国高等教育思想的发展轨迹。期刊的学术水平在很多期刊评价报告中得到肯定，赢得了很好的学术声誉。在今后的办刊中，要继续坚持学术为本，坚持崇高的学术追求和学术品位。

高等教育研究的学术性，其本质就是不断地、深入地探究高等教育规律，引领高等教育实践。一本好的学术期刊，要善于组织学术研究、推动学术创新、引领学术发展，要与时俱进地对生动活泼的高等教育实践作出反应，提出新的概念、范畴，反映变动的趋势、规律，为实践中的人们投射指引前进的理性之光，引领实践的发展。实践永无止境，研究也永无止境。在过去的发展中，《中国高教研究》以"20 世纪的高等教

---

* 原载《中国高教研究》2015 年第 2 期。

育""面向 21 世纪的高等教育""建设高等教育强国""中国特色高等教育思想体系研究"等若干重大的、有影响力的课题研究为依托,以及每年一届具有鲜明主题的高等教育国际论坛的带动,学术水平得以保障并不断提高。人文教育与科学教育相融合、素质教育、教育创新、建设高等教育强国、高等教育现代化等一批很有价值的选题在一定程度上引领了高等教育的研究。今后,《中国高教研究》更要与我国及世界高等教育的实践相呼应,抓准高等教育改革发展中的重大实践和重大理论问题,加强选题策划,开设特色栏目,加强学术争鸣,摸规律、汇思想、出成果。

学术期刊的生命在于与高等教育改革发展实践息息相通,为实践服务。"经世致用"也是办刊的一个重要原则。期刊要始终面向实践,抓住高等教育实践中的"真问题",组织研究,探讨规律,为工作一线的同志们提供参考、借鉴和指导,这也是一种引领作用。创刊 30 年来,《中国高教研究》围绕坚持正确办学方向、扩招、并校、战略规划制定、学科专业建设、教育教学改革、创新人才培养、教学质量保障、大学治理体系及现代大学制度建设、为经济社会发展服务等一系列重要问题刊载了大量研究文章,一定程度上指导了高等教育改革发展实践。今后,期刊更要抓住我国高等教育现阶段及今后发展的重大问题,更有目的地去关注实践前沿问题,更有针对性地回应社会关切,发挥资政、释疑、服务社会和推动发展的作用。

建立、维护和扩大作者队伍,是办好学术期刊的基础条件和基本工作。现在,依靠学会这一强大的组织优势,《中国高教研究》集结了一批高水平的学者,组织了一支较强的作者队伍。这也是目前期刊具有较高学术水平的根本原因。编辑部要十分珍爱这支宝贵的队伍,并且努力维护、扩大这支队伍。作者队伍建设要注重理论研究者、管理工作者和一线教师的"三结合",共同推动理论创新和实践创新。这些作者一方面要关注世界高等教育的改革发展,吸收借鉴先进经验;另一方面更要关注中国实践,关注来自基层、来自实践的鲜活的教育改革经验,要按照中国的教育发展逻辑理解中国的实践,发出中国教育好声音。要服务好作者群队伍,扶持新生力量的成长,提升专家队伍,同时也提升期刊的学术影响力。

当前纸媒面临数字化的挑战。电子出版、移动阅读、图浏览、浅阅读等习惯对纸媒及学术期刊带来巨大冲击,如何在新形势下把学术期刊办得更有影响力,更有魅力,这也是同行都在思考的问题。我以为,学术期刊作为人类文明呈现的一种载体,不管时代如何变化,都有存在的价值,追求学术影响力和品牌价值依然是学术期刊最重要的目标。同时,我们要顺应时代变化,面对出版网络化、信息化、数字化、可移动化,善于利用新的表现形式,而现实的形式只能与技术的发展水平相适应。

高等教育研究机构肩负的责任和使命[*]

尊敬的各位领导、各位老师：

大家上午好！

首先，我谨代表中国高等教育学会对本次会议的召开表示热烈祝贺！对各位踊跃参加本次会议表示热烈的欢迎和衷心的感谢！对大连理工大学对本次会议的大力支持及所提供的热情周到的服务表示衷心的感谢！对协作组组长邬大光教授和协作组秘书处的同志们，对本次会议的精心组织表示感谢！

借此机会，我向大家报告一下本次优秀高等教育研究机构评选的基本情况。

十年前，在学会特别是周远清会长、潘懋元先生等老同志的积极推动下，2004 年 4 月教育部办公厅下发了《关于进一步加强高等教育研究机构建设的意见》（教高会厅[2004]1 号）。在这一文件精神的推动下，全国高等教育研究机构的组织建设、队伍建设不断加强，制度建设不断健全，条件保障不断完善，群众性高等教育研究空前活跃，研究水平明显提高。

2014 年是这一文件颁布十周年，为进一步提升高等教育科学研究质量，加强高等教育研究机构能力建设，促进高等教育科学研究更好地为高等教育改革与发展实践服务，学会于 2014 年 9 月启动了第四届全国优秀高等教育研究机构评选活动。在学会秘书处的具体组织下，评

---

　　* 本文系作者 2015 年 4 月 19 日在 2015 年中国高等教育学会高等教育研究机构协作组会议暨第四届全国优秀高等教育研究机构表彰会上的讲话。

选工作坚持"公正、公平,保证质量,好中选优"的原则,于 2015 年 2 月经专家委员会综合评议与投票,评选出北京大学教育学院等 56 家单位为全国优秀高等教育研究机构。在此,我们对获得第四届全国优秀高等教育研究机构的单位表示衷心的祝贺!

本次评出来的优秀高等教育研究机构,有以下三个突出特点:

一、研究能力有所提升,影响不断扩大,在高等教育改革发展中的作用进一步彰显。

近年来,各高等教育研究机构在高等教育改革与发展的新形势下,进一步强化了高等教育研究机构为高等教育宏观决策服务、为区域发展服务和学校自身发展服务的功能,努力成为探索教育规律、创新教育理论的"思想库",成为提出政策建议、服务教育决策的"智囊团",成为服务基层教育改革实践的"设计师",成为引导教育舆论、更新教育观念、推动教育改革的生力军。

从本次评选出的优秀高等教育研究机构所承担的课题和获奖情况来看:一是积极主动为教育行政部门服务,完成了一批调研报告、政策建议报告;二是积极主动为所在地方或院校改革与发展服务,完成所在地方或院校的高等教育发展规划或方案;三是积极主动为推动群众性教育科学研究服务,组织了群众性的高教研究课题申报活动和研究成果的评选、表彰活动,召开了学术报告会、专题研讨会等,有力地推动了群众性的高教研究活动的开展;四是相当一部分高等教育研究机构承担了相关学科研究生的培养和教学任务,教学水平不断提高,保证了培养质量,同时,硕士、博士研究生的规模也在稳步增长。

二、研究机构的自身建设不断加强,实力不断提升。

一方面表现为大部分高等教育研究机构形成了专兼结合、素质较高、结构比较合理的研究队伍,并体现出理论研究人员、管理工作者和一线教师"三结合",老中青"三结合"的结构特色。在受表彰的 56 个全国优秀高等教育研究机构中专职人数 677 人,平均 12 人左右;相对稳定的兼职人数 662 人,也是平均 12 人左右。新进的高等教育研究专职人员,大都具有博士学位;兼职人员大都以具有丰富教学和管理经验的教授为主。

　　另一个方面表现在,第四届全国优秀高等教育研究机构较前三届相比,必要的研究条件得到较大的改善,其中之一就是经费有了较大提高。第四届全国优秀高等教育研究机构2013年经费总额为7637万元,平均每家研究机构接近140万元。北京大学教育学院更是高达986万元。

　　三、高等教育研究机构之间以及与境外高等教育研究机构的交流、合作得到进一步加强。

　　一方面,在全国高等教育研究机构协作组的推动下,各研究机构之间加强联系,开展合作,协同研究,一定程度上扭转了过去由于分散孤立研究所造成的信息闭塞、低水平重复、效率不高等问题;另一方面,在提升高等教育研究国际化水平方面,受表彰的高等教育研究机构作了一些积极有效的探索。其中一些机构承担了有关国际组织的高等教育研究项目,参与或设立了国际高等教育合作组织,与境外高水平教育科研机构联合举办高水平的学术会议,就全球高等教育共同关心的话题展开研讨交流,同时向国际高等教育同行宣传、推介中国高等教育改革发展的经验,等等。从本届评选结果来看,像北京大学教育学院、厦门大学教育研究院、华中科技大学教育研究院等,在这些方面都做了积极的探索,并取得了重要的合作研究成果。

　　这种对内与对外的合作、沟通、交流,汇聚成一股力量,共同提高了我国高等教育科学研究的实力与水平,为建设高等教育强国作出了积极的贡献。

　　在此,需要补充的是,本届申报的材料总体水平比往届都有了提高,拿下谁来都舍不得。但为了保证评选工作的高水准、体现代表性,只能好中选优。并且,强调横向比较与纵向比较相结合,把拟评为优秀机构的,不仅要纵向排队,更要放到同类院校中比较,同时在考虑全面综合的同时也兼顾了研究机构的特色发展。当然,为了推动全国高教研究机构整体水平的提高,在评选中也考虑了省市区的平衡、适当照顾了高职院校和民办院校等"弱势群体"。没有评上优秀的,并不意味着取得的成绩不大,或者成绩没被承认。可能只是在某方面相对而言还有一些不足,或与同类院校的高教研究机构相比,不如别人进步大;已经评为优秀的,也不是尽善尽美、也有不足,需要改进和加强。总之,还要大家一起努力,争取取得新的进步。

关于高等教育研究机构和协作组下一阶段的工作,我谈三点想法:

第一,要充分认识新常态下高等教育研究机构肩负的责任使命。

目前,世界上许多国家为了抢占产业升级制高点,在大力发展教育事业特别是高等教育事业,培养能够占领制高点的人才。比如,2012年2月,美国提出《国家先进制造战略计划》,2012年3月,奥巴马总统宣布实施《国家制造业创新网络建设》,希望重振美国先进制造。2010年6月,欧盟峰会通过《欧盟2020战略》,重点促进创新研发。2013年4月,德国提出《工业4.0计划》。2013年9月,法国奥朗德发表"工业新法国"总动员,迎接新的工业革命。日本则致力发展"协同机器人",抢占"智慧制造"的制高点。也正是在这样一种新形势下,我国提出了"中国制造2025战略"和"互联网+"等重大战略。未来五至十年是我国产业结构转型的关键时期。实现这种转变的关键是科技,根本是人才,基础是教育。为此,习近平总书记反复强调,要更加注重加强教育,更加注重提升人力资本素质,更加注重科技进步和全面创新。那么,我们如何适应和引领经济发展的新常态,如何认识高等教育发展的新阶段、新特征、新常态,如何推动高等教育的持续健康发展,有许多新的问题,比如对学生的创新创业教育问题、大学的转型发展和服务型大学建设问题、更充分更公平更高质量就业问题,等等,都需要我们认真研究。我们要主动探究这些问题,提出正确的引导高等教育健康发展的意见。我们的使命光荣,责任重大。

第二,要进一步全面发挥高等教育研究机构科学研究、社会服务和人才培养的各项职能。

　　高等教育研究机构的首要职责是研究,要以研究谋发展,坚持"国际视野、中国道路"的研究特色。我们要研究高等教育改革发展中的真问题、高校办学过程中需要迫切解决的实际问题、教育教学中的具体问题(如教师发展、学生成长中的现实问题),同时,也要加强高等教育基本理论研究,加强高等教育学科建设、话语体系建设。

　　我们的研究要为高等教育改革发展服务,为高等教育决策的科学化、民主化服务,为提升高等教育治理体系和治理能力现代化服务;要为院校改革发展的实践服务,为提升学校的人才培养质量服务;要为教师的专业发展服务、为学生的成长成才服务。同时,我们的研究还要勇于担当,积极回应社会关切。

　　在推进高等教育治理现代化的新形势、新任务下,我们要努力提升行业领域服务能力,做好政府直接委托的项目,承担社会重大需求的重要课题。目前,高等教育生存发展环境越来越复杂,利益诉求越来越多元,人民群众热切期待我们提高人才培养质量,促进教育公平。信息技术的迅猛发展"倒逼"着我们加强"互联网＋教育"的各项建设;深化教育领域综合改革、转变发展方式、实现科学发展的艰巨任务,等等,都迫切要求我们建设一批高水平的教育"智库",以提高教育改革发展的顶层设计、科学谋划、破解难题的能力和水平。辽宁省教科院提出"抓大项目、搭大平台、建大队伍、出大成果"的工作思路,教科院与教育行政部门相结合,从省教育实情出发,组织具有全局意义的重大攻关项目,目前已经启动三个项目,调动省内相关力量,组成由多学科人员的大团队开展协作研究,着力推出具有重要影响的标志性成果,为辽宁教育发展出谋划策。我认为,这是一个非常好的工作思路,值得大家学习。

　　这里,我也借此机会强调一下,去年,厦门大学牵头组织了以高等教育质量建设为主题、以成为国家2011协同创新中心为目标的高等教育研究协同创新中心,对于提高高教研究机构的研究能力和服务能力有重大意义。这一工作得到协作组各单位的大力支持。我希望大家继续以开放协同的心态,共同做好协同创新平台建设。当然,中国高教学会作为全国高校的学会,也支持条件好的单位建立其他主题的协同创新中心或平台。

当前,国家正在组织启动"十三五"规划的编制工作。高等教育研究机构不仅要明确自身的发展规划和目标任务,而且要积极服务于相关部门和单位的"十三五"规划编制工作,以专业化的、高质量的服务赢得学校和社会的信任和尊重,同时在实战中提升研究能力。

高等教育研究机构在今后的工作中要进一步提高人才培养质量,要把自己的学生培养好,把招收的本科生、硕士生特别是博士生培养好,要努力成为本校深化教学改革、提高教学质量的"样板田"。学会将继续进行优秀博士论文评选,推动博士培养质量的提高。

第三,发挥协作组广泛联系高等教育研究机构的优势,促进各机构间"交流经验、合作研究、协作创新"的积极作用。

协作组2004年成立,周远清会长高度重视,亲自兼任第一届协作组组长。他曾风趣地说:"协作组是我们学会的'亲儿子'。"他坚持每年参加协作组会议,依靠协作组推动了全国高校群众性教育科研工作的开展。第二届协作组自2008年成立以来,在邬大光组长的精心组织下,设在厦门大学的秘书处任劳任怨地积极工作,坚持每年开会研究工作,服务广大成员,促进交流合作,取得了很好成绩。今天,协作组面临着新的形势和新的要求。全国现有各种类型的高等教育研究机构近1300所,其中硕士点102个,博士点35个。庞大的数量,很高的层次要求我们进一步加强协作组建设,发挥协作组作用。一要按照"学术立会、规范办会、服务兴会"的原则,加强协作组的组织建设、制度建设、完备章程,适时换届、以完善组织领导机构;二要凝练共同关心的问题,特别是高等教育研究机构建设和发展方面的问题,交流经验,深入探讨,以推动机构的自身建设,人才培养和群众性教育科研活动的蓬勃发展;三要努力创造条件,组织重大课题的协同研究,支持全国性、区域性协同创新中心的合作。在信息化、网络化、大数据时代,充分利用协作组的有利条件,我们应该能做出一些很有意义的新成果。

后　记

本书是我在 2012 年 8 月至 2017 年 7 月担任中国高等教育学会第六届理事会会长期间发表的文字的结集。

虽然我在教育领域工作已近 50 年,但主要从事的是具体的管理工作,不是专门的教育理论工作,因此,这里的文字只能说是"我的教育感悟"。如果以高等教育研究的专业水准来审视这本文集,也许在学理分析、规范表述、理论阐释等方面还有欠缺和不足。

之所以写下这些文字,很大程度上是由于工作的需要。自从担任学会会长后,我就不停地自问:怎样当好会长?我觉得,学会的性质是群众性学术团体,应当秉承学术为根,坚守学术立会。学会不宜用行政化的方法开展工作,而是通过依靠专家学者,繁荣群众性学术研究,对生机勃勃的教育实践,发挥引领思想、推进改革创新的作用。学术当然有研究高深理论的阳春白雪的一面,但高等教育在人的全面发展、民族素质的提升以及经济社会发展等多方面的独特作用,决定了高等教育研究是一门应用性、实践性极强的学科,承载服务、影响、指导、引领高等教育实践的重任。这也恰恰是高等教育研究的根本目的。这也就决定了高等教育的学术研究,是广大理论工作者、管理工作者和一线教师共同的学术活动。学会作用的彰显、学术价值的实现,必须依靠专家学者和广大教师,让专家学者畅所欲言、争鸣讨论,在平等的讨论和以事实为依据的探索中逐步接近真理,只有这样才能更加有效地推动教育实践。我觉得,这是群众性学术社团的基本工作方式,也是党的群众路线在学会工作中的具体体现,是新时期贯彻党的知识分子政策的具体实践。

　　每每和专家学者们在一起的时候，聆听专家学者的观点阐释或激情演讲，我会感到愉悦和兴奋，会得到启迪和收获。和他们一起讨论问题、表达自己看法的时候，我也感到有了一点进步。当然，这份引领思想、回应关切、服务实践的责任，作为会长，我更有一份责任和担当。

　　在我担任会长这五年，我国高等教育适应全面建设小康社会、建设创新型国家和人力资源强国的需要，坚持深化改革、扩大开放、育人为本、内涵发展，持续提高高等教育质量，加快了从高等教育大国向高等教育强国迈进的步伐。与此同时，高等教育在前行过程中也面临着更为尖锐、更加复杂的矛盾和问题，面临着观念的交融与冲突，一方面，既要解决现实中的矛盾，又要解决头脑中的冲突；另一方面，还要研究在世界高等教育的发展更趋向多元化、信息化、终身化、国际化的背景下，中国特色高等教育如何在世界高等教育体系中，从模仿学习到平等对话，再到贡献中国经验，等等。这些都是新时期高等教育研究所面临的重大课题。正是在这样的工作实践和发展背景下，有了这些感悟和思考，积累下了这些文字。其中，所表达的观点，难免会有偏颇，欢迎批评指正。

　　在文集出版即将出版之际，我感谢所有帮助过我的领导、同事、朋友和家人。其中，我要特别感谢学会副秘书长王小梅同志，她在文稿的写作、收集、整理和书稿的编辑中都付出了大量心血，给了我很大帮助；还要特别感谢商务印书馆编审谢仲礼同志，他一直关注着我发表的文字，提议在商务印书馆结集出版，在书稿编辑过程中认真、严谨的精神令我感动。

瞿振元

2017 年 9 月 24 日于北京